지방대생 대기업에서 성공하기

지방대생 대기업에서 성공하기

초판 1쇄 인쇄 | 2023년 4월 5일
지은이 | 김석주
펴낸이 | 이재욱(필명:이승훈)
펴낸곳 | 해드림출판사
주 소 | 서울 영등포구 경인로82길 3-4(문래동1가 39)
　　　　센터플러스빌딩 1004호(우편07371)
전 화 | 02-2612-5552
팩 스 | 02-2688-5568
E-mail | jlee5059@hanmail.net

등록번호　제2013-000076
등록일자　2008년 9월 29일

ISBN　979-11-5634-537-4

인생의 항로에 큰 그림으로
미래를 준비하는 법

― 지방대생 ―
대기업에서 성공하기

김석주 지음

지방대생으로 입사해서
대기업 임원까지
33년 회사 생활의 성공과 반성

해드림출판사

들어가는 말

치열한 삶과 현명한 삶

몇 달 전인 2022년 11월 초에 여동생에게 전화가 왔다. 서울에서 대학원 다니는 아들이, 취업 준비 중인데 지도 교수님에게 인정을 받아서 교수님의 추천서로 중견기업인 방위산업체 N사 입사가 가능하다는 것이다. 한편, 국내 굴지의 S전자에도 지원하여 2차에 합격하고 면접이 남았는데 어디로 가면 좋을지 내게 물어보았다.

요지는 N 사의 경우 본인이 수용하면 바로 취업이 되는 것이고, S 전자는 확정이 된 것은 아니고 면접에 합격한다는 보장도 없으니, N사의 경우 초봉이 5,300만 원 정도로 대기업과 유사한 수준이어서 여기에 취직해도 되지 않겠느냐는 질문이었다. 회사 직원이 몇 명 정도 되는지 물었더니 3천여 명이 된다고 하였다. 나는 대기업인 S 전자에 갈 수 있으면 가라고 했다.

시작은 비슷할지 모르나 N사에서는 임원의 숫자가 적어 임원이 될 가능성이 적어 보이지만, 설령 된다고 하여도 대기업 임원과 중견기업의 임원이 받는 대접은 차이가 크게 난다. 또한 대기업에서는 끊임없이 미래 준비를 하므로 직원들의 몸에 자연스럽게 배이고, 지금 세상은 30년 정도의 직장 생활로 끝나는 것이 아니고 추가로 30년 이상의 여생이 남았으니, 오랫동안 일하는 것이 나은데 이러려면 대기업에서 시작하는 것이 좋다고 권고를 해주었다.

대기업에서 33년의 생활을 마치면서 새로운 인생을 출발하고 있는 시점에, 나의 생활을 뒤돌아보니 잘한 것도 있고 또한 더 잘했으면 대기업에서 더 오랫동안 일하고 있지 않을까 하는 생각이 들기도 한다. LG의 임원 평균 기간이 3년 반 정도 된다고 들었지만, 대기업에서 임원을 7년 하고도 LG 임원 2년 재위 후 퇴직하여 사업을 하면서 잘 살아가는 분도 있다.

평균 기간의 두 배나 임원으로 현업에서 일을 하였으니 그래도 충분히 오랫동안 하였고, 편안하게 은퇴하여도 되지 않겠느냐고 사람들 대부분은 생각할 것이다. 하지만 개인적으로 나는 일하는 것이 인생의 존재 의미라고 생각한다. 물론 지금 은퇴하여도 문제는 없을지라도 일을 더 하면서 경제적으로 더 풍요로워진다면, 곳간에서 인심이 난다고 내가 베풀어 줄 수 있거나 할 수 있는 일도 더 크던지 많아질 것이다.

물론 평생을 열심히 치열하게 산 것은 틀림이 없으나, 과연 현명하게 살았느냐 질문을 받는다면 어느 정도는 그렇고, 그리고 그렇지 못한 부분도 지금에서는 보인다고 말할 수 있겠다. 지금에서 보인다는 말은, 예전에는 열심히 사는 것에 대해서 추호의 의심도 없었고, 이에 일말의 후회도 없는 인생을 살 것으로 생각했지만, 지금에 와서 생각해 보면 자만이지 않았나 싶다. 매 순간을 열심히 앞만 보고 달려왔는데, 지금에서 보면 직선을 열심히 달려온 것이고 인생에는 곡선도 있어서, 그 곡선에서는 열심히 달리는 것이 오히려 이탈하게 만듦으로 그때는 속도 조절도 하고 방향도 다시 보아야 하지 않았나 생각이 든다.

　이 사회는 공정하다고 강조를 하지만, 우리는 공정하지 않은 것들이 많이 있다는 것을 잘 알고 있다. 우리는 태어날 때부터 전부 다른 출발점에 있으며, 그리고 성장하면서 출발점들의 위치가 더 달라지고 있다. 그리고 대학을 졸업하면서 또 다른 출발점에 접하게 되는데, 그때는 잘 인지하지 못했던 것 같다. 인생은 불공평하다는 진리를 일찍 깨닫고, 나의 현실을 조금 더 일찍 깨닫고 나에게 맞는 방법들을 사용하고 실행하였다면, 나는 대기업에서도 더 성장할 수 있었지 않을까 생각한다. 물론 지금이 끝은 아니라고 생각한다. 내가 지방대를 나와서 늦은 출발점에서 시작하였지만, 나중에 미국 MBA를 나오면서 catch-up이 가능한 부분이 생겼고, 때로는 늦은 출발을 잘 활용하면 극적인 역전을 만들 기회가 되기도 한다. 물론 그만큼 더 계획을 잘 세우고 철저하게 실행을 하여야 하며, 이러한 차원에서 지방대를 나와서 늦게 출발한다고 생각하는 후배들에게 나름대로 나의 know-how를 전달하고자 이 책을 쓰기 시작하였다.

1989년 서울역 앞의 큰 건물에 있는 대우전자 본사에 첫발을 딛고 나서, 제일 먼저 느낀 것은 학력에 대한 간판이 필요하다는 것이었다. KATUSA 시절에 서울에 있는 대학에 다니는 동기생들과 같이 어울리고 근무도 하면서 스스럼없이 지냈는데, 대우전자 본사에서 배치받은 해외 영업 부서의 인원 대부분이 서울의 명문대 출신들이었는데, 그들과는 아무래도 보이지 않는 장벽 같은 것을 느꼈다. 그다음으로 느낀 것은 공부하여야겠다는 것이었다.

그래도 학창 시절 어디에 있든 항상 선두 top 3이던지 top 5에 속하면서 나름대로 공부를 한다고 하였고, 학자금 장학금을 받기 위해서라도 학점은 항상 top으로 유지를 해왔던지라, 공부라고 하면 왠지 넌덜머리가 난다고 생각을 하면서 졸업했던 시기였다. 그런데 회사에 입사하자마자 공부를 해야겠다고 스스로 느낀 것은 아이러니했지만, 이러한 느낌이 있었기에 어쩌면 평생을 공부하는 습관을 유지해 와서 지금까지 왔는지 모르겠다.

평생을 돌아보면 내가 그나마 조금이라도 할 줄 아는 것이 있다면 공부한다는 것이나 배우는 것이 아닌가 싶다. 초등학교 1~2학년 때에는 힘이라도 있어서 친구들과 운동장에서 잘 놀기도 하였지만, 초등학교 고학년으로 올라가면서 키는 크지 않고 몸이 뚱뚱해져서 학교 운동장은 갈수록 멀어지고, 이로 인해서 체육이라는 과목은 가장 싫어하는 것 중의 하나가 되었지만, 다행히 대학교에 들어가고 나서야 유전자의 힘이 발휘되어서인지 현재 수준으로 174cm까지 성장을 하였고, KATUSA에서 근무하면서 운동을 본격적으로 하기 시작하면서 이제는 생활의 일부가 되었다. 이런 운동으로 사회성 일부를 회복하게 되었고, Michigan MBA로 간판을 추가하게 되면서 그나마 지방대라고 하는 간판에 조그만 휘장을 장식하게 됨에 따라, 비록 지방대를 나오더라도 대기업에서 주는 혜택을 활용하면 social status를 상향할 기회가 다른 기업보다는 더 있다고 생각한다.

같이 시골에서 그리고 같은 대학을 다녔던 친구들을 생각하면 나는 그나마 운은 있었다고 생각이 되지만, 만일에 30년이 지난 지금 내가 동일한 환경에 처한다면 어떻게 될까 생각을 한다면, 절대 과거로 돌아가고 싶지는 않다. 지금이 좋아서라기보다는 나에게도 지나간 길은 매우 힘들고 고통이 많은 길이었으며, 다시 똑같은 길을 가게 된다면 현실에 대한 인식과 삶에 대한 이정표가 당연히 달라져야 하겠지만, 현재보다 더 안정적인 삶을 살게 될까 하는 질문에는 답이 의문시되기 때문이다. 지금의 spec으로 현재의 대학생들과 경쟁을 하게 된다면, 내가 더 잘하거나 내가 좋은 회사에 입사할 것이라는 확신이 없기 때문이다.

그렇다고 현재가 행복하다고 생각하지는 않으며, 다시 돌아간다면 잘못된 선택은 바로 잡아야 할 것이며, 다만 그러한 선택이 필요하다는 인식이 먼저 자리 잡아야 하는데, 그러한 의미에서 이 책을 읽는 비슷한 환경의 후배들이 있다면, 인생의 항로에 대해서 조금은 더 큰 그림으로 어떻게 미래를 준비할 것인지에 대해 이해를 돕고자 한다.

차례

들어가는 말 | 치열한 삶과 현명한 삶　04

현실의 인지

1) 나의 환경　　　　　　　　　　21

2) 사회적 제약　　　　　　　　　30

3) 미래의 불투명　　　　　　　　34

4) 개천에는 용이 없다　　　　　　41

5) 꿈을 향한 청사진　　　　　　　45

대기업 준비

1) 학점은 기본　　　　　　　　　55

2) 영어는 필수　　　　　　　　　58

3) 사회성 선택　　　　　　　　　66

4) 유능한 강점　　　　　　　　　76

5) 순발력 최고　　　　　　　　　82

③ 대기업에서 성공

1) 왜 대기업이어야 하는가?	94
2) 무조건 본사	102
3) 실세 업무	108
4) 해외 근무 활용	113
5) 인맥이 아닌 networking	118
6) 성장 사업에 자리 잡기	125
7) 진짜 성공은 그다음	130

④ 기본기에 강점 추가

1) 체력의 밑바탕	145
2) 실전의 강점 강화	149
3) 전문가의 역량	155
4) 변화에 순응	164
5) 미래에 대한 고민	169

가정의 균형

1) 대물림하지 마라   191

2) 재산이 바탕이다   199

3) 한 단계 상향 선택   206

4) 눈을 뜨고 살아라   218

5) 죽어야 산다   223

50대 후반에 깨닫게 되는 것들

1) 운명은 있는가?   235

2) 열심히 한다고 다 잘되지는 않는다   239

3) 일찍 깨달았으면 좋았을 것들   252

4) 모든 것이 다 잘못되었다고 느껴질 때   268

5) 생각보다 오래 산다   276

어떻게 살 것인가   285

1

현실의 인지

현실의 인지

 우리는 역사책에서 조선 시대에 양반제도가 있었고, 그리고 인도에 카스트 제도가 있었다고 배웠다. 그런데 그러한 계급 제도가 역사책에서만 있었던 것이 아니라, 지금도 뉴스나 여행에서 인도에서는 카스트 제도의 잔재가 남았다고 듣는다. 그렇다면 이러한 계급 제도가 인도에서만 인습으로 남아있는 것일까?
 출장으로 인도를 여러 번 간 적이 있는데, 그때마다 한국에서 태어난 것이 정말 다행이라는 생각이 들었다. 수도인 뉴델리 공항도 우리나라 지방 공항 수준이었고, 공항 청사를 벗어나는 순간 매연에 차 막힘, 그리고 거리를 돌아다니는 소, 돼지 그리고 개 등 가축들 천지로 사람인 나는 못 살겠다는 수준이었다. 그리고 치안이 불안하여서 어디를 가던지 차로 이동하면서 기본적으로 본사 임원은 거리를 걸어 다니지 않도록 유도하였으며, 더군다나 비가 오면 도로 포장도 잘 안 되어 있고 또한 배수 시설이 없는지라, 거리가 완전히 뻘밭이 되면서 돌아다닐 수가 없었다. 그런데 우리가 숙박하는 오성급 hotel에 들어선 순간, 다른 어느 나라 hotel과 유사하였고, 물론 때때로 전원이 잠깐 나가기

도 하였지만 편안한 생활을 할 수 있었다. 물론 치안 때문에 들어오는 차량의 폭탄 확인이나 방문자의 X-ray 통과는 필수였다. 카스트 제도가 법적으로 폐지된 후에 70년이 지났건만 사회 곳곳에 그 잔재가 남았으며, 고위층은 물려받은 legacy로 편안한 생활을 하는 것이다.

우리나라는 조선 시대에 양반제도가 있었지만, 일제 치하의 36년을 보내면서 이 유산에 변동이 생기고 일제 치하의 새로운 권력자들 그룹이 생겨났다. 해방되고 나서 일부 친일파가 제거되기는 했지만 불안정한 정권의 수립으로 여전히 살아남은 가문이 있으며, 군부 정권은 또 다른 권력자와 돈 많은 부자들을 탄생시켰다. 그리고 기술의 발전과 더불어 새로운 기업들과 돈의 흐름이 발생하였다.

역사는 돈의 흐름이라고 한다. 정치도 심지어는 전쟁도 돈과 관련하여 발생하였다고 한다. 과장된 말일 수도 있지만, 1차 대전도 2차 대전도 돈과 관련이 있다는 것이며, 지금 바이든이 사우디 왕자와 외교적 갈등을 일으키는 것도 결국은 유가와 관련된 돈의 이야기라고 한다. 미국의 루스벨트 대통령이 세계 2차 전쟁에 참여를 표방한 것은, 언론의 자유, 종교의 자유, 궁핍으로부터의 자유, 공포로부터의 자유를 지키기 위해서라고 하였는데, 그 근저에는 돈이 자리 잡고 있다는 것이다. 1941년 독일이 미국에 선전 포고하기 전까지 미국의 자본가들은 히틀러에게 호의적이었고, 노동조합을 과감하게 없앤 히틀러를 찬양하고, 독일을 방문했던 GM 윌리엄 회장은 나치 독일을 "20세기의 기적"이라고 표현을 했으니, 본인들의 이권을 침해하지 않는다면 그리고 돈을 버는 데 도움이 된다면 정의는 관계가 없었다.

그리고 내 인생을 돌아보아도 결국은 안정적인 여생을 보내기 위해 돈을 조금 축적하는 데 평생을 지내온 것 같다. 물론 젊었을 때는 정의에 대한 의무감 같은 것도 느끼고, 국가나 사회에 대한 책임감이나 소명 의식도 있었던 것 같은데, 사회생활을 시작하면서 빈부의 격차를 여실히 보게 되었고, 있는 사람을 부러워하면서 나도 언젠가는 저렇게 되었으면 좋겠다는 생각으로 보내왔다.

국가의 정의나 인간의 평등을 생각하면서 학교에 다니고, 그리고 사회에서 힘이 생기면 약자의 편에 서야 한다고 생각을 하였는데, 대우자동차 저가 모델이었던 르망을 운전하고 hotel 앞에 가면 저쪽으로 가라는 직원의 손짓을 받게 되었고 그 직원이 고급 외제차는 달려가서 모시는 모습을 보았다. 사회에서 돈과 권력의 유무에 따른 차별을 하나씩 겪어갈 때마다, 그리고 대우전자에서 MBA 유학자금을 처음 받아서 첫째 아이를 유치원에 입학시키는 기쁨을 느끼면서, 돈의 힘을 점차 깨달으며 차가운 현실을 인식하기 시작하였다.

지금도 기억하는 것은, 사원 시절에 고객을 모시러 남산 Hilton hotel 방으로 들어간 적이 있었는데, 그때 나도 언젠가는 이런 hotel에서 숙박하고 싶다는 소망을 지니게 되었다. 물론 그

hotel에는 15년 지나서 미국 주재원 시절 서울에 출장 와서 숙박하게 되었으니, 이는 내가 대기업에 다녔기 때문에 가능하였다고 생각한다.

물론 다른 기업에 다녀도 할 수 있었겠지만, 5성급 hotel에 자유스럽게 숙박할 수 있는 나름의 소원을 성취한 것은 LG에서 전지 사업으로 해외 영업을 하였기 때문이다. 이 덕분에 수많은 해외 국가를 다니면서 수많은 사람과 이야기를 하고 사업 협상을 하면서, 다양한 사람과 문화를 접하고 견문과 경험을 넓히면서 나름대로 사업에 통찰력을 가지게 되었고, 그리고 사람의 본성에 대한 이해와 인생에 대한 철학을 정리할 수 있지 않았나 싶다.

그러나 여기까지 오는 데는 무척 힘이 들었다. 빈주먹으로 시작하여 하나씩 갖추어 가는 길은 나름대로 보람도 있고, 또한 성취에 대한 자부심이 있기는 하였지만, 올라가는 사다리는 한이 없었고 한 단계 올라가면 주변 사람들의 더 나은 생활이 보이기 시작하는 것이었다. 그리고 그러한 사람들은 나와 출발점이 달랐다는 것을 보게 되었다. 부모가 고급 공무원이나 군 장성이라든지, 아니면 집이 원래 부유하여서 내가 힘들게 입사하여 다니는 직장에 대해서 별로 부담이 없는 사람들을 더 보게 되었고, 그리고 좋은 대학을 나와서 집이 풍요로운 그들은 어울리는 사람들도 달랐던 것이었다. 홍경래가 "왕후장상의 씨가 따로 있느냐?"면서 난을 일으켰지만, 실제는 그 씨가 따로 있는 것이 현실인 것이다.

홍경래는 조선 시대 말에 몰락한 양반이라고 하지만 평민 수준으로 살던 사람으로, 차별 대접에 대한 반발로 1811년 난을 일으켜서 처음에는 흉년과 더불어 권력에 대한 불만인 세력들의 규합과 단결로 기세를 잡는듯 하였으나, 몇 차례 전투의 패배와 이해가 다른 지도부 집단의 갈등으로 인하여 결국 와해가 되고 실패를 하였다. 실제로 기득권의 틀은 너무나 견고하여서 거의 절대적으로 바뀌지 않으며, 수많은 시간이 흘러가면서 시대의 흐름에 따라서 권력과 부의 변화가 오는 것이다. 왕의 아들은 왕자인 것이고, 부잣집 아들은 부자인 것이다. 그리고 그 부는 힘과 더불어 권력을 가져오는 것이다.

그러나 소위 돈과 빽이 없는 평범한 지방대 출신의 나는 혼자 스스로 살아남아야 한다. 그리고 무모하게 달걀로 바위 치는 짓은 하지 말아야 한다. 그런 나도 젊어서는 그래도 내가 참 무슨 대단한 존재인 것처럼 착각하였다. 불만이 있었지만 그래도 늦게나마 임원이 되었고, 그룹 회장이 된 K 상무와 임원 동기가 되어서 같이 교육을 받았는데, 이것이 나에게 운이 되어서 오랫동안 임원 생활을 하지 않을까 하는 은근한 기대도 했었다. 그런 목적으로 K 상무에게 업무 관련한 e-mail도 보내면서 같이 논의하고 싶다는 말도 하면서 어떻게 해서든지 network를 가져보려고 했었던 것이고, 그분이 회장이 되어서 사업보고를 받을 때 사업부장을 통하여 나의 이름을 인지하고 있다는 말을 전해 들었을 때 앞날에 대한 보장을 받는 듯한 기분이 들었는데 결국은 착각이었다. 한두 번의 교육이나 인사로 network는 절대 만들어지지 않고, 어떤 끈끈한 공통분모가 없는 것과 그리고 별로 도움이 될만한 사항이 없기에 계속 기억되거나 보호를 받지 못하는 것이다. Network라는 것은 서로 주고받을 수 있을 때 유지가 되는 것이며, 나는 조선 시대 양반 출신이나 서울 명문대 출신이 아니었다.

조선 시대는 양반의 자녀만 서당에 다니면서 글공부를 할 수 있었으며, 일반 서민이나 천민의 자녀는 글을 가까이할 기회조차 박탈당했으면서도 이것을 당연시하였다. 물론 때로는 세종대왕 때 장영실의 예처럼 예외적인 사람도 있었지만, 조선 시대에 살았던 수백만 또는 수천만의 사람들을 생각하면 그러한 예외가 얼마나 있었을까? 그렇다면 나는 이러한 예외에 속할 수 있을 것인가? 어떻게 하면 이런 예외를 만들어 갈 수 있을까? 물론 지방대를 나왔거나 다니고 있기에 배움은 있다고 말할 수 있으나, 현대의 배움은 직업이나 생업과 연결이 되어야 하는데 현재대로 인생이 지나간다면 어떻게 될까?

이 책을 읽고 있는 지방대생이 있다면 현재 어떤 생각을 하고 있을까? 여러분이 현재의 대학을 본인이 가고 싶어서 선택하였을 가능성이 별로 없다고 생각한다. 본인의 실력이 그 정도이거나, 아니면 지방대에 가면 학비 장학금이라도 받아서 등록금이라도 벌 수 있어서 선택했을 수도 있다. 지금의 선택이 여러분의 인생에서 어떤 영향을 줄 것인지 심각하게 생각을 해본 적이 있는지? 또는 미래를 위하여 지금 무엇을 해야 하는지 절박하게 생각해 본 적이 있는지?

1) 나의 환경

학다리 고등학교라는 이름을 들어본 사람은 거의 없을 것이다. 전남 함평군 학교면에 설립되어서 내가 다닐 때는 한 학년에 7개 반으로 각 학급에 60명 이상이 있었는데, 숫자가 줄더니 나중에는 함평여자고등학교, 나산고등학교 그리고 함평 중학교와 합병이 되고 장소도 함평읍으로 이사를 하였다. 내가 대우전자에 다닐 때 학다리 출신 동문을 회사에서 만나기도 했으나, LG 그룹으로 이직하여서는 내 동문을 한 명도 본 적이 없다. 학다리라는 이름 자체가 새 이름 학(鶴)에 순수한 한글의 다리를 붙인 것이다. 전설에 의하면 옛날 평야에 선비가 과거를 보러 갈 때 물이 불어서 갈 수가 없자 학이 날아와 다리를 만들어 주어서 무사히 건너 과거에 합격하였다는 것이다. 그리하여, 학다리라는 이름이 생겼는데, 그 전설이 맞는지는 모르겠다.

그리고 학다리를 듣게 된 것은 LG 화학에 근무할 때 대외협력 담당 임원이 전화를 해와서, 학교 동문 중에 특정인을 잘 아는지 문의를 해온 때였다. 정권이 바뀌어 일자리 창출 위원회가 생겼고, 이 위원회는 대기업에 연락하여서 인력 채용에 대해서 여러 가지 요청을 하여오고 있었으며, 실질적인 책임 부위원장인 L 위원이 학다리 고등학교 출신인지라 임원 중에 유일하게 같은 고등학교 출신인 나에게 물어본 것으로 보였다. 그전까지는 이런 기회가 전혀 없었기에, 같은 학교 고향 출신으로 서울대를 나와서 변호사를 하는 N 변호사에게 물어보았더니, 동문회나 모임에서 만나서 잘 안다고 하였다. 이에 소개하여 달라고 부탁을 하였는데, 그분이 워낙 바빠서 인사할 기회를 얻지도 못하고 있다가, 나중에 그분은 광주광역시장으로 당선되어 가면서 동문의 덕을 볼 가능성이 있었던 유일한 기회가 없어져 버렸다. 그리고는 이후에는 학다리 고등학교에 대해 언급된 것을 본 적도 들은 적도 없다.

  전라남도에 있는 함평 학다리고등학교를 졸업하고, 그리고 공부를 정말 잘하는 top 두세 명 정도나 서울대학교나 SKY에 가기도 했지만, 그다음 공부를 잘한다는 학생들은 대부분 전남대에 들어갔고, 그다음 학생들이 조선대에 들어가던 시절이었다. 나 또한 목표는 서울대학교였으나 현실은 너무나 거리가 멀었던 것이고, 고등학교를 졸업하면서 좋은 대학교에 가기 위하여 재수하는 친구들도 있었는데 나의 집안 사정이 이를 허락하지 않았다. 그때는 그래도 SNS나 인터넷이 아예 없던 시절인지라 다른 social status의 사람들이나 동년배가 어떻게 사는지도 전혀 알지도 못했고, 그리고 주어진 것에 대해서 별다른 불만이 없이 부모가 학교에 보내주는 것에 대해서 감사를 하는 순수한 학생이었다.

  시골에 살던 여타의 친구들과 비슷하게 가난하였던 것이고,

형제자매가 많은 가족 사이에서 주된 경제적 수입은 논 10마지기를 가지고 가족을 부양하는 부모님 아래서 성장을 하였다. 식구들이 많아서 바람 잘 날도 없었지만, 대가족이 먹고살 정도의 살림인지라 모든 자녀가 고등 교육까지 전부 마칠 수 있는 환경이 되지 못하였다. 이에 형들과 누나들은 일찍 집을 떠나서 각자도생의 길을 들어서게 되었다.

나 또한 대학을 다닐 형편은 아니었지만, 다행히 나보다 5살이 많은 형이 도와주어서 대학에 진학하였고, 그리고 형이 가정을 꾸리게 됨에 나도 많은 부분은 독립적인 생활을 해야 했으며, 부모님의 학업에 대한 신념이 강해서 그래도 어느 정도 지원을 받으면서 학교에 다녔다.

나도 경제적인 어려움을 몸으로 이해하고 있었던지라 공부를 열심히 하여 장학금을 받아 부모님의 부담을 줄여주면서 다녔다. 이러한 환경에서 소위 말하는 hungry 정신은 자연스럽게 몸에 배게 되었다고 생각한다. 그때에도 부모님의 고생을 인지는 하고 있었으나, 지금 와서 생각해 보면 그 시절 시골에서 대학교 학비를 충당해 준다는 것은 절대 쉽지가 않았을 것 같다. 그런데도 부모님에게 학비를 받아서 학교에 다니는 것을 당연시 생각하였고, 부모님은 형편이 된다면 자녀가 최대한 공부할 수 있도록 지원을 하거나 돈을 대주어야 한다고 생각했다.

지금 두 아들을 키우는 나도 물론 자녀들이 좋은 교육을 받을 수 있도록, 그리고 좋은 대학을 다니고 사회적으로 좋은 위치에서도록 도와주기 위해 각고의 노력을 하지만, 가끔 이렇게 나를 희생하는 것에 대해서 쓸쓸함을 느끼는 것을 보면, 아무래도 나의 부모는 나보다는 희생정신이 더 강했던 것 같다.

지금 지방대에 다니고 있는 학생의 환경은 나와 얼마나 다를까? 물론 참고서도 사지 못할 정도의 가정 형편이라면 더욱더 어렵겠지만, 고등학교에 다닐 때 일반적으로 다니고 싶은 학원을 충분히 다니지 못했지 않을까 싶다. 그런데 가장 먼저 짚어봐야 할 중요한 시작점은, 과연 학원에 다니면서 공부를 더 하고 싶다는 갈망이 있었던 것일까? 이것이 왜 중요한 것이냐 하면, 무엇인가 하고 싶은 것이 있었다면 목표가 있었다는 것이며, 그리고 이것은 더 나은 내일을 꿈꾸고 있었다는 의미이기 때문에 매우 중요하다.

나는 1970년대 말부터 80년대 초에 그야말로 시골에서 고등학교에 다녔는데, 학원이라는 데를 다녀본 적이 없다. 실제로 그 당시 함평에는 학원이라는 곳이 없었다. 그나마 방학 때 학교에서 하는 특강이라는 것이 전부였는데 이것도 매년 하지도 않았다. 그래도 집안이 부유한 가정에 있던 몇몇 친구들은 광주로 또는 어쩌다가 방학 때 서울의 친척 집에 숙박하면서 학원에 조금 다녔던 적이 있었다. 친구들 대부분은 이런 상황에서 학교에 다녔으므로, 대학 진학이라고 하는 것도 당연히 더 환경의 지배를 받을 수밖에 없었으며, 이로 인하여 400여 명 동기 중에서 소수의 학생만 서울로 대학을 진학하였고, 나를 포함하여 그런대로 잘한다는 친구들은 지방의 명문대라는 전남대나 조선대에 진학하였다. 다른 친구들은 그 이하의 학교에 진학했던 것으로 기억한다. 그렇다면 그때 선택하였던 학교들이 우리들의 인생에서 어떻게 작용을 했을까?

나를 돌아다보면 방학 때 학교에서 특강을 하면, 이 수업에 참여하는 것이 나에게 호사처럼 여겨졌다. 그래서인지 여유가 있어서 광주나 서울에 있는 학원에 다녔던 친구들을 별로 부러워하지도 않고 지나갔던 것 같다. 결국 내가 공부하였던 환경은 절대적으로 열악하였고, 나는 그 환경 속에서 열심히 하면 된다는 순진한 생각만을 하고 있었던 것이지, 좋은 대학에 가기 위해서는 좋은 학원에 다니면서 공부를 열심히 해야 한다거나, 부모님에게 학원을 보내 달라고 떼를 쓰지도 않았다. 우리집 경제 상황을 잘 이해하고 있었고, 나의 환경에 그대로 순응을 했다. 한편으로 보면 착한 자식이었는지도 모르지만, 더 나은 삶에 대한 개념 자체가 없었던 어린 시절이었다.

그럼 대학에 다닐 때는 어떠하였을까? 그나마 대학교에 다닐 수 있어서 다행이라고 생각을 했을 뿐이고, 학비 걱정을 하고 성적으로 장학금을 받아서 부모님 걱정을 조금 덜어드리기는 했어도, 영어 학원에 다녀야 하겠다는 마음을 먹지도 않았고 그저 학교 공부만 열심히 하고 다녔다. 그나마 눈을 뜬 것은 군대를 다녀와서였다. 군대에서 서울의 명문대 동기들과 어울리기도 하였고, 그리고 전혀 새로운 세계였던 외국인이라고는 처음으로 만나서 미군들과 생활을 하면서, global이나 다른 나라에 대한 개념을 가지게 되었다.

그리고 이러한 자각이 있었기에 여름 방학에 농장에서 일하여 돈을 벌었고, 이때 벌었던 돈으로 영어 학원 다니는 데 사용을 하면서 어학원이라는 것을 처음 다니게 되었다. 결국은 자각을 하여야 눈을 뜨게 되고, 그리고 목표를 가지고 본인의 인생을 살게 되는 것이며, 그 이전에는 환경에 휩쓸려서 환경의 지배를 받는 사람으로 그저 수많은 사람 중 한 사람으로 이 세상에 존재하고 있었다.

여러분의 환경도 크게 다르지는 않을 것으로 생각을 하며, 단 여러분이 본인의 위치에 대해서 자각을 하고 있는지 아닌지에 따라 향후 걷게 되는 인생은 크게 달라질 것이라고 믿는다. 나와 비슷한 환경이라면, 지금은 대부분 가게 되는 해외 어학연수도 다녀온 적도 없을 것이며, 이것에 대해서는 생각도 해보지 않은 것은 아닌지? 고등학교에 다닐 때 비싼 과외 한번 제대로 한 적도 없으며, 그나마 단체로라도 학원에 다니면서 공부를 하고, top은 아니더라도 그래도 공부는 상위권이라는 말을 듣고 열심히 한다고 했으며, 그러다 보니 현재 대학에 입학하였을 것이다. 그렇다면 여러분의 앞날은 어떻게 펼쳐질 것이며, 어떤 선택을 할 수 있을까?

주변의 환경으로 인한 선택들이 우리를 숙명이라는 틀로 묶어 버린다는 것을 나이든 지금에야 깨닫게 된다. 물론 그 시절에 나름대로 공부를 열심히 한다고 했는데, 그 정도 가지고는 어림도 없는 이야기였다. 그 당시 한해 우리나라 고등학교 졸업생이 90만 명 정도 되었던 것으로 기억을 하고, 우리가 전국에 있는 고등학생들과 경쟁을 한다는 인식은 가지고 있었지만, 이것은 막연한 생각이었고 내가 어떤 목표를 가지고 목숨을 걸고 하지 않으면 나의 미래는 별 볼일이 없다는 것을 깨닫지 못했었다.

맹모삼천이라는 말이 있다. 맹자의 어머니가 현명하여 맹자에게 공부하는 환경을 만들어 주기 위하여 3번 이사를 했다는 말이지만, 엄밀하게 들여다보면 아무리 맹자라고 하여도 주변의 친구나 환경에 영향을 받아서 성장하게 된다는 것이다. 처음에 맹자와 어머니는 공동묘지 근방에 살았다고 한다. 예전이나 지금이나 공동묘지 부근에 살고 싶은 사람은 없을 것이고, 이것은 보나 마나 가난하여서 여기에서 시작하지 않았을까 싶다.

그런데 공동묘지에서는 매번 사람이 죽어서 장사를 지내는 것과 상여가 지나가면서 장송가를 듣게 되었다. 그러면서 맹자도 방울을 주어 들고, "이제 가면 언제 오나, 북망산천이 나를 부르네" 하는 장송가를 부르면서 노는 것을 어머니가 보고서, 이래서는 안 되겠다고 하여서 장터가 있는 거리로 이사를 하였다. 그랬더니 이번에는 맹자가 이것저것을 주워서 매장처럼 진열하고, "자 와서 보세요, 물건이 아주 저렴합니다" 식의 말을 하면서 노는 것을 보게 되었다. 물론 현대라면 사업 감각이 있다고 장려했을지는 모르겠으나, 예나 지금이나 일단은 어렸을 때 공부를 잘해야 장래가 밝다고 본다. 그래서 맹자 어머니가 이번에는 서당 근처로 이사를 하였고, 이에 맹자가 서당 훈장 흉내를 내면서 공부를 시작하여 나중에는 위대한 학자가 되었다는 것이다.

그리하여 우리도 자녀를 좋은 대학에 보내기 위해 좋은 학원이나 선생님을 모셔다 공부를 시키려고 안간힘을 쓴다. 그런데 이 자녀가 생각처럼 공부하지 않아서 오히려 내가 공부하는 편이 더 쉽게 느껴질 때가 있다. 그럴 때는 아들에게 묻는다. "너는 이렇게 공부하다가 저렇게 잔디 깎는 히스패닉처럼 되어도 좋으냐고?" 아들이 미국 집에 있을 때 압박용으로 사용했던 표현이지만, 실제로 그다지 효과가 없어 보였다. 요즘은 부모가 어떻게 해서든지 기회를 만들어 주어도, 아이들은 아무 생각 없이 살아가는 경우가 많이 있기 때문이다. 어쩌면 아무 생각이 없는 것이 아니라, 그래도 잔디 깎는 사람은 되지 않아야겠다는 절박한 마음을 가진다거나, 미래에 대해 인식을 하지 않기 때문으로 보인다.

내가 열심히 살지 않은 것은 아니다. 나름대로 열심히 공부하였고, 그래도 잘한다는 이야기도 들었다. 전남대에 입학하여 그래도 나름대로 자부심이 있었고, 대학교에 학다리고등학교 동문회도 있었고, 광주에서 대학교에 다니는 동문이 모여서 재광동문회도 자랑스럽게 생각하였다.

물론 서울에서 대학교에 다니던 재경동문회도 있었으나 그 친구 중에 SKY에 다니던 동문은 소수이고, 그리고 장학금을 받으러 전남대를 선택한 것이고 실력이 친구들에 비하여 부족하여 서울로 가지 않은 것이 아니라고 생각하여서 위축되지 않았었다.

대우전자에 입사하여서도 전남대 졸업생이 많이 있었다. 전자레인지 사업부에서 근무를 시작하였는데, 광주에 생산 공장이 있었기에 많은 선배가 다니고 있었고, 그리고 동기들도 engineer로 여럿이 같이 입사를 하였기에 지금 말하는 인맥에 대해서는 전혀 문제가 없었다. 그리고 나는 선후배가 많이 있어서 직장 생활에 조언도 받으면서 같이 어울리면서 성장하는 데 문제가 전혀 없을 뿐만 아니라, 혼자 잘났다고 생각을 했었다.

물론 본사 근무를 하면서 학벌이 필요하다는 것을 인지하게 되었고, 이로 인하여 추가적인 학력을 얻기 위하여 MBA를 지원하는 등 나름대로 노력을 하게 되었다. MBA로 인하여 networking에 선후배가 있어서 주요 인재로 성장하는 것에 대한 환상을 지니고 있었는데, 대우전자가 몰락하면서 LG 그룹으로 이동하게 되었고 이로 인하여 기존의 networking이 무산되어 버렸다. 또한 LG에는 전남대 출신 사원도 보기 힘들었지만, 나를 이끌어 줄 수 있는 선배 임원이 한 명도 없었다.

지금 와서 생각해 보면 나의 안일함과 성실을 믿는 순진함으로 직장과 사회생활의 내면에 숨겨져 있는 진실을 모르고 지냈던 것이고, 만일 내가 미리 알았더라면 조금은 더 준비된 직장 생활과 그리고 퇴직 이후를 맞이할 수 있었지 않았을까 생각한다.

2) 사회적 제약

　10년도 더 지난 이야기지만, 그 당시 LG화학의 KBS라고 불리는 CEO는 리더 workshop을 반기별로 했던 것 같은데, 회사 전체 팀장들을 상대로 workshop을 하고, 그리고 저녁을 같이 먹었다. 그리고 그때 나는 팀장으로 전지사업에서 Apple이나 HP/Dell 등 고객 개척도 하고, 또한 사업도 성장을 시키기도 했다. 개인적으로 약간 돋아 보이는 듯하게 CEO를 모신 workshop에서 영어로 발표를 하고, 그리고 저녁 만찬을 CEO와 같은 테이블에서 하고, 이에 더하여 만찬의 건배 제의도 CEO 이름을 영어로 Peter라고 부르면서 영어로 건배사를 하였다.

　자신감 있고 당당한 팀장으로 행동하던 시절이었고, 그리고 임원 승진을 한창 꿈꾸던 팀장이었다. 만찬 자리의 식사 중에 K 사장께서 내가 대우전자 출신이냐고 문의를 하여서 그렇다고 대답을 하였다. 그리고 속으로 생각하기를, CEO가 내 배경까지 전부 기억하고 계시니 나에 대해서 아주 잘 알고 계시는 것이고, 그러면 임원 승진을 하겠네 하는 기대감을 잔뜩 가지게 되었다. 그리고 내가 임원 대상자로 올라갔다는 이야기도 들었다. 그렇지만 그때도 그 이후에도 임원 승진은 줄곧 되지 않아서 몇 년간을 혼자 속으로 앓으면서 지냈는데, 나중에 생각해 보니 CEO가 내 배경을 파악한 것이 나를 승진시키기 위한 것이 아니라,

내 배경을 문제 삼아 승진을 시키지 않으려고 재확인하였던 것이 아닐까 싶었다.

내가 LG 그룹에서 임원을 하게 된 것은, 물론 개인적인 능력으로 성과를 창출한 것을 바탕으로 직속 상사가 열심히 밀어주었기도 했고, 또한 운이 좋기도 했었다. 어찌 보면 전지라는 신사업을 포기하지 않고 오랫동안 해오면서 누구보다도 사업에 대한 통찰이 생겨났고, 신사업으로 시장 개척을 시작하여서 IT global 기업들을 고객으로 개척하여 사업을 만들었고, 또한 2009년 소형전지 사업부장으로 부임한 지금은 퇴직한 J 사장님이 사업의 방향을 고민하고 파우치가 답이라고 생각하였을 때, 고객으로부터 투자를 유치하여서 당사가 처음으로 파우치 대면적 line으로 사업을 확대할 수 있는 기반을 만들었다.

그리고 후임 사업부장인 P 전무 아래에서 영업담당으로 열심히 일하였고, 이분은 기획에 공장 출신이며 특별히 출신에 따른 인사를 하지 않고 LG 그룹의 장점인 성과와 역량을 기반으로 평가를 하신 분이라 기회가 되었을 때 나를 열심히 밀어주었다. 이에 더하여 본부장인 K 사장이 좋아하는 자동차 상품기획 담당이 중간에 탈락하게 되었고, 또한 임원 T/O 하나가 남아 있어서 간신히 나에게 기회가 돌아온 것이다. 그러면서 K 사장이 나의 표정이 어둡다고 싫어하여서, P 전무께서 바꾸도록 만들겠다고 약속하였다고 들었다.

결과적으로 여기가 한계였다. 영업 상무 이후의 post로는 사업부장이니 센터장이 되어야 하는데 상사가 나에게 그 자리를 물려주는 것도 아니었고, 물론 인사권자인 CEO와 인맥도 없을 뿐 아니라 표정이 어둡다는 이유로 처음부터 싫어했던 면도 있었지만, 회사의 executive level과 교감이 절대적으로 없었던 것이다.

명문대 출신들은 주요 요직에 있으면서 회사 및 직무에 있어서 여러 가지로 연결 고리가 있지만, 지방대 출신인 나는 업무를 열심히 수행하여 성과로 보여주는 것밖에 알지 못하였다. 그런데 성과라는 것은 물론 개인의 역량으로 leading 하는 것도 있지만, 다분히 경기나 cycle을 타고 더불어 운도 상당히 작용한다. 즉 잘 되는 자리에서 숟가락 하나 놓으면 되는데, 회사가 시킨다고 어디든지 가서 열심히 일한다는 생각으로 있다가 조직의 변화가 발생하면 매달릴 network가 없어서 자연히 정리되는 것이다.

처세도 배우는 것이다. 나보다 더 연장자인 H 상무는 상무 연한이 차면서 퇴임 절차로 계열사로 나가게 되었다. 하지만 퇴임 바로 이전에 자동차 국내 고객사와 친하다는 이유로 그 당시 CEO가 복귀를 시키면서 회생을 하였는데, 정치적인 역량 때문인지 이번에도 다시 살아남았다. 그리고 그 상무는 평소에도 CEO 실을 지나가면서 들려서 인사도 하고 환담을 하는 등 이런 처세가 몸에 배어 있는 것이다. 그런데 지방대 그것도 이공계를 나와서 engineering practice를 한 적도 없는 나는 본사의 높은 사람들과 같이 어울리는 기회가 전혀 없었고, 내 가족이나 내 선배 중에도 고위 공무원이나 임원이 하나도 없어서 이런 처세가 필요하다는 생각도 하지 못하였다. 물론 옆에서 지켜보던 친한 후배 팀장은 내가 이런 것을 못 한다고 좀 하라고 그렇게 강조를 했건만, top level의 인사들과 어울릴 기회가 없는 나로서는 LG 그룹의 성과 지향주의를 믿고 성실하면 되지 않겠느냐는 우둔한 생각으로 살았었다.

물론 인맥이 절대적이거나 전부인 것은 아니다. 하지만 필요할 때에 절대적인 힘을 발휘한다. 그래서 대기업이긴 하지만 정치인과 인맥이 있는지 찾아서 그런 인원에 대한 기록을 가지고 있는 것이고, 시간이 지나도 그 영향력이 가치를 발휘한다. 30년이 지난 이야기지만 내 시골 친구는 전남대 자연계열을 졸업하고 학교 선생님이 되었는데, 그 당시 국회의원 비서의 도움을 받아서 자리를 만들었던 것이고, 그렇게 해서 그 친구는 물론 교사자격증은 획득은 하였지만, 사범대 출신이 아니면서도 교사로 입문을 하였고 본인의 노력으로 지금은 교감까지 승진하였다.

바닥에서 시작하더라도 누군가로부터 jump up 할 수 있는 도움을 받을 수 있다면 인생이 달라지는 것이다. 물론 시대가 변하여 지금은 국회의원 비서가 그런 힘은 전혀 없겠지만, 나도 유사한 도움을 받아서 몇 년 전 의사 파업 중에도 S대 병원에서 아내의 수술을 받을 수가 있었다. 그리고 그 인맥은 내가 LG 임원이라는 사회적 위상이 있기에 시골의 지방대 출신이라고 하더라도 만들어질 수 있었다. 그리고 우리는 모두 하다못해 대학 병원에 가더라도 치료를 잘 받기 위해 아는 인맥을 여전히 수소문하여 찾고 있으며, 그리고 그 인맥이 상당한 도움이 된다는 것은 누구나 인지하고 있다.

지방대에 다니는 학생 대부분은 가정 형편이 그만그만하다고 생각한다. 만약 가정이 부유하였다면 좋은 과외선생님의 도움을 받았을 것이며, 그마저 결과가 별로였다면 해외로 유학하러 갔을 가능성이 크기 때문이다. 경제적 형편도 그렇겠지만, 인맥도 그만그만하지 않을까 생각을 한다.

우리 지방대 출신들이 주위를 돌아보면, 친한 사람이 권력자나 부자인 경우가 매우 드물 것이고, 내가 사업자금이 필요하다고 하여도 일억 빌릴 데도 마땅히 없을 것이다. 그리고 머리가 천재도 아니고 다른 대단한 능력이 있는 것도 아니고, 어떤 사람들이라도 친해지는 사교성이 있는 것도 아닐 것이며, 그저 그렇게 오늘을 열심히 살아가는 평범한 사람들일 것이다. 그렇다면 우리들의 앞날은 어떻게 펼쳐질 것인가?

3) 미래의 불투명

나는 가끔 이야기한다, 인류가 지난 20세기 동안 겪어 온 변화보다도 앞으로 100년의 변화가 더 클 것이라고. 물론 내가 100년을 더 살 것도 아니지만, 이 변화는 안정이 되지 않은 우리에게 기회보다는 위험의 요소가 더 많다. 그나마 가지고 있는 그것마저 잃을 가능성도 있는 데다, 늘어나는 수명은 행복을 주기보다는 경제적인 속박으로 오히려 부담될 가능성이 더 크다.

일 년 반 전에 CEO가 교체되면서 퇴임하시는 J 사장님과 담소를 나눈 적이 있는데, 그분은 LG 그룹 최연소 임원 기록을 가지고 계셨고 60을 넘어서까지 일하였으니 상당히 능력 있고 또한 경제적으로도 충분히 안정적인 기틀을 갖추었을 것으로 추측이 된다. 그분 친구들끼리 만나서 죽음에 관하여 이야기를 하면서, 사람의 인격이 중요하니 소위 말하는 벽에 무엇을 칠할 때까지 살고 싶지는 않다고 하면서, 유럽에 가면 스위스인지 하는 나라에서는 안락사가 합법적이라서 몇만 불이면 해준다는 것이다. 그래서 화장까지 해서 한국으로 보내준다고 하면서 인간의 존엄성 없이 사는 것보다는 이러한 길을 택하겠다는 것이다. 듣기에는 그럴싸하지만, 나중에 내가 친구에게 이 이야기를 전하면서 그 사람 중에서 안락사를 택할 사람은 하나도 없을 것이라고 말했다.

사람의 생각은 시간이 지나면서 계속 바뀌는 것이고, 그리고 늙어 갈수록 삶에 대한 집착이 커지기 때문이다. 나는 돈 많은 노인이 자살하였다는 말을 들어본 적이 없지만, 미래에는 본인이 setting 한 기준에 도달한다면, 예를 들어 치매에 걸려서 병원 진단을 받는다든지 하면, 자동으로 정해진 절차에 따라서 안락사 과정에 들어갈지 누가 알겠는가?

영화 "Still Alice"를 보면 주인공이 갑자기 알츠하이머 병이 심해지면서 기억력 상실이 심해지고, 그러면서 이때를 대비하여 미리 죽는 방법을 본인에게 시키는 영상을 촬영하여 보고 따라 하려 하지만, 공교롭게 약을 놓치고 방문자가 생기면서 이 또한 잊어버리게 되는 장면이 나온다. 누구나 인간답게 살고 싶지만, 우리에게 다가오는 변화들은 우리를 정신없게 만들 것이고, 또한 그 변화의 속도는 더 빨라지기에 변화를 따라간다는 것만으로도 때로는 힘겨울 것으로 생각된다.

34년 전에 대우전자에 입사하여서 해외 영업을 시작하였을 때, 해외에 있는 고객과는 텔렉스로 교신을 하였다. 텔렉스는 전보로 영문 글자 숫자에 따라서 금액이 부과되기에 약자를 사용하고 가급적이면 짧게 적어야 비용이 적으며, 그리고 용지에 적어서 결재를 맡아서 텔렉스 실에 가져다주면 여사원이 타자하여 발송하고 나간 copy를 한 장 우리에게 전달하여 주었다.

그리고 그 텔렉스실 여사원과는 친하게 지내야 했다. 왜냐하면 매달 말이면 수출 면장을 실적으로 집계하게 되는데, 고객의 신용장이 오지 않거나 문제가 있어서 발급받은 수출 면장을 연장해야 했고, 그 경우 고객의 요청으로 연장하는 형식을 취하므로 고객에게서 받았다고 하면서 허위 텔렉스 즉 고객에게서 온 것처럼 만든 사본이 필요하였고, 이는 텔렉스실 여사원에게 부탁했으니 그 당시는 텔렉스실 여사원이 수출부 사원들에게는 power가 있었다.

그런데 그 텔렉스가 각자의 사무실에서 보내는 팩스로 점차 변화하였고, 또한 팩스 송부 가격도 지속하여 인하되면서, 10년이 지나지 않아서 그 텔렉스실은 없어지게 된 것이다. 그리고 우리가 지금 사용하고 있듯이 e-mail이 해외 고객과 주요 소통수단이 되었으며, 최근에는 스마트폰의 발달로 간단한 교신이 문자로 이루어지고 있다.

예전에 미국 New York의 거리 사진을 자동차가 도입되면서 어떻게 변했는지 비교한 것을 본 적이 있다. 지금 생각해 보면 마차가 자동차와 경쟁을 한다는 것은 상상도 할 수 없는 이야기지만, 그 당시 자동차가 도입되었지만 마차의 반발은 한동안 계속되었다. 물론 마차에 익숙해진 습관이 있었기도 하겠지만, 그 당시의 자동차는 고장이 자주 나기도 하였고 또한 조작하기도 많이 불편하였기 때문이리라.

하지만 10년이 지난 후의 사진에는 자동차 물결이고 마차는 New York 거리의 사진에는 한 대도 없었다. 물론 마차가 남긴 legacy는 지금도 남아 있기는 하다. 마차의 바퀴 간격으로 기찻길을 같은 간격으로 선로를 만들어서 표준이 되었다고 하니, 여전히 우리는 과거의 track으로 달리고 있다. 물론 그 위를 달리는 carrier는 계속 바뀌고 있지만.

최근에는 4차 산업혁명이라는 말이나 AI니 Big data 등 무수한 새로운 낱말과 기술이 쏟아져 나온다. 물론 그러한 기술이 하루아침에 나온 것도 아니고, 오랫동안 천천히 연구되고 발전을 해왔던 것이고, 알파고라는 프로그램이 이세돌 9단을 이기면서 갑자기 전 세계적으로 부각이 되었다. 물론 그 이전에 다른 프로

바둑 기사를 이기기도 했었고, 미국 퀴즈 대회에서 사람을 제치고 일등을 차지하기도 했다.

그리고 이제는 이러한 것이 대세가 되어서 모든 산업에서 적용하려고 다양한 시도와 노력을 하는 것이다. 물론 LG 전력망 ESS 사업에서도 사무 혁신을 위해 일부 적용하고 확대를 해가는 노력도 하였다. 예를 들어서 예전에는 채권에 문제가 있는 경우 금융부문에서 연락이 왔지만, 지금은 시스템에서 자동으로 채권 만기일을 담당자에게 e-mail로 통지를 하는 것은 일반적이며, 시스템에서 담당자가 일일이 보면서 결재 처리나 다음 process로 처리를 하던 것도 이제는 RPA라는 Robot Process Automation을 프로그램으로 사용하여 자동으로 처리를 하는 것이다. 이로 인하여 물론 인력 즉 job의 변화가 일어나고 있다.

기술의 변화는 물론 산업의 태동이나 쇠퇴 등에 큰 흐름의 변화도 야기하지만, 기본적으로 일을 가지고 생존을 해야 하는 인간들의 직업에도 막대한 영향을 미친다. 전통적으로 우리의 사농공상 유산 때문인지 "사"에 대한 선호도가 매우 높았는데, 지금은 회계사의 세금 신고도 간단한 것은 프로그램으로 처리하거나 개인이 인터넷으로 많이 하고, 또한 의사들이 하는 수술에도 사람이 하는 것보다는 robot이 하는 것이 더 비싸다고 하면서 부자들이 robot 수술을 선택하게 되었다. 그리고 x-ray 판독도 robot의 정확도가 더 높다고 하며, 더군다나 robot은 쉬지 않고 일을 할 수가 있고 또한 수많은 big data를 machine learning

하여 인간이 자는 시간에도 스스로 더 발전하고 있는 시대인 것이다.

그런데도 학교 교육은 시대의 변화를 따라가지 못하고, 이에 기업에서는 대졸 신입사원에게 수많은 교육을 하고 있다. 물론 지금은 전지를 전공으로 개설하여 가르치는 대학교도 있지만, 기존에는 대부분 대학에서 화공을 전공한 졸업생들이 LG 에너지솔루션으로 입사를 하여 전지 cell 개발을 시작하는데, 입사하여 제일 먼저 받는 것은 실무 교육인 것이다. 대학 4년간 공부한 것으로 현업에서 업무를 바로 시작할 수 없기 때문이다.

그리고 기업은 technology leadership을 위하여 항상 앞서서 나아가야 하므로, 학교에서 책에 없는 연구를 계속하면서 혁신을 만들어야 하기에, 학교와 기업의 현장 간에는 항상 gap이 있을 수밖에 없다. 물론 수출 현장에서도 동일하다. 나는 전자전공이기에 수출에 대해서 신용장이니 수출 면장이니 하는 것을 들어보지도 못하고 입사를 하여 해외 영업을 시작하였고, 실무를 하면서 혼자 책을 보고 독학하면서 고객의 대금 결제 조건에 대해서 배웠는데, 시간이 지나면서 그 책에 없는 새로운 조건이나 방식이 계속 생기고 있다. 지금은 한번 배운 것으로 평생을 써먹으면서 직업 생활을 유지할 수 없는 시대가 온 것이다.

내가 중학교 시절에는 주산이라는 것을 배웠다. 주산은 주판을 사용하여 더하기나 빼기를 하는 방식으로, 주판의 윗알은 5단위이고 아래알은 1단위로 곱하기와 나눗셈까지 한다고 하는

데 거기까지는 기억이 나지 않는다. 주산 선생님이 무섭게 가르쳤고 개인적으로 흥미나 소질도 없었는데, 그 당시에는 산업의 부흥기로 주판이 전부 사용되기도 했지만, 기업의 숫자 계산에도 매우 중요한 것이었다.

그런데 계산기가 나오면서 이 과목은 없어졌으니 그 선생님도 평생 교직을 지키지 못하고 중간에 은퇴하게 된 것이다. 그리고 고등학교 때에는 제2외국어로 독어를 배웠는데, 우리나라가 독일에 광부와 간호사를 파견하여 외화를 벌고 독일에서 차관을 받아서 경제발전을 시작하였기에 제일 가까운 우방으로 여겨서인지 국가에서 장려해서인지 독어를 가르치는 학교가 매우 많았다.

그 독어 선생님은 여선생님으로 학생들에게 독하게 대한다는 평가는 있었지만, 나는 그래도 공부를 한다고 조금 예쁘게 봐주어서인지 수업시간에도 열심히 공부하였고 2~3년 배웠던 것 같다. 그런데 그 독일어는 평생 사용해 본 적이 없으니, 결론적으로는 시간을 허비했다는 생각이다. 그리고 대학교 때까지 받던 교련이라는 군사 실습도 지금은 하지 않으니, 교육 프로그램이 시대에 따라서 수없이 바뀌었고, 그리고 앞으로도 바뀔 텐데, 시대를 앞서가지 못하고 뒤따라 가는 학교 교육을 믿고 미래를 설계할 수가 없다는 생각이다.

내가 차장 직급으로 일하고 있을 때 K 상무께서 사업부장으로 재임을 하다가 퇴직을 하였는데, 물론 퇴직을 하는 것이 아쉽기는 하지만, "그래도 29년 일을 했으니 충분히 한 것 아니냐?" 하는 자위적 표현을 하는 것을 앞에서 들었다. 물론 29년 대기업에서 일하였으니 짧은 시간이 아닌 것은 맞지만, 내가 바라보는 현실은 30년 일을 하고 남은 세월을 은퇴의 시간으로 보내기에는 세월이 너무 길고, 또한 30년 일한 것으로 남은 인생을 편안하게 먹고살기 힘든 세상이 되었다. 그분은 29년을 근무한 회사에서 했던 유사한 업무를 퇴직하여서도 하면서 지낼 수 있었는데, 앞으로는 그렇게 할 수 있을까?

4) 개천에는 용이 없다

내가 어렸을 때 시골은 대부분 경제적으로 가난한 형편이었고, 그리고 구시대의 유산인지 배움에 대한 집착이 대단히 강하였다. 또한, 한 가정에 누구 하나 똑똑한 아들이 있으면 출세하여 집안을 일으키는 시대였다. 그 당시는 공무원이 5급까지 있었고 고시에 합격하면 3급이 되는 시절이었다.

고시에 합격하면 신분이 바뀌고 집안이 상류로 올라가는 사다리를 타는 것이었다. 그래서 똑똑한 아들이 있는 집안에서는 고시 공부 준비에 온 집안의 정성을 다 쏟았고, 그때는 책을 들고 산이나 절에 들어가서 책을 판다고 표현하는 정도로 외워서 시험을 치렀다. 그리고 고시에 합격하면 가문의 영광이고 마을의 축제가 되는 것이었고, 이는 정말 개천에서 용이 나던 시절이었다.

지금은 시대가 많이 바뀌었다. 고시에 합격한다고 예전만큼의 신분 상승효과가 있다고 보기도 어렵겠지만, 책 몇 권을 시켜 떻게 해 가면서 공부해서 합격할 수 없는 시대인 것이다. 지금은 돈이 돈을 벌고, 그리고 학벌을 만들어 주는 세상이 되었다. 고시 공부를 위해서는 좋은 학원에서 그리고 유능한 과외 선생님의 가르침과 코치를 받으면서 준비를 해야 하고, 면접에서도 인상이 좋다고 되는 것도 아니고 전문적인 식견이 있어야 한다.

그리고 이것은 상당 부분 돈의 게임이 되는 것이다. 유능한 교수님을 모시고 배우기 위해서는 그에 상당한 더 많은 돈을 지급해야 하며, 더 많은 resource를 가지고 준비하면 합격의 가능성이 커진다. 예전에는 빈궁한 가운데 돌파구로 고시나 공무원에 합격하여 집안을 일으켜 세웠는데, 지금은 준비할 수 있는 경제력이 갖추어진 상태에서 승부를 걸어야 확률이 높다. 이에 부와 권력이나 힘은 동반하여 유산으로 후대에 지속 전해지는 것이다.

미국의 독립심도 이러한 면에서 많이 변했다. 전통적으로 미국 가정은 부모가 자녀를 고등학교를 졸업시키면, 대학교부터는 자녀들이 독립하여 은행 loan으로 학교 졸업을 하고, 취업하여서 대출금을 상환해 가면서 결혼하고 집을 산다. 집도 은행 대출로 장만하고 평생 일하면서 갚아가고, 그리고 은퇴할 때는 pay-off를 하여서 집 하나와 social security benefit으로 연금을 받아가면서 여생을 보냈다.

그런데 지금은 시대가 변하였다. 지난해에 미국 출장길에 L사의 SVP John을 만나서 같이 저녁 식사를 하였는데, John이

장소를 San Francisco Down Town에 가까운 Fisherman 부두의 restaurant에 예약하였다. John의 집은 Fremont으로 San Francisco Down Town과는 거리가 멀어서 저녁을 먹으면서 이 식당을 선택한 이유를 물었더니, 본인이 San Francisco Down Town에 콘도를 하나 가지고 있는데, 나도 만날 겸 다음날 다른 손님 meeting을 San Francisco Down Town에서 하는 것으로 정하고, 유명한 이 식당을 예약하였다고 했다.

그래서 자녀가 몇이냐고 물었더니 둘이라고 하였고, 이에 내가 콘도를 하나 더 구매하라고 하였다. 자녀 한 사람에게 콘도 하나씩 물려주라고 하면서, 미국도 빈부격차가 심해져서 이제는 전통적인 방법으로 자녀의 교육을 할 수 없다고 설명을 추가하였다. 이제는 자녀가 대학교를 졸업할 때 Debt free가 되게 도와주어야 하며, 미국 사회가 양분화되어서 the rich와 the poor가 있으니, 자녀가 the rich로 들어가도록 처음부터 만들지 않으면 평생 경제적으로 시달리게 될 것이라고 나 나름대로 견해를 피력하였다. 그런데 John은 보수적인 미국인이지만 예상외로 동의를 하면서, 우리 세대에 지구상의 resource를 대부분 소진하게 되므로 후손들은 소비할 resource가 없을 것이라고 본인 나름의 미래관을 알려주었다.

우리 세대는 열심히 일하여 가정의 기틀을 만들거나 회사에서 경영자로 성장한 이야기들을 많이 들어왔다. LG 그룹만 하더라도 조성진 부회장이 고등학교를 나와서 LG 전자의 CEO를 역임하면서 부회장으로 승진한 것을 보여주었고, 성공 사례로서 많이 회자가 되기도 하였다. 조성진 부회장은 용산공고 기계과를 졸업하고, 고졸의 학력으로 LG전자 전신인 금성사의 세탁기 엔지니어로 입사를 하여 세탁기 사업부에서 수십 년을 하여 설계실장, 연구실장, 이어서 세탁기 사업부장을 한 후에 LG전자 CEO로 선임이 되고, 2017년 LG 그룹 부회장으로 승진을 하면서 고졸 신화를 만든 장본인이다. 그분은 지금은 퇴임하셨고, 그 이전에도 보기 드물었지만, 지금의 국내 대기업 경영자들을 보면 대부분 명문대 출신으로 고졸자를 보기가 매우 어렵다. 물론 지방대 출신의 대기업 경영자들도 보기가 쉽지 않다.

지금은 승자 독식의 시대인 것 같다. 각 산업에서도 top 3이나 top 5가 아니면 생존이 어렵고, 신문에서 교과서를 열심히 공부하여 서울대에 입학하였다는 기사가 어쩌다 눈에 띄기도 하지만, 지금 시대에 교과서에 의존하는 공부로 SKY 대학에 입학하였다는 것을 믿는 사람이 얼마나 있을까? 직장인 수입의 많은 부분이 자녀의 과외비로 소비가 되고 있으며, 수입이 많아지면 많아질수록 그에 비례하여 과외비 금액이 커지게 되고, 돈 많은 부자가 스타강사를 모시기 위해서 줄 서서 있는 것이다. 나 역시 임원이 되면서 과외비용이 대폭 증가하였으니 특별한 사람들의 이야기가 아니며, 결국은 돈으로 교육을 사는 셈이다. 가난한 집안에서 책을 빌려서 공부하여 대성한다는 이야기가 들리지 않으며, 경제적으로 풍요로운 집안에서 교육도 자유롭게 하고 유학도 보내는 것이니 큰 강에서 큰 물고기가 사는 것이지, 개울가에서 큰 물고기는 더 이상 보이지 않는 세상이 되었다.

5) 꿈을 향한 청사진

내가 처한 환경과 현실을 인식하는 것이 모든 것의 출발점이다. 지금까지 좌절하지 않고 온 것은 잘한 것이라고 자신을 격려하면서, 다른 한편으로 별다른 특기나 장점이 보이지 않는 그저 조금 더 열심히 공부하는 것 같은 현재의 모습을 바라보아야 한다. 그리고 주변을 보아도 나를 유학 보내줄 돈 많은 친척이 있는 것도 아니고, 그렇다고 취업을 시켜줄 선배도 없다는 것을 절실히 깨달아야 한다. 지금은 돈 많은 SKY 대학생들도 취업하기 어려운 시대이고, 나와 비슷한 상황의 수십만의 대학생들이 경쟁하고 있다는 것을 먼저 느껴야 한다.

그다음에는 어떻게 해야 할까? 현실을 인식한 이후에는 나에게 맞는 방법을 미리부터 강구를 하여야 한다. 아무 생각 없이 열심히 공부하고 학점을 따고, 그리고 졸업을 하면서 대기업에 내는 원서마다 탈락이 되면, 그때부터 중소기업이든 어느 회사든 받아주면 어디든지 가겠다고 하였다가, 나중에 이도 저도 안 되면 공무원 시험 준비를 하겠다고 독서실에 가게 되기 마련이다. 그리고 공무원 시험은 경쟁률도 무척 높기도 하지만, 합격만 하면 그래도 평생 먹고살 수 있다고 안도할 수 있겠지만, 30년 후에 공무원 은퇴를 하고 나서 당신은 남은 인생이 얼마나 될 것 같은지 그리고 여생을 편안하게 살 준비가 되었을 것 같은지, 당신의 자녀는 어떻게 살고 있을 것인지 생각을 해보라.

시대는 지속해서 변하고 그 변화 속도도 빨라지게 될 것이므로, 조그마한 얕은 지식을 자신의 know-how처럼 여기면서 평생을 사는 것은 불가능해졌다. 앞으로는 60년 일을 해야 죽을 때까지 먹고살면서, 조금 남은 것을 다음 세대로 자식에게 그리고 자식의 자식에게 물려주면서 자식이 the poor로 전락하지 않도록 막을 수 있다. 20년 배우고 30년 대기업 생활을 하고 30년 두 번째 또는 3번째 일하고 나서야, 남은 2~30년을 은퇴하여서 여행도 다니게 되겠지만, 병원에 다니면서 아픈 몸을 치료하면서 살아야 할 것이다. 기술과 시대는 지속하여 변화하고 발전을 할 것이며, 미래나 변화에 대해서 가장 준비를 잘하고 있는 기관은 대기업이다.

현실을 인식한 이후에는 무엇을 하고 싶은지 스스로 물어보아야 한다. 아마 딱히 없을 가능성이 크다. 그렇다면 내가 좋아하거나 남보다 좀 더 잘하는 것이 있는지 생각나는 것은 전부 적어 봐야 한다. 대학 전공이 정해져 있어서 다니고 있다면 이미 늦었을지도 모르지만, 늦더라도 지금 하는 것이 가장 빠르다. 아마도 대학교는 성적에 맞추어 갔을 가능성이 크니, 그렇다고 지금부터 다시 공부하여 취업이 잘되는 학교에 가라는 것은 아니다. 인생에서 물결은 계속 흘러가고 있으며, 내려가는 방향으로 노를 저어 가야지 거꾸로 저어 가서 다시 시작하려고 하면 매우 힘이 든다.

물론 대학교에 이제 입학하여 공부를 시작해 보니 내가 생각했던 것과 다르다는 생각이 들어서, 다시 하는 것이 낫겠다는 생각이 들기도 할 것이다. 그런데 다시 선택하여 들어간 그 전공이 또다시 내가 생각한 것과 다를 가능성이 있는 것이다. 그리고 취업 잘되는 학과도 시간이 지나면서 바뀌는 것이고, 유망한 전공도 기술의 변화로 fade out 될 가능성이 큰 것이다. 한 산업의 한 가지 기술을 가지고 생활 전선을 평생 유지한다는 생각을 버리고, 본인이 좋아하는 것이나 잘하는 것을 바탕으로 시대의 변화에 맞추어 본인의 역량을 지속 개발하고 함양해야 하는 것이다.

긴 호흡으로 인생을 보아야 하고, 첫 번째 입사의 톱니바퀴가 잘 맞물리도록 하여야 한다. 당장 취업하기 쉽다고 지금 급여가 조금 더 많다고 선택할 부분이 아니다. 물론 대학 졸업을 하면서 학업을 지속하는 것이 아니라면 취업을 하는 것이 훨씬 낫다. 그 기간을 놓치면 갈수록 취업 전선은 멀어만 지기 때문이다. Trend로 떠오르는 직업을 대비하여 준비하는 것이 아니고, 내가 30년 이상 오랫동안 자아실현과 성장을 할 수 있는 분야를 선택하고, 그리고 그 회사에 취업하기 위하여 그리고 그 직업을 위하여 장기 계획을 세우고 준비를 하여야 한다.

다음으로는 성공을 위해서는 간절한 마음으로 절실히 원해야 한다. 흔한 말로 아픈 만큼 성숙해진다는 말도 있기는 한데, 인간이 겪는 숙명적인 고통인 生老病死 중에는 아픈 것 말고는 다른 것은 본인이 선택하거나 제어할 수 있는 것이 아니다. 아프니 힘든 것을 알겠고, 아프니 건강의 중요성을 인지하게 되고, 아프니 다른 사람들도 보이는 것이고, 아프니 어떻게 살아야 하는지 자각을 하게 된다.

누구나 심리적인 고민이나 고충을 많이 겪어나가지만, 눈물로 먹는 빵이라든지 어깨가 아파서 들지 못할 정도의 중노동들을 겪어보면, 내가 어떻게 해야 이러한 아픔을 피할 수 있는지 간절히 원하게 된다. 장기 계획을 수립하면서 단기 실행 계획을 세부적으로 세우고, 그리고 몇 가지라도 부딪쳐 보면서 피부로 직접 느껴야 한다.

2
대기업 준비

대기업 준비

―――

　지금은 신입 사원 공채를 하지 않고 수시 채용을 하는 기업들이 생기기는 하였지만, LG의 경우 여전히 공채 절차를 걸치고 있다. 대학교 졸업자나 졸업예정자에 대한 채용 공고를 내면 입사 지원서를 제출하는데, 먼저 인사팀에서 이력서를 가지고 일차 선별한다. 이때 출신 대학과 학과 그리고 GPA 등의 정보가 들어가고, 그리고 영어나 어학 점수가 입력된다.
　그리고 모든 팀과 사업부는 사업계획 수립 시 사업 규모나 확장을 바탕으로 인원 계획을 수립하고, 이를 바탕으로 T/O가 생겨나고 인사팀에서 신입 사원 수요 문의하면 채용 필요 인원을 통지하고, 이에 따라 채용 규모를 수립하게 된다.
　물론 정부의 요청이나 일자리 창출을 위한 사회적 분위기에 따라 추가 인원을 채용하기도 하지만, 지금은 다분히 현업의 수요에 따라서 채용을 확정한다. 내가 입사하던 시절에는 전통적으로 인사에서 모든 것을 결정하고 채용을 하여서 현업에 발령을 내었으나, 지금은 현업에서 채용 인원수와 대상자 중에 누구를 채용하여 어느 팀에 배정할 것인지 정하게 된다.

인사팀에서 이력서를 바탕으로 screen을 한 이후에, 1차 면접 대상자를 모아서 현업 팀장들과 같이 면접을 한다. 내 경험으로는 아마도 3~5 배수의 인원을 팀장들이 면접하지 않을까 싶다. 그리고 필요할 경우 영어 면접이 추가된다. 그 이후에 1차 면접을 통과한 대상들의 인사 파일이 현업의 담당 임원에게 전달이 되고, 2차 면접은 부문 담당 임원이 인사팀장과 같이 진행하는데, 이때 T/O와 지원자의 역량을 보고 채용 결정을 한다. 전지 사업의 경우 성장 사업인지라 인원이 지속적으로 늘어나므로, 지원자의 면접 결과를 토대로 좀 더 뽑기도 하는데, 최종 채용자의 2~3배 정도를 면접하게 되는 것 같다. 2차 면접 통과자들은 신체검사나 적성검사를 하게 되는데, 대부분 문제가 없으므로 현업의 부문 임원들의 결정으로 종결이 된다고 보면 될 것이다.

현업의 면접으로 채용을 결정함에 따라서 면접시 질문에서도 변화가 조금씩 일어나는 것 같다. 인사나 공통 부문에서 채용을 진행하였던 경우에는 질문도 공통적이거나 일반적인 부분이었고, 또한 이력서를 바탕으로 특별한 것이 있는지 찾아서 질문하였다. 지금은 현업에서 직접 필요한 인원을 채용하므로 질문이 상당히 구체적인 경우도 많다.

즉, LG 에너지솔루션의 경우 모든 사업이 전지에 대한 것인데, 예를 들어 ESS 영업팀에서 필요한 신입 사원을 ESS 영업에서 채용 면접을 하므로, 전지 중에서도 특별히 ESS 전지에 대해서 지원자가 알고 있는 부분이 있는지 질문을 하기도 한다. 전지에 대해서는 신문에서나 보고 들었던 것만 있는 지원자들에게는 당혹스러운 질문일 수도 있겠지만, 유능한 지원자가 많은 시대이므로 본인이 면접에 응하는 부서에 대한 사전 정보를 가지고 있는 것이 좋을 것 같다.

ESS 사업이 신사업이라 불특정한 업무가 발생하여 part timer를 사용하는 경우가 많이 있었으며, 대부분 대학생이나 대졸자들도 한시적으로 일을 한 경우가 많았다. 이 part timer 중에 우리 회사에 취업하기를 간절히 원하는 경우도 많이 있었으나, 실제로 연결이 되지는 못하고 경쟁사에 취업하는 예도 보았다. 이에 현업에서 나올만한 질문에 대해서 조언을 주기도 하였는데, 경쟁이 심한 시대이므로 지금의 지원자들은 선배들이 지원하는 회사에 있다면, 직접 만나서 어떤 업무가 이루어지고 있는지 실제 생활을 들어보면 도움이 될 것 같다.

본인이 정말로 일하고 싶은 회사가 있다면 신중하게 진행하기를 제안한다. 신입은 대부분 4학년에 지원서를 제출하기는 하지만, 학교 졸업 후에나 다른 회사에 입사하여서도 희망하는 회사에 입사하기 위하여 노력하는 경우들을 보았는데, 한번 탈락한 지원자가 다음 해에 다시 지원서를 제출한다고 하여도 채용이 되는 경우를 거의 보지 못한 것 같기 때문이다. 따라서 정말로 입사하기 원하는 대기업이 있다면 한번 제출할 때 본인의 모든 것을 보여주어 채용되는 확률을 높이기를 권하고, 만일에 떨어졌다고 하면 다음에 신입으로 재도전할 것이 아니라, 유사 분야에서 근무하다가 5년 이내에 경력으로 도전하기를 권한다.

나는 간단하게 대기업 취업을 위한 ABC로 Ability, Background 그리고 Character를 말한다. Ability라고 하면 그야말로 역량인데, 본인이 무엇을 했는지 그리고 할 수 있는지 보여줄 수 있으면 좋겠다. 현업은 항상 능력 있는 신입을 채용하여서 산업 전선으로 빨리 보내려고 하기 때문이다. 그리고 Background라는 것은 학벌을 포함한 사항인데 이미 주어진 것이라 바꾸기는 불가능하다. 이에 추가로 Character가 필요한데, 결국은 많은 지원자 가운데 돋보이는 것이 도움이 된다. 이에 면접은 말로 하는 것이라, 지금은 여성 지원자들이 워낙 달변이라 이를 바탕으로 점수를 더 높게 받는 경향이 있다. 또한, 자신 없는 목소리나 주저하는 모양, 또는 고개를 숙이거나 시선을 어디에 두어야 할지 모르는 것을 보여주는 것은 상당한 부정적인 영향을 준다.

일단 대기업에 취업한 이후에는 우리나라 노동법상 일반 사원들을 해고하는 것은 거의 불가능하다. 따라서 한번 대기업에 입사하게 되면 그 안에서 본인의 career plan에 맞추어 얼마든지 성장할 수 있다. 그리고 성장을 위한 ABC를 나는 Attitude, Background, 그리고 capability라고 정의를 한다. 대부분 사원이 인지하지 못하고 있는데, 업무를 대하는 태도, 윗사람들과 소통하는 방식이 성장에 매우 많은 영향을 끼치며, 더군다나 업무 역량 함양과도 필연적인 관계가 있다.

긍정적인 마인드로 무엇이든지 배운다는 적극적인 자세를 평생 유지한다면 지속 성장하겠지만, 초심을 잃은 많은 직원은 월급을 받은 만큼 일을 한다고 생각을 하다가, 정년이 되기 전에 다른 길을 찾아서 떠나야 한다. 그리고 background라고 하는 것은 회사 내에 network를 만들어야 한다는 것이며, 특히 진급은 상사가 시키고 사업은 후배가 도와주는 만큼, 초기에는 핵심 팀장과 임원들과의 network를 만들기 위해서 노력을 하여야 한다.

회사 내 한 사장님이 언급한 것과 같이, "내가 당신이 승진하는 것을 도와주지는 못하지만, 당신이 승진되지 않도록 만들 수는 있다"라고 하였는데, 정말이라고 보면 된다. Leader의 위치로 올라갈수록 각 조직의 장을 선임하기 전에 수많은 reference check가 있으므로, 팔방미인이 되라는 이야기는 아니지만, 역량 있고 마인드가 된 사원이라는 인식을 심어준다면 확실히 도움이 될 것이다. 그리고 마지막으로 capability라고 하는 것은, 일은 평생 하게 되므로 지금 당장 능력도 중요하지만, 회사에서 필요로 하는 업무를 수행할 수 있는 역량을 가지고 있고, 이를 조직에서 인지하고 있다면 오랫동안 일하는 데 전혀 지장이 없을 것이다.

1) 학점은 기본

어제 내가 한 일로 인하여 오늘의 내 위치가 정해져 있는 것이며, 오늘 내가 하는 일로 인하여 내일의 결과가 달라지는 것이다. 그리고 지나간 길은 되돌아갈 수가 없다. 우리가 학교에서 받은 성적표 GPA 역시 바꿀 수가 없다. 만일에 학교 다닐 때 이 GPA가 첫 직장을 구하는 데 얼마나 결정적인 역할을 하는지 안다면, 현재의 대학생들이 더 열심히 공부하지 않을까 생각이 든다.

대기업은 성실하고 역량이 있으며 그리고 끈기나 근성이 있는 사원들을 원한다. 그런데 수없이 몰려든 지원자들 가운데 어떻게 간단하게 그러한 사람을 선별할 수 있을까? 기본적인 starting point는 학점이 낮은 학생은 공부를 열심히 하지 않았던 것은 명약관화한 것이며, 이로 인하여 성실하지 않았던 학생으로 일반적으로 판단을 한다. 인사팀의 screen과 1차 면접을 통과하고 내 앞에 앉아 있는 지원자들은 대개가 학점이 좋다. 국가 정책으로 인하여 지원하는 소수의 원호대상자를 빼고는. 그런데 그중에서도 여러 가지가 비슷하다면 최종에는 GPA가 기준이 될 수 있다. 그리고 원호대상자를 면접 지원자 중에 지금까지 한 명을 보았는데, 그 지원자는 학점이 너무 낮아서 기본이 되어있지 않다고 판단이 되었는지 채용에서 탈락하였다.

나에게 올라온 면접 대상자의 경우 학점이 일반적으로 높아서 GPA가 4.0 부근이며, 어쩌다 3.6 근방인 경우도 본 적이 있다. 이것은 국내 대학교 출신의 지원자 경우이고, 지금은 대부분 지원자가 어학연수를 다녀왔거나 인턴 경력이 있는 등 소위 말하는 spec 쌓기에 대부분 충실하였다.

또한, 대기업 입사가 치열하여서 준비를 많이 하여서인지 말도 똑똑하게 잘하였다. 그런데 조금씩 눈에 띈 대부분 경우는 자신감 있게 말하고 표현을 하는데, 일부 지원자는 불안한 모습을 보이거나 초조한 기색을 보인다.

패기 있는 신입 사원을 채용하려는 대기업의 입장에서 보면 채용의 가능성이 적으니, 평소에 나이나 경험에서 격차가 많은 사람, 예를 들어 학생으로서는 교수님들과 잦은 면담으로 미리 이러한 환경에 익숙해지는 것이 도움이 될 것 같다. 이것은 입사 시뿐만 아니라 임원이 되어서도 도움이 된다. 왜냐하면, 임원들이라고 수시로 CEO나 C level의 최고 경영층을 보는 것이 아니며, 이분들을 모시고 보고를 하거나 회의를 할 경우 긴장감 때문의 손을 떠는 사람들을 종종 보게 되기 때문이다.

2차 면접은 정말 치열하다. 최종 당락이 결정되는 마지막 관문이기도 하겠지만, 지원자들의 실력이 비슷비슷하기 때문이다. 이럴 때 GPA가 당락을 결정할 때를 많이 보았다. 실력이나 면접 시 대답이나 그리고 인턴 등의 경험이 비슷할 때, 단순하게 GPA 3.6보다는 4.0을 채용하게 된다. 대학생들이 대기업 입사를 그렇게 목말라하면서, 기본이 되는 학점을 소홀히 한다고 하면 정말 이해를 할 수 없는 것이다.

그리고 이 학점은 신입 입사 한 번으로 끝나는 것은 아니다. 경력 채용에서도 보게 되며, 한번은 경력 면접에서 자신이 대단한 양 열심히 떠들고, 그리고 주변의 추천까지 받아서 온 지원자를 본 적이 있는데, 면접관 간의 평가가 양극화가 되었을 때 내가 학점 3.2면 성실성에 의심이 간다고 탈락을 시킨 적이 있다.

인생은 한 번인데, 한번 획득한 학점 GPA는 꼬리표가 되어서 바뀌지 않는다.

  나 역시 학점의 혜택을 보았다. 대학교 4학년 때 대우전자에서 전자공학과와 기계공학과에 각각 한 명씩 장학생 추천을 하여 달라는 요청이 왔다. 그리고 내가 다니던 전자공학과의 담당 교수께서는 학점이 높았던 나에게 기회를 주었다. 물론 내가 제일 높은 것은 아니었다.

  군대에 가지 않았던 재학생 몇 명이 더 높았으나, 그들은 입대 문제가 남아 있어서 졸업 후에 바로 취직을 할 수 없었기에, 복학생 중에서 가장 GPA가 높은 나에게 제일 먼저 기회가 왔다. 그렇지 않아도 졸업 시까지 생활비를 걱정하는 나로서는 좋은 기회였기에 선택하였다. 물론 그 당시에 다른 회사들도 무난히 취직할 수 있는 시대이기는 하였으나, 경제적인 사정으로 어려운 나에게는 기회가 되었다.

  이에 지금 당장 필요한 것이 아니거나 필요한 것처럼 보이지 않는 것이라고 하여도, 다른 특별히 해야 할 것이 있는 것이 아니라면, 그 시절의 직분에 충실하여 좋은 기록을 남기는 것이 미래를 알 수 없는 인생에서 나중에 도움이 되며, 시간이 지난 뒤에는 바꿀 수가 없으므로 지금의 생활에 충실하여야 한다.

2) 영어는 필수

  영어는 필수이고 잘하면 좋다는 것에 반대할 사람은 아무도 없을 것이다. 그런데 가끔은 다른 외국어 전공이나 선택으로 소홀히 하는 경우가 있고, 특히 일본어나 중국어 전공자 가운데에 이런 사람들이 더 있는 것 같다. 물론 일본이나 중국을 가면 영어가 거의 통하지 않는다는 것은 알지만, 그렇다고 영어에 능숙하지 않으면 임원으로 성장하기가 어렵다. 물론 관리직의 경우 영어를 사용하지 않기에 필요가 없다고 할 수 있지만, global 시대이며 우리나라는 세계 10대 수출 대국으로 10위도 아닌 중간 정도로 6위를 하고 있으며, 사업 대부분이 해외에서 발생하고 있다.

해외 국가 방문이라면 나도 상당히 해왔다고 할 수 있다. 지난 34년간 해외 여러 나라를 출장 방문을 하였는데, 북미의 미국과 캐나다는 기본이었고, 미국은 거주도 하였지만 출장도 수도 없이 다녀서, 지금은 순수 탑승 mileage만 대한항공이 삼백만에 가깝게 되었고 아시아나도 밀리언 마일러로 백만이 넘었다.

중미는 파나마와 콜롬비아를 갔었고, 남미의 브라질은 출장을 한 번 갔다. 아시아의 경우 일본과 중국은 기본이고, 중국은 우리 회사 제조 기반도 있어서 고객의 당사 방문 대응 겸 셀 수 없을 정도로 많이 갔었지만, 출장에 그쳤기에 누구나 이야기하는 만리장성도 간 적도 없다. 그 이외에 대만과 싱가포르에 갔었고, 말레이시아는 20여 년 전에 Motorola 공장이 있어서 페낭을 간 적이 있다.

그리고 유럽도 메인 시장이라 자주 방문하였다. 영국, 프랑스,

이태리, 그리스, 룩셈부르크, 핀란드, 스웨덴, 스페인을 방문했었다. 영국은 공원이 많아서 좋았는데 영어 발음은 통상적으로 배우는 미국식과는 달라서 적응이 안 되는 경우가 있었다.

대학교 시절에 일본어 공부를 했던지라 조금은 말할 수 있었지만, 사업 상담을 할 수준은 되지 않았고, 40대 후반이 되어서 중국어를 배우기 시작하였지만, 다음날이면 전날 배운 것을 전부 잊어버리기에 좀처럼 길거리에서 사용할 수준이 되지 못한 채 포기하였다. 그리고 나머지 국가들에서 전부 영어를 사용하였는데, 물론 사업 협의는 영어로 하더라도 길거리에서 영어가 통하지 않은 국가들이 많았다. 그렇다고 하여도 어떻게 해서든지 소통은 되었으니, 영어만 되면 global 사업에 큰 문제는 없다.

어학을 배우는 것은 오랜 시간이 걸리기에 여러 가지 외국어를 하는 사람들은 많지가 않다. 그렇기에 일본어나 중국어 학과 졸업생의 경우 그 외국어에 집중하느라 영어를 소홀히 하는 경우를 예전에는 많이 보았다. 실제로 우리 회사에서도 그런 사람들이 많이 있었기도 하고 현재도 그런 사람들이 있다.

물론 업무가 해당 국가에 한정된 경우에는 문제가 전혀 없다. 실제로 영업 현장에서도 중국과 일본을 상대하는 경우는 실제로 고객과 영어로 소통은 잘하지 않고 대부분 현지어로 하기 때문이다. 그리고 현업에서도 업무 관련된 외국어에만 능통하다면 굳이 영어를 강조하지도 않는다.

문제는 직급이 상승하면서 발생을 한다. 일본 시장을 담당하는 경우 팀장까지는 문제가 없으며, 중국어도 중국의 현지 공장이나 시장이 광대하여서 임원급인 담당까지 승진하는 데는 문제가 없다. 그 반대로 중국어와 일본어를 구사하지 못한다고 그해당 시장의 팀장이나 담당이 되지 못하는 것은 아니다. 기본적으로 영어만 한다면, 일본의 경우 팀장을 하기에는 일본인들이 워낙 영어에 민감하고 잘하려고 하지 않기에 힘들 수는 있지만, 나도 일본어나 중국어를 잘하지도 못하면서 해당 국가를 맡아서 영업하면서 전혀 문제가 된 것이 없었다. 중국과 일본의 경우 해당국 언어를 잘하는 사원을 처음부터 채용하며, 중국의 경우에는 top들이 오히려 영어 잘하는 임원들이 많이 있어서, 결국에 승부가 되는 것은 영어다.

중국어나 일본어에 능통하지만, 영어가 부족한 담당자나 팀장이 해당 시장에서 벗어나지 못하여 결국은 성장하지 못하는 경우도 보았다. 최근에는 이러한 것을 인지한 것인지 똑똑한 ESS 사업부의 유 선임은 회사에서 중국어를 제일 잘한다고 소문이 나 있어서 CEO가 중국 현지인들과 하는 행사에서 사회를 보고 통역도 하는 수준이었지만, 본인은 미국 사업을 하겠다고 미국 고객을 맡아서 하고 있다. 기본적으로 우리 회사도 제조를 중국에서 하므로 직간접으로 중국과는 연결이 되어있으므로, 본인의 중국어 강점은 그대로 유지하면서 영어도 놓치지 않고 그만큼 잘하겠다는 야심이 있는 것이다. 실제로 영어도 수준급으로 하고 영어 필수에 본인의 강점 중국어를 추가로 가지고 있는 셈이다.

  그런데 이 영어를 배운다는 것이 다른 언어보다는 훨씬 시간이 더 걸렸던 것 같다. 우리는 중학교 때부터 영어를 배우기 시작하였지만, 10년 이상 배우는 영어보다는 2~3년 배우는 중국어나 일본어를 오히려 모국어처럼 능숙하게 사용하는 경우를 많이 보았다. 심지어는 6개월이나 일 년 어학연수나 현지 전문가 과정을 다녀와서 정말로 현지 전문가처럼 그 언어를 잘 말하는 경우가 많다. 그에 비하면 영어는 미국 어학연수를 여러 번 갔다 오더라도 실제 현업에서 바로 사용하기에 부족하거나, 심지어는 미국 유학을 다녀온 경우에도 실력이 부족한 경우를 보게 된다. 외국어가 이처럼 습득하기가 쉽지가 않고, 특히 영어의 경우 자유자재로 사용하기가 어려우므로, 나는 생활 속에서 영어 공부하기를 권장해 왔다.

  나도 영어는 문법책부터 시작했던 것 같다. 중학교의 학교 일정에서부터 영어를 시작하였지만, 중학교 때의 교과서가 어떻게 생겼었는지 전혀 기억이 나지 않는다. 그런데 지금도 기억이 나는 것은 고등학교에 입학하자마자 영어 교과서의 본문이 매우 길어지고 또한 매우 어려운 단어들이 많이 나와서 매번 외워야 했었다. 그러면서 영어에 취미가 없어지기 시작했고, 학력고사에서 제일 높은 비중을 차지하는 과목이라서 억지로 했었던 기억이다. 그리고 방학 때면 성문 영어를 학교에서 해주는 특강을 들으면서 외웠던 기억이 난다. 그리고 그 실력으로 KATUSA

시험을 보아서, 지역별 안배 때문인지 실력도 별로 없었던 것 같은데 운이 좋게 합격을 하였고, 그때부터 진지하게 영어 공부를 시작하였다.

KATUSA에 합격하여 입대는 논산훈련소로 들어가 일반병과 동일하게 4주간 교육을 받고, 그리고 평택의 KATUSA 교육기관으로 들어가 교육을 받았는데, 이때 외국인을 처음 보았고 미군들과 생활을 시작하였다. 교육인지라 미군 교육관의 지시와 강의를 영어로 듣는 것이고, 문제가 발생하면 한국군으로 부대전환이 되므로 생존을 위해서 영어에 익숙하게 생활을 하여야 했다. 군 생활인지라 영어가 복잡하게 여겨지지는 않았던 것 같고, 명령어와 군대 특수 영어를 암기하면 일반 상식적인 수준의 어학으로 교육을 마칠 수 있었다. 그리고 자대배치를 평택 수송병으로 받아서 미군들과 실제 생활을 하면서, 일부 미군들과 갈등이 있기도 하였지만 나는 그런 갈등은 다행히 겪지는 않았고, 생활 속에서 부담감이 없이 영어에 익숙해지기 시작한 것 같다.

지금도 생각해 보면 영어 실력은 도서관과 영화관에서 붙기 시작한 것 같다. 미군과 같은 camp 내 생활인지라 미군의 편의시설을 그대로 이용하였고, 평택 camp에는 도서관이 있었는데 미군들의 자녀 때문인지 초등학교 초보 수준부터 책들이 있어서 어린이들이 말하는 의성어들이 쓰인 아주 쉬운 책들부터 읽어가기 시작하였다. 내가 기억하는 고등학교 영어는 어려운 단어가 많아서 매번 찾아서 이해해야 했다. 대학교에서는 Time 잡지 모임에 참석하여서 공부하기도 했는데, 모르는 단어가 행마다 나오므로 매번 찾다 보면 진도도 나가지 않으면서 전체 내용의 흐름도 잊어버렸다.

그러다 보니 재미도 없고 자연히 흥미도 떨어졌는데, 여기 도서관에서 읽기 시작한 어린이 책은 쉬운 단어에 내용도 이해하기 쉬웠다. 물론 모르는 단어가 page당 몇 개가 나오기는 했지만, 굳이 사전을 찾아보지 않아도 전체 맥락을 이해하는 데 문제가 없으므로, 이야기를 읽는 재미로 하였지 사전을 찾아서 외우는 의무감으로 하지 않았었다. 어린이 책을 수십 권 읽고 나서 나중에는 조금 더 길고 복잡한 중학교 수준의 책으로 level을 상향하였다.

영화도 마찬가지 방식이었다. 기본적으로 미군 부대 내의 미군용 영화인지라 자막이 없었다. 물론 영화이니까 그림과 소리만으로 대충 분위기나 내용을 파악하였다. 외국인을 만나거나 영어 공부를 제대로 해보지 않은 나에게는 처음에는 아예 들리지 않았다. 하지만 전부 미국 Hollywood 영화인지라 재미가 있었고, 그리고 KATUSA는 무료 관람이었기에 부담 없이 보았고, 그리고 많이 보자고 생각해서 자주 영화관에 갔었다. 이 습관을 회사에서 출장 다니면서도 그대로 유지하였기에, 우리나라 국적기로 장거리 출장을 가면서 영화를 보면 자막을 선택할 수 있었지만, 항상 영어로 들으면서 자막이 없는 것을 선택하였다.

지금은 훨씬 영어 공부하기가 쉬운 환경이라고 생각한다. 여러 가지 영어책이나 잡지가 워낙 많아서 돈의 문제가 아니라 의지의 문제로 보인다. 그리고 인터넷에 영어 동영상이나 영어 공부로 활용할 수 있는 정보들이 무한정으로 많아서, 인터넷 연결만 되면 정보의 바다가 아니라 영어의 바다에 있을 수가 있다. 또한, 비용을 얼마 들이지 않아도 무한정으로 영어 영화를 무한정으로 볼 수가 있다.

물론 위의 방법이 재미는 있지만, 공부 측면에서 효율적이지 않을 수가 있어서, 나는 직원들에게 집에서 CNN이나 미국의 어린이 program을 집에서 TV로 켜놓을 것을 권장하곤 한다. 집에서 TV를 아예 켜지 않는 가정들도 있지만, 어린애들이 있는 가정의 경우 애들 채널을 계속 틀어놓는 경우도 보았다. 애들이 계속 TV를 보는 것이 좋지도 않을뿐더러 그렇다고 항상 TV를 보고 있지만은 않으므로, 이왕 TV를 켜놓을 바에는 아예 미국 방송을 켜놓는다면 애들은 어렸을 때부터 영어 환경에서 생활하게 되는 것이다.

나는 특히 직장인들에게는 생활 속의 공부를 강조한다. 시간을 만들어 공부하기도 쉽지 않지만, 그 공부하는 시간이 꾸준히 유지되지 않는다면 간헐적인 공부로는 실력이 늘지 않기 때문이다. 그런 면에서 나는 라디오도 EBS만 듣곤 하였다. 아침저녁으로 방송에서 영어 강의가 있기에, 출퇴근하면서 운전할 때 라디오를 켜놓고 듣기도 하고 또한 흘려보내기도 한다. 작정하고 매일매일 히는 영어 공부는 지속하기가 쉽지 않지만, 생활 속에 습관으로 들어있는 영어 생활화는 부담감 없이 지속할 수가 있는 것이다.

3) 사회성 선택

일만 잘하면 되었지 특별히 인간관계에 문제가 있는 성격도 아닌데, 굳이 사회성에 신경을 쓸 필요가 있을까 하고 생각하는 사람들이 많이 있을 것이다. 나도 직장생활의 대부분을 그렇게 생각하였지만, 나중에 보니 일보다는 사회성 즉 network가 더 중요하다는 것을 깨달았지만, 일이 몸에 배듯이 이것 또한 몸에 배기 때문에 나중에 필요성을 인식하여서 노력하여 보았자 별로 효과가 없다. 실력이든 성격이든 능력이든 인간성이든 모든 것이 몸에 배어서 저절로 나오는 것이고, 한순간의 노력으로 습관도 바뀌지 않지만, 운명도 바뀌지 않은 것이다.

나는 시골에서 고등학교를 졸업하고 지방에서 대학교를 나오면서 하다못해 학급 반장도 한번 해본 적이 없다. 기껏해서 학습부장이라는 직책을 중학교 때 맡기도 했었던 것 같은데, 실제로 하는 일이 하나도 없는 것이라 직책이라고 할 수도 없다.

그리고 이것을 지금 생각하는 것은, 반장이든 학생회 간부를 하였다면 앞에서 leading을 하는 경험을 가졌을 것이다. 또한, 반장의 경우 담임 선생님이나 담당 교수님들과 더 많은 이야기를 나눌 기회를 가졌을 테니, 자연스럽게 윗사람들과 대화하고 논의하는 경험을 조금이라도 더 가졌을 것이기 때문이다. 그저 공부나 좀 성실히 한 학생이었던지라 생각하는 것도 다분히 실무에서 부딪히는 현업 수준이었다.

그런데 대기업에서 의사 결정을 하는 사람들은 나이든 직장 상사인 것이고, 대부분 직원은 상사의 상사를 대하는 일이 별로 없다. 조직 체계가 간소화가 되어가고 있어서, 팀원→팀장→담당 임원→사업부장→CEO로 의사 결정이 이루어지면서, CFO, CHO, CSO 및 CRO 등 유관 센터의 협조를 받아야 한다. 그렇지만 현업에 파묻혀있는 팀원은 주로 팀장의 의사 결정을 받아서 실무를 진행하는지라 담당 임원도 매일 만나는 것도 아닌데 다른 센터의 의사결정자를 만날 기회가 없는 것이다. 그리고 실제 그럴 필요도 느끼지 못한다, 왜냐하면 상사인 팀장이나 담당 임원이 바람막이가 되어서 다른 부문과의 업무를 협업하고 조율을 하기 때문이다.

그리고 팀원은 확실히 성과로 평가를 받고 능력으로 인정을 받는다. 내가 사원에서 대리 승진 시 같은 부서에 동기가 4명이 있는데 한 명이 탈락이 되어야 했다. 그런데 나는 일로서 인정을 받고 또한 나름대로 중요한 시장을 맡고 있었던지라, 지방대 출신이었지만 나는 대리 승진을 하였고 서울의 명문대 출신인 동기가 탈락하였다.

그리고 그 이후에도 업무 성과를 창출하였고 이를 인정을 받았으며, 차장일 때 해외 주재원으로 일하고 있었고 부장 진급 때에 또다시 어려움에 직면하였다. 왜냐하면, 본사 근무자를 우선

순위를 두었기에, 본사의 담당 임원이 미안하지만 진급이 이번 해에 안된다고 전화까지 해주었다. 하지만 사업부장이 사업부 T/O가 발생하자 나를 최우선으로 하면서 진급이 되었으니, 직속 상사도 모르는 상황에서 승진이 된 것이다. 그렇지만 이러한 성과에 대한 인정과 승진이 결과적으로 network를 쌓아야 하는 당위성을 느끼지 못하게 만들지 않았나 싶다.

2009년 신임 사업부장을 모시고 내 업무 담당도 아닌데 HP의 recall을 해결하기 위하여 Houston 출장을 가서 목표하는 바를 성공적으로 이루었다. 또한, 그분이 원하는 대면적 파우치 사업으로의 확대도 고객사 투자를 유치하여 현재의 발판도 만들었다. 그리고 한두 해 이후에 어느 해인가 사업 성과 덕분에 사업부 인원이 임원으로 여럿 승진하였다. 그래도 승진에서 누락된 사람도 있고 또한 편파적으로 되었다고 생각하는 불만을 표출하는 사람들이 있었는데, 그 사업부장께서 한마디 하기를, "내가 해줄 수 있는 것은 다 해주었고, 본사에서 자기가 해준 것은 김○○을 수석부장 시킨 것밖에 없다"라고 항변을 하는 것을 직접 들었다.

그때는 나를 특별히 생각해서 해주었다고 착각을 했는데, 지금에 와서 생각해 보면 그때의 성과로 보면 나를 임원 승진을 시켜주었어야 했었다. 물론 그분이 나를 대상자에 끼워 넣었다는 것도 들었는데, 앞에서 이야기했던 CEO의 대우전자 출신의 질문 영향인지 아니면 사업부장이 후보자 중에 제일 마지막 순서로 넣었던 것인지, 그 뒤로도 한참 동안 임원으로 승진하지 못했다.

그리고 나는 그 사업부장께서 자동차 사업부장으로 승진하여 이동한 이후에도, 매년 내 소속의 팀장들을 데리고 그분과 저녁 식사 자리를 만들었다. 나는 소형전지 마케팅이라 업무는 관계가 없지만, 내가 그분을 좋아한 것도 있었기에 지속적인 관계 유지가 필요하다는 일말의 생각도 있었다.

그보다는 팀장 육성을 위하여 다른 사업부장도 알고 또한 사업에 대한 이해도도 높인다는 순수한 생각에서 하였다. 그리고 나중에 그분은 본부장으로 승진도 하고 최종적으로 CEO도 되었지만, 그분이 나를 이끌어 주지는 않았으니 내가 network를 잘 만들지는 못하였다. 실제로 그분은 내가 모셨던 영업 상무와 지속으로 같이 일을 하였고, 나중에는 상무 임기 만기에 전무 승진을 시켜서 자동차 사업부장까지 만들었다.

이제 와서 보면 내가 업무 역량이 있고 괜찮은 사람이기는 하나, 본인이 키워야 하는 inner circle의 사람은 아니었던 것으로 여겨진다. 그렇기에 network를 구축한다고 하는 것은 어쩌다 인사를 드린다고 아니면 일 년에 한 번씩 꼭 저녁 식사를 한다고 해서 생기는 것은 아니다.

리더십에 대한 조사에서, 퇴직한 리더들에게 현업에 있을 때를 생각하면 가장 후회를 하는 것이 무엇인지를 질문하였을 때, 첫 번째가 "정치"를 잘하지 못하였다고 대답을 하였다고 한다.

나도 물론 이런 정치력이 절대적으로 부족하였고, 나와 같이 일했던 팀장들이나 팀원들이 많이 지적도 하였었다.

나를 따르던 한OO 팀장은 대놓고 말을 하기도 했다, "제발 정치 좀 하시라"라고. 나도 이러한 필요성은 느끼고 있었기에 미국 주재원 시절에 본사의 담당 임원에게 적어도 매주 한 번은 통화하자는 계획을 세우고 달력에 기록도 하였지만 몇 주 하지 못하고 출장 때문에 그리고 특별히 할 말이 없기도 해서 유야무야하고 넘어가 버렸다.

그리고 수석부장이 되었을 때는 정말 필요하다고 느껴서 상사가 식당에 도착하면 앞에서 기다렸다가 차 문을 열어 주고 떠날 때 차 문을 닫는 것부터 시작하였는데, networking에 대한 본질적인 것이 아니라서 결국은 아무 도움이 안 되고 흉내만 내고 말았었다.

유효한 network가 되려면 상대방과 공통분모가 있어야 하고, 그리고 공부가 생활 속에서 이루어져야 하듯이 networking이 업무 속에서 이루어져야 한다. 가장 단순한 출발은 선배를 찾아서 시작하여야 한다. 학교든 고향이든 공통의 분모는 매우 강한 매개체이며, 언제든지 손쉽게 접근을 할 수 있는 공동 매개체이다. 따라서 회사 내에서 이런 network를 제일 먼저 찾아서 그 사람들과 친해져야 한다.

그러면 회사에 대한 많은 정보를 얻을 수 있으며, 이는 어디 매뉴얼에도 없는 살아있는 정보인 것이다. 바쁜데 언제 하느냐고 생각해서는 안 된다. 자주 식사하고 술을 마시라는 이야기가 절대 아니기 때문이다. Network의 기본은 잦은 contact이다. 전화여도 좋고 문자든 e-mail이든 상관이 없으며, 시작점은 상대에 관한 관심이다.

선배의 처한 환경과 상황을 잘 기억하고, 그와 관련된 news든 rumor든 소식이 있다면 간단하게 톡이라도 주면 되는 것이며, network의 본질은 connected이기 때문이다. 연락이 별로 없다가 문제가 있어서 또는 도움이 필요하여 연락한다면 아무리 직속 후배라고 하더라도 부담이 되기 때문에, connected라고 하는 것은 생활과 업무 속에서 언제든지 연결이 되어 있기 때문에, 큰일이든 작은 일이든 새로운 부담을 주지 않기 때문이다.

Connected로 많이 활용되는 것 중 하나가 술 먹고 전화하는 것이다. 저녁 술자리에서는 여러 사람 이야기가 회자가 되고, 그리고 술은 감정을 풍부하게 한다. 그래서 낮에는 업무 이외의 전화는 거의 하지 않지만, 설령 하더라도 매우 짧게 대화하는데, 저녁에 술 먹은 후에는 장황하게 이야기를 하고 상대방도 너그럽게 받아준다. 우리 회사에 이렇게 하는 사람들의 이야기도 많이 들었고, 어떤 임원은 술만 먹으면 그 당시 그룹 COO인 K 부회장에게 전화한다는 이야기도 들었다.

그리고 인사에 칼날인 그 부회장도 이러한 것에 대해서는 관용적이지 않나 하는 생각이 드는데, 또 다른 연결이 있다고 들은 바는 없기 때문이다. 나도 물론 이런 것을 가끔 활용하기도 했다. 2019년 소형전지에서 일하다가 ESS 사업부로 이동을 하니 아무래도 낯선 사람들이 많았다. 이에 저녁에 술만 먹으면 사업부장이나 담당 임원들에게 전화하였고 이는 관계 형성이 많은 도움이 되었다. 그런데 문제는 내가 지속해서 유지하지 못하였는데, 이는 내 몸에 배지 않았으니 networking이든 공부든 consistency가 있어야 제대로 힘을 발휘한다고 판단한다.

학교에서 교수와 수업을 떠나서 자주 소통하는 사람들은 회사에서도 선배도 쉽게 찾고 또한 직장 상사와의 대면도 더 부담감이 없이 할 수 있을 것이다. 우리는 기업의 군대 문화를 가끔 이야기하기도 하면서 요즘은 MZ 세대와의 소통도 많이 강조하지만, 두 가지 문화가 상존한다고 생각하면 될 것 같다.

신문에서 신세대의 특징이나 사회에서 새로운 power로 공정성과 투명성을 요청하기에, 기업의 경영자들도 이를 반영하는 듯한 여러 가지 제도도 수립하여 소통 창구를 만들어 요구사항을 수용하기도 하면서, 이 세대들을 수용하고 업무에 집중하면서 성과를 내는 조직을 만드는 문화의 조성에 고민하고 있다. 하지만 또 다른 현실에서는 여전히 상사를 모시는 프로토콜이 필요한 것이며, 물론 시대가 지속 바뀌면서 이에 대한 형태도 바뀌고 강도가 낮아지기는 하지만, 대접받기를 원하는 인간의 속성을 생각하면 이를 잘해서 손해 볼일은 없을 것 같다.

대우전자에 다니던 시절에 독일법인의 조 이사는 CEO가 출장을 오면 미리 hotel을 들어가 보는 것은 기본이고, 그 당시 좌

변식 화장실에 옷을 벗고 앉았을 때 갑자기 차갑게 느껴지지는 않는지 미리 체험해 본다는 이야기를 듣고는 참 대단한 사람이라고 모두 입을 모아서 말을 했는데, 한편으로는 그렇게까지 할 필요가 있을까 생각도 했었다.

그런데 지금도 CEO와 오찬을 위하여 식당 사전 답사를 하는 경우가 있으며, 실제 우리나라 top 5 대기업에서 일어나는 일이니 top 10을 벗어나는 기업들은 더 심한 경우도 많이 있을 것이며, 실제 사업의 소유주가 운영하는 중견기업의 경우에는 더 신경을 써야 할 경우도 있을 것이다.

이에 대해 좋거나 나쁘거나 맞고 틀리다고 생각할 문제는 아니다. 시대가 변하면서 이도 변해 가겠지만 속된 말로 간도 쓸개도 빼고 산다는 말도 있듯이, 비단 윗사람이나 상사와 관련된 것뿐만 아니라 고객이든지 구매자에게 핀잔을 들으면서 기분이 상하는 경우도 많이 있는 것이다. 이럴 때 필요한 것이 일과 사람의 구별이다.

제품에 문제나 품질의 하자가 있어서, 또는 업무에 실수가 있어서 고객이나 상사에게 질책이나 핀잔을 듣게 되는 때, 본인의 인간성과 연계할 것이 아니라 제품의 품질이나 본인의 업무 역량으로 돌리고 자존심을 상하는 것으로 받아들일 필요는 없는 것이다. 그리고 잘못된 부분에 대해서는 회사를 대표해서 사과하면 되는 것이고, 업무 실수에 대해서는 인정하고 반복하지 않기로 다짐을 하면 되는 것이다.

사회성이라고 하면 흔히 타인들과 잘 어울리고 맞춘다고 생각하면서, 나는 체질적으로 못한다고 생각하는 사람들이 있으며, 나도 그런 사람 중의 하나였다. 물론 성격의 체질적인 부분이 있기는 하지만, 기업에서는 성격 변화가 아닌 간단한 방법으로 좋게 만들 수 있지 않을까 생각한다.

신임 임원 교육을 받으면서 그룹사의 김 부사장님과 간담회를 한 적이 있었다. 이때 내가 오랫동안 회사 생활을 하면서 승진하는 비결을 물었는데, 들은 답변은 그분은 위 사람에게 바로 "No"라고 말하지 않는다고 하였다. 상사가 잘못된 결정을 내렸다고 판단이 되면, 그 회의에서는 아무 반론이 없이 물러 나왔다가 별도로 상사의 방으로 찾아간다고 하였다. 그리고 조금 전에 한 의사 결정에 대해서 이런 부분은 어떻게 생각하시는지, 반대 의견으로 표출이 아니라 다른 각도에서 생각할 점을 상기시켜 주고, 그의 경우 상사는 재고하여 일리가 있다고 보면 결정을 바꾼다고 하였다.

이것이 간단한 것 같기는 하지만 실행에는 상당한 숙고가 필요한 것 같다. 나를 돌아보면 업무에 몰입이 되어서 일로만 판단을 하였기에, 원통형 사업 확대를 위해 TFT를 운영하고 노력을 할 때 EV start-up T사 진입을 추진하였다. 전체 회의에서 본부장이 고객사에서 의미 있는 share를 가진 사업을 해야지, 경쟁사인 Panasonic이 partner로 하고 있으며 그 관계가 매우 강하므로 당사가 진입하여도 supplier로 위치가 미약하니 하지 말라고 했다.

이에 나는 당사가 EV 사업에 원통형이 처음 진입을 하므로 배울 것이 있으며, T사의 경우 당사 share가 작더라도 절대적인 수량에서는 다른 어떤 고객 못지않게 많다고 받아쳤다. 이에 본 부장이 개발팀장에게 그 자리에서 T사에서 배울 것이 있느냐고 물었고 그 개발팀장은 없다고 대답을 하였다. 그런데도 나는 그 고객사의 진입을 위해서 포기하지 않고 추진을 하여서 계약까지 성사시키며 소형전지에서 가장 큰 사업이 되도록 만들었다. 그 개발팀장의 답변과는 다르게 당사는 그 회사로부터 품질이나 설계에서 많이 배웠다. 하지만 그 성과에 대해서 나는 하나도 인정을 받지도 못했으니, 내가 상사와의 소통에 있어서 그 간단한 것도 실천하지 못했었다.

작심삼일이라고 체질화가 되어있지 않은 것을 하려고 시도하면 조금 하다가 말게 된다. 매년 신년 초에 우리는 새로운 시도에 대한 계획을 세우는데, 매년 동일하거나 비슷한 것을 몇 년이나 10년 이상 마음을 먹었다가 작심삼일이 된 것은 아닌가 살펴볼 필요가 있다. 사람의 행동이나 습관은 쉽게 변하지 않으므로, 주변에서 손쉽게 하는 것에서부터 시작하는 것이 좋다.

사회성이 필요하다고 어느 날 갑자기 여러 사람에게 전화하였다가 한 달이 지나면 다 잊어버리는 것은, 팀장 교육을 받으러 가서 새로운 것을 배웠다고 실제로 적용하겠다고 하면서 몇 번 해보다 예전으로 돌아가는 것과 동일하다. 그렇게 수도 없이 예전으로 회기를 하기에 어쩌면 교육의 기회가 여전히 많은지도 모르겠다.

영어 공부를 한다고 계획했다면 집에 들어가서 TV 채널을 트는 순간 CNN으로 돌리는 것으로 시작을 하여 몇 달이 지나면 고착화가 되듯이, 필요하다고 판단이 되는 우선 가까운 상사나 선배에게 관심을 두고 connected가 되도록 만들기 시작하면 되지 않을까 싶다. 그리고 말을 할 때 즉답을 하는 것이 아니라, 한 템포만 늦추어 이야기하고, 그리고 항상 Yes라는 단어를 먼저 생각한다면 그리 어려운 일만은 아닐 것이다. 그렇기에 인제 와서 나도 K 부회장과의 오찬에서 어떤 말씀을 하시던, "부회장님의 말씀이 맞는 것 같습니다…"라고 시작할 수 있게 되었다.

4) 유능한 강점

대기업 2차 면접까지 온 지원자들은 대부분 학교 GPA가 높고 영어 어학 실력이 상당한 수준이다. 면접하면서 우리끼리 이야기하는 것은, 만일에 우리가 지금 세대에 대학 졸업하고 대기업에 지원하였다면 합격하지 못하였을 것 같다고 말한다. 실제로 나도 그렇게 생각하고, 그만큼 지원자들의 spec이 높아가는 것 같다. 물론 그러한 spec이 현업에서 기존 사원들을 대체할 정도로 바로 활용할 수는 없지만, 초기 관문이 높아지고 있는 것이 사실이다.

그렇다면 어떻게 다른 지원자들과 차별화를 하여 눈에 띄게

할 수 있을까? 기본적인 답은 업무나 leadership에서 활용할 수 있는 강점을 만들라고 한다. 물론 여러 가지 강점이나 특기가 있을 수 있으나, 업무나 leadership을 강조하는 것이 현업에서 바로 활용할 수가 있으며, leadership은 team으로 협업을 할 때 다른 부서와 co-work 하는 데 도움이 될 것이기 때문이다. 클럽이나 동아리 활동도 이와 연결 고리가 있다면 도움이 될 것이다.

단순히 댄스 클럽에서 춤을 배워서 잘한다든지 밴드에서 활동하여서 음악을 잘한다든지 하는 것이 별로 도움이 되지 않지만, 동일한 밴드 활동이라고 하여도 음악 행사를 주최하면서 다른 팀들과 coordination을 하거나 협주하고 이러한 과정에서 teamwork를 배우고 익혔다는 것은 도움이 된다.

즉 보는 관점이나 참여하는 관점이 개인적으로 취미로 즐기는 것도 있겠지만 혼자 즐기는 것은 다른 사람이나 기업 활동에는 아무 상관이 없으니, 더 넓은 차원에서 관계 형성의 어떤 고리를 만들어 가는 활동을 하는 것이 도움이 될 것으로 생각한다. 이런 면에서 동아리에서 행사를 주최한다든지 또는 기금을 모집한다든지 등의 경험을 강조하는 지원자들이 많이 늘고 있다.

어학적인 강점에서도 유사하다고 생각한다. ESS 사업부의 유OO 선임은 중국어가 뛰어난 것으로 회사에 전체적으로 인지가 되어서 CEO가 중국법인과 town hall meeting을 할 때 사회도 보고 통역도 한다. 그렇다면 이러한 역량이 하루아침에 만들어졌다고 생각하지는 않는다. 다분히 학교 다닐 때 중국과의 행사에서 이런 경험이 있었을 것이다. 대중을 상대로 행사를 진행하는 것은 대부분 사람에게는 두렵고 떨리는 일이므로, 경험이 없이 어학을 잘한다고 또는 어학 점수가 제일 높다고 할 수 있는 것은 아니다.

물론 처음에 어학 점수가 높아서 선택할 수 있지만, 실제 행사에서 잘하지 못한다면 다시는 기회가 오지 않기 때문이다. 실력이 좋은 것과 이것을 잘 활용하여 타인에게 전파하거나 사회자가 된다는 것은 전혀 다른 이야기이기 때문이며, 이것과 관련하여서는 나도 몇 번의 실수를 한 적이 있다.

대학교 3학년, 군대 가기 이전에 김태성 교수님으로 기억하는데 3학년 첫 시험에서 내가 점수가 제일 높았다. 이에 교수님께서 나보고 그 학과목에서 주제를 하나 정하여서 앞에서 발표를 해보라고 하였다. 이런 경험이 전혀 없었던 관계로 나는 도서관에서 reference 책들을 보고 그대로 베껴서 발표하였다.

당연히 발표 이후에 Q&A가 있었고 나는 대답을 하지 못하여 궁색하게 끝낸 적이 있다. 그냥 열심히 공부했던 학생으로 발표도 열심히 외워서 했던 것이고, 내용을 나도 이해 못 하면서 새로운 것을 전달하려고 했던 것이다. 지금은 상식처럼 이해하듯이 본인이 알고 있는 것의 반만 이야기하는 것이며, 강의보다는 Q&A에서 더 강한 인상을 남길 수 있으므로 이에 대해 대비를 하여야 하며, 만일에 Q&A에서 흥미로운 질문이 나오지 않는다면 반 중에 남겨 두었던 것 중에서 재미있는 것을 꺼내서 마무리하면 되는 것이다.

그리고 10년 전에 LG그룹 인화원에서 강의를 한번 한 적이 있다. 전지 마케팅의 best practice로 가장 경험이 많은 내가 가서 하였는데, 그때는 정말 강사처럼 대접을 받은 것이다. 모범택시가 여의도 트윈으로 와서 나를 모시고 용인 연수원으로 갔다.

사원들을 상대로 어떻게 소형전지의 고객들을 개척하였는지 B2B 영업에 대해서 강의를 하였다. 내 나름대로 경험을 정리하여서 성실히 하였지만, 수강생들의 평가가 별로여서인지 그 다음에는 다시 요청이 오지 않았다. 생각해 보니 내 경험만 열심히 이야기한 것이고, 수강생의 흥미를 이끌지 못했었다. 왜냐하면, 수강생은 영업만 있는 것이 아니고 다양한 직능에서 참여하였는데, 내가 그들과 연결 고리를 만들지 못한 것이다.

그리고 2021년에 다시 전지 영업의 best 사례로 교육을 해달라는 요청이 회사에서 와서, 그동안의 내 경험을 축적하여 그리고 내가 저술한 "이차전지 성장 이야기…"를 바탕으로 흥미 있는 사항들을 모아서 강의하였다. 물론 수강생들이 어느 부서에서 신청하였는지 사전에 확인도 하였다.

그리고 교육팀에 요청하여 선물도 2개 만들어서 강의 중에 퀴즈를 내어 주는 등 나름대로 준비를 하였다. 오랜 전지 영업과 그리고 top level의 고객들과의 협상 경험들이 쌓이고 노련함도 갖추어져서인지 교육을 잘 진행하였던 것 같다. 코로나로 인하여 on-line 실시간 강의인지라 강의하는 입장에서는 더 힘든 점이 있기는 했지만, feedback은 아주 좋았다고 들어서 결국 좋은 경험으로 마무리를 한 것이다. 무엇이든지 경험은 무시 못 한다는 말이 있듯이, 교육이나 가르침도 경험이 필요한 것이므로 학생이나 사원 때에도 가급적 이러한 기회를 자주 가지는 것이 좋다고 생각한다.

똑같은 영어도 실습을 바탕으로 실제 외국인들과 많이 소통하였다면 더 큰 강점이 된다. 예를 들어 똑같은 TOEIC 990점이라고 하여도 외국인 여행자들의 무료 guide를 많이 하였다든지, 아니면 한국에서 시행하는 국제 행사에 참석하여 제품이든 문화 행사에서 활동하였다던지의 실제 경험이 있다면, 이러한 경험은 취업 시에도 도움이 되겠지만 현업에서도 바로 활용할 수 있는 경험이며 강점이 되는 것이다.

왜냐하면, 많은 학생이 책으로만 영어 공부를 하는 경우가 많이 있으며, 실제로 어학연수를 다녀왔다고 하여도 외국인을 leading 하거나 적극적인 참여가 아닌 수동적인 학습이기 때문에, 현업에 들어와서 바로 이러한 현장에 들어가면 매우 당황해 하거나 떨려서 제대로 하지 못하는 경우가 많기 때문이다.

그리고 이러한 강점이 있다면 조금 더 대범하게 전개해도 되지 않을까 생각한다. 나는 LG화학 이차전지 경력으로 입사할 때 지원서를 영문으로 제출하였다. 영어로 쓰라고 한 것은 아니었지만, 이미 영어로 이력서와 letter를 만들어 놓았었기에 항목에 맞지도 않은 3~4개의 질문 항목에 영문 letter를 순서대로 붙여

넣었다. 실은 영어에 대한 자신감도 있었지만 안되어도 상관없다는 마음도 있었다.

그런데 면접까지 쉽게 올라갔고, 누구도 항목에 맞지 않게 왜 영문으로 제출했는지 물어보지도 않았고, 그리고 영어 질문도 하지 않았다. 내가 지금까지 신입 채용 면접에 수도 없이 참여하였지만, 한국인 지원자 중에 영문으로 지원서를 제출한 사람을 본 적이 없다. 물론 나처럼 항목에 맞지도 않게 제출하는 것은 지금은 오히려 마이너스가 될 수도 있겠지만, 적어도 항목에 맞추어 영문으로 제출하는 것도 강점을 표현하는 방법의 하나이지 않을까 생각한다.

강점이 있는 것과 강점을 드러내는 것은 조금 다른 이야기다. 전 CEO가 가끔 말한 것 중 하나가, 축구 선수가 농구 코트에서 승부하려고 하면 되겠느냐면서, 게임의 룰을 본인의 강점에 맞추어서 전개해 가라고 한다. 농구 시합에서는 농구를 잘하는 사람들이 많다. 그런데 내가 축구를 조금 하는데 다른 선수들보다 돋보이는 것이 없다면 다른 것을 해볼까 하는 생각을 쉽게 하는데, 본인이 잘하는 것에서 승부를 걸어야 한다. 그리고 게임의 진행도 그 방향으로 이끌어 가야 하며, 정신만 제대로 차린다면 가능한 일이다.

예를 들어 면접에 영어 test를 위해 외국인이 같이 들어오기도 한다. 그때 자연스럽게 영어로 이야기를 하게 되는데, 답변에만 집중하지 말고 대화를 연장해서 한국인 면접관에게 영어로 질문을 하는 대범함도 도움이 될 것으로 생각한다. 대부분 면접관은 외국어에 긴장하는 것이고, 자기보다 고수라고 느껴지면 아무래도 함부로 하기 힘들기 때문이다.

요지는 영어를 잘하는 사람들이 무척 많지만, 그것을 효과적으로 드러내는 방법은 평소에 영어 event를 주최한다든지 등 여러 가지 방법이 있으니, 조금 더 구체적으로 생각하여 표면적인 강점이 아닌 실질적인 강점을 갖추고 이를 드러나게 하면 여러모로 도움이 될 것이다.

5) 순발력 최고

우리는 두 직급 이상의 상사가 이야기하면, "그게 아니고요…"로 시작하기가 쉽다. 왜냐하면, 그 사람들은 실무에 대해서 당신만큼 모르기 때문이고, 당신은 그것을 옳게 수정하거나 가르치려고 하기 때문이다. 그런데 그것을 고맙게 생각하는 높은 사람들은 없는 것 같다.

엘리베이터 스피치라는 것이 한때 유행을 하였는데, 엘리베이터를 타고 가면서 상사에게 짧은 브리핑을 한다는 개념으로, 이것에 관하여서 책도 많이 있고 또한 미국 기업에서도 많이 회자되기도 했었다. 그런데 실제로 엘리베이터에서만 사용하는 것이 아니라, 실제 회사 생활에서 고위 임원을 만나는 일이 일반 직급의 사원들이나 낮은 직급의 조직장들에게는 별로 없기 때문에, 짧은 순간에 질문의 핵심에 맞는 답을 하라는 것이다.

임원 회의에 들어가면 C level의 경영자가 아니라면 말을 할 기회가 많지 않으며, 참석자는 한마디의 답변으로 평가가 된다. 경영자는 절대 복잡하게 생각하지 못하며, 또한 오랫동안 고민하지도 못한다. 그런데 장황하게 전문 용어로 이야기를 하면 도대체 무슨 이야기인지 이해하지도 못하고, 그 순간에 관심도 떨어지게 된다.

물론 이에 대한 답은 간단한 것처럼 여겨진다. 경영층은 항상 시간이 없으므로 간단명료하게 핵심을 설명하고, 그리고 문제를 좋아하는 경영자는 없으므로 문제가 있다면 본인이 생각하는 해결책에 대하여 설명을 하면 된다. 미국 방식과 우리나라 문화와의 차이점을 반영하여, 본인이 의사 결정을 하는 것이 아니라 상사가 듣고 의사 결정을 하는 모양새를 만들어 주면 더 좋다. 그런데 말처럼 쉽지가 않다. 왜냐하면, 질문을 받는 순간에 머릿속이 하얗게 되는 경우가 많기 때문이다. 물론 경험이 쌓이면서 조금은 더 익숙해지겠지만, 연습한다면 조금은 더 쉽게 대응을 할 수 있지 않을까 싶다.

면접하면서 흔히 겪는 이야기인데, 하나의 질문으로 돌아가면서 대답을 하는 경우가 많이 있으며, 그때 옆에 있는 지원자는 앞에 사람이 대답하는 동안에 열심히 머릿속으로 본인의 답을 만들어 내면서 준비를 하는 것이다.

현업에서도 똑같이 준비하면 되지 않을까 생각한다. 회의라고 하는 것은 흐름이 있으므로 나는 저 질문을 어떤 방식으로 어떻게 답을 하거나 대응을 할 것인지 계속 머릿속으로 생각하면서 진행되는 사항을 지켜보고, 또 나의 답변을 수정해 가면 된다. 물론 면접관에게 처음 질문을 받은 사람은 당황하듯이 주제가 바뀌면서 다른 질문이 나에게 올 수도 있는 것이다.

그런데 경영자가 전혀 본인의 업무과 무관한 것을 질문하는 경우는 매우 드물다. 만일에 그렇다고 하면 본인의 창의력을 기대하고 있다고 보면 되지 않을까 생각하고, 그때의 경우에는 생각의 틀에서 벗어나서 답변하면서 거꾸로 질문자의 생각을 물어보는 게 답일 수도 있다. 질문자가 이미 본인의 생각을 지니고 있는데, 다른 사람의 의견을 청취하는 방식으로 유도하는 예가 있기 때문이다.

가장 당황스러운 것은 모르는 것에 대해서 질문을 받았을 때이다. 현업에서 일하고 있다면 모른다고 대답을 하고 확인해서 보고하겠다고 하면 되는 것이며, 그리고 질문의 배경이 모호하다면 어떤 것 때문에 질문을 하는지 거꾸로 의도를 물어보는 것은 괜찮다. 지금은 강압적으로 업무를 진행하는 상사들도 줄어들지만 이미 몸에 배 있어서 부지불식간에 그런 방향으로 질문을 할 수도 있으나, 소통을 좋아하는 상사라면 질문의 요지를 명확히 하려는 대화를 반기기 때문이다. 약간의 긴장은 도움이 되겠으나 과민한 긴장은 오히려 해가 된다.

따라서 모르는 것은 모른다고 하는 것이 답이며, 이것을 그대로 드러내면 본인의 능력이 부족하게 보일 가능성이 있으므로,

단순한 종료가 아니라 거기에 무엇인가 열심히 수용하는 자세를 보여준다면 마이너스로 종결되는 것은 막을 수 있을 것이다. 그렇다고 너무 튀면 더 악화가 될 테니, 이때에는 특히 Yes man의 겸손이 더욱 필요하다.

Yes man이라고 비굴한 것으로 생각하면 절대 안 된다. 적어도 당신 상사는 경험 면에서 당신보다 훨씬 많거나 앞서 있을 가능성이 크기 때문이다. 그러한 면에서 K 부회장과 대화 시에도 많이 사용하는 단어 중 하나가, "우리가 부족해서……."의 표현이다. 괜히 잘난 척하다가 정 맞은 경우가 많이 있기에, 겸손함의 표현은 매우 중요하다. 몰라서 겸손한 부분도 있으나, 상사의 경험이나 통찰력을 적극적으로 수용하는 겸손함도 필요하기 때문이다.

순발력은 감각적인 부분이라 나처럼 둔한 사람도 있다. 나는 운동감각이 없어서 학창 시절에 체육을 제일 싫어하기도 했으니, 운동을 못 하는 사람들은 순발력도 떨어지는 경향이 있는 것 같다. 그렇지만 운동이 도움이 되도록 만들기 위해서 KATUSA 시절부터 운동을 누구보다도 더 많이 하면서 생활화를 만들었고, 이의 도움도 실제로 받아서 지금까지 살아가고 있지만, 순발력만큼은 쉽게 본능처럼 나의 체질이 잘되지 않은 것 같다. 그렇지만 아예 방법이 없는 것은 아닌 것 같다. 업무에 대해서도 나름대로 concept이나 story line을 만들려고 계속 노력하고 고민하기 때문이다.

가전산업에서 전지로 이동하여서 처음에 느낀 것이 사업이 정말 다르구나 하는 것이었다. 그렇기에 나름대로 정리를 하면서, 2000년에 사업부장에게 e-mail을 보내면서 전지사업을 보니 3가지가 필요한 것 같다고 하면서, 전략과 통찰력 그리고 신념이라고 언급하였다. 전략을 말한 것은 기술이나 시장의 변화가 빠르기에 선택과 집중을 잘해야 할 필요성 때문이었고, 통찰력을 말한 것은 제품의 개발과 생산하여 field로 나가는 cycle이 길고 투자 단위가 크기에 전략이 맞아야겠다는 것이며, 신념이 필요한 것은 전지사업이 참으로 힘들기는 하지만 성장하고 되는 산업이므로 된다는 믿음으로 지속 투자하고 사업을 전개하여야 한다는 생각에서였다. 그리고 23년이 지난 지금도 그때 생각했던 것이 맞았다고 느끼고 있다.

그리고 ESS 사업으로 이동하여서는 돈의 흐름이 다르니 사업도 다르게 하여야 한다고 설파하곤 하였다. 소형전지나 자동차 전지도 기본적으로 B2B 사업인지라 당사의 고객도 제조업을 하는 것이며, 당사 제품을 받아서 본인들 최종제품에 조립하여 고객에 판매하는 것이다. 기본적으로 우리도 공급하고 대금을 받듯이 우리 고객사들도 제품을 판매하고 한 번에 돈을 받기 때문이다. 그런데 ESS 전력망의 경우 당사 전지를 받은 고객들이 설치하여서 10년이나 20년 전기를 팔아서 돈을 버는 경우이니 cash flow가 다르다. 따라서 우리 사업도 다르게 해야 한다고 말하면서, 역사는 돈의 흐름이라고 말하였다.

전쟁도 돈의 흐름이었고, 돈의 흐름이 달라지면 사업의 방향도 달라져야 한다고 나의 이론을 말하고 있다. 그런데 맞고 틀리고의 문제가 아니라, 개념적으로 나 나름대로 산업에 대해서 전반적으로 통찰력을 가지려고 노력을 해오고 있으며, 순발력은 부족하지만 이러한 통찰력을 바탕으로 나름대로 사업에 대한 견해를 피력하다 보면 윗사람에게도 신선한 자극이 되기 때문에, 이렇게 큰 틀에서 또는 하나의 주제에 대해서 본인의 concept인 storyline을 간단 명료히 또는 이해하기 쉽게 정리를 한다면 대화에도 많은 도움이 된다.

3

대기업에서 성공

대기업에서 성공

대학 졸업 후, 서울에서 빈주먹으로 시작하여, 대우전자에서 11년 근무하고 LG화학 그리고 에너지솔루션에서 23년을 근무하고 은퇴하는 시점에 기본적으로 이촌동에 아파트를 하나 가지고 있다. 결과적으로 지금 시점에는 연봉을 전부 지금까지 저축하였을 때 구매할 수 있는 정도의 수준으로 보이는데, 물론 그렇게 저축을 한다는 것은 불가능하다.

내가 특별히 재테크가 뛰어난 것도 아니니, 대기업에 있으면서 다분히 여러 가지 기회도 있었지만, 해외 근무도 하면서 이런 기반이 마련되었다고 생각이 된다. 물론 월급을 적금하여 되는 수준이 아니라서 역사적으로 부동산 가격이 급등하여 생기게 된 이유도 있겠지만, 이것 이외의 투자로 인한 소유물이나 재산 이외의 인적 network를 구축하게 된 것도 다분히 대기업에서 근무한 덕분이라고 생각한다.

개인적으로는 이촌동에 집을 살 충분한 준비가 되지 않았기에 혼자 살았다면 구매하지 않았을 테지만, 주변의 대기업 임원들이 많이 거주하고 있기에 주변 분위기를 따라간 부분도 있지 않나 싶다. 부자들 주위에 부자가 많고 가난한 사람들끼리 어울리는 경우가 많다. 스스로 굳이 편을 갈라 사귀고 싶지 않아도 내가 돈이 없을 때 친구가 밥을 사준다고 매일 얻어먹을 수는 없다. 또한, 맹모삼천지교에서 보듯이 인간은 기본적으로 환경에 영향을 많이 받으므로, 자기를 한 단계 더 상향해 줄 수 있는 환경을 찾아 들어가는 것이 좋다고 본다.

사회생활의 제일 첫걸음을 대기업에서 시작한다면, 다른 대기업으로의 이동이나 중견기업으로의 이동은 훨씬 자유롭다고 생각을 한다. 다소 과장되게 들릴 수도 있겠지만, 대기업에서 30년 일을 하고 난 이후에 중견기업이나 벤처에서 10년에서 20년 일하면 되지 않을까 생각을 한다. 실제로 많은 대기업 출신들이 간부직이나 임원 은퇴 이후에 중견기업에서 제2의 직장생활로 인생의 날개를 펼치고 있다.

미국 영화 "인턴"에서 보듯이 스타트업회사에서 새로운 출발도 가능하다고 생각한다. 대기업 직원의 중견기업으로 이동은 매우 자연스러운데, 이는 중견기업이 대기업의 supply chain 상에서 직간접으로 연결이 되어있으므로, 실제 업무상에서 유사성이 있다거나 연장선에 있는 경우가 대부분이다. 따라서 중견기업의 입장에서는 대기업과의 연결 고리를 가져가면서, 또한 대기업의 노하우를 접목할 방법의 하나로 채용을 하는 것이다.

평생 대기업에서 일한 이후에 스타트업으로 이동은 얼핏 보기에는 잘 맞지 않는 것처럼 보이지만, 실제 대기업의 임원은 회사를 운영하는 듯이 다양한 업무를 수행하고 있다. 내가 전지 영업을 하는 것도 마찬가지였는데, 기능은 영업이지만 고객으로부터 수주를 위해서 시장 개척을 해야 했다. 그리고 수주는 기본적으로 제품이 있어야 하고 또한 고객에게 맞는 제품이어야 하므로 개발과 spec-in에 깊숙이 관여를 해야 한다. 그리고 이어서 생산해야 납품을 하므로 제조와 자재 준비를 위한 구매 그리고 계약과 동일한지 판정하는 품질, 이어서 선적 등 물류와 관리 등 모든 부분에 걸쳐서 업무를 수행한다.

물론 채권 등 금융도 포함하고 계약 검토 등 법률적인 사항도 주도적으로 진행해야 하며, 실제로 대기업에서의 업무는 대부분 cross functional 하게 진행된다. 스타트업의 업무나 속성과 바로 연결이 되지 않는 것처럼 보이더라도, 영화 "인턴"에서 벤이 CEO 줄스를 돕듯이, 벤이 평생 해온 전화번호부 제조회사는 패션업으로 숨 가쁘게 돌아가는 줄스가 운영하는 의류 쇼핑몰과는 전혀 상관이 없어 보이지만, 회사라고 하면 규모에 상관이 없이 기능별 조직이 유기적으로 돌아가야 하며, 이러한 운영은 하루아침에 생겨나는 것은 아니기 때문이다.

대학을 졸업하고 기업에 올 때쯤이면 15년에서 20년의 공부를 했으므로 현업에서 바로 빛을 발휘할 것으로 생각하고 마음이 바쁘지만, 막상 들어와서 보면 정말 사소한 일을 하면서 하루를 보내는 것들이 보여서 실망을 하고 퇴사를 하는 경우가 많다. 물론 기업에서도 정말 역량이 있고 준비가 된 신입 사원들을 바로 현업에서 실무를 수행하면서 성과를 창출하도록 기회를 주지 못하고, 획일적으로 신입으로 On the Job Training부터 시작하여 한동안 방치하듯이 하다가, 때때로 일거리를 던져 주듯이 하여 몇 년 정도를 허비하게도 만들기도 한다. 하지만 지금은 기업의 현황도 지속적으로 변하고 있으며, 가급적 현업에 빨리 투입하고자 노력을 한다.

나도 신입 사원 시절 몇 개월을 책상에 앉아서 공부하면서 시작하였고, 지금 LG 에너지솔루션은 입사하자마자 바로 연수원에서 교육을 시작하고 현업으로 와서는 부서에 따라서 차이가 있지만 역시 책상에서 공부하면서 시작하는 경우가 많다. 물론 요즘은 각자 notebook을 받게 되므로 시스템에 있는 서류들을 보면서 현업에 관한 공부를 한다. 청운의 꿈을 안고 입사한 신입에게 처음부터 무슨 대단한 일을 주지는 않는다. 이에 잔무를 하는 것을 몇 달 지켜보며 그리고 일을 하는 기존 사원들을 보고는, 본인의 미래에 대한 비전을 보지 못하여 퇴사하는 경우가 많다. 명목은 더 공부하여 더 높거나 좋은 자리로 가기 위해서다.

그러나 그렇게 해서 나중에 찾아간 직장이나 직업에는 본인이 원하는 화려한 업무나 생활이 기다리고 있을까 의문스럽다. 모든 것은 익숙해질 때까지 시간이 걸리고, 그리고 전문가가 되기까지는 그 이외에도 경험해야 하거나 알아야 할 것들이 많이 있기 때문이다. 그리고 이름만 듣고 지원을 한 회사나 부서가 본인이 생각한 것과는 다를 때가 많이 있을 것이다.

예를 들면 인사전문가가 되겠다는 꿈으로 인사팀을 지원하였다가 실제 채용이나 교육은 현업의 의사 결정으로 이루어지고, 인사팀은 지원 역할을 하는 것을 보게된다. 하지만 실망할 것은 없다고 생각한다, 왜냐하면 본인이 인사 업무에 대해서 일부분만 알고 있기 때문일 것이다. 따라서 전체적인 그림을 이해할 때까지 몇 년 일하고, 그러고 나서 본인의 career plan을 세워도 늦지 않을 것이다. 일단 대기업에 들어가면 그 내에서 이동하는 것은 특히 입사하여 사원 시절에 이동하는 것은 자유롭기 때문이다.

1) 왜 대기업이어야 하는가?

기술과 산업의 변화는 지속되고 있으며, 이로 인하여 많은 직업이 생겨나기도 하고 또한 사라지기도 한다. 나는 인류가 지난 20세기 동안 겪은 변화보다 앞으로 100년의 변화가 더 크다고 생각한다. 인간이 생로병사에서 벗어날 수 없기에 인류가 존재하는 한 있게 될 의사라는 직업도 있지만, 그 의사도 4차 산업 혁명으로 인하여 속성의 변화가 발생하고 있다.

지금은 이미 분야에 따라서는 인간 의사보다는 로봇 의사의 정확도가 높고 로봇을 사용한 수술을 선호하는 시대에 왔으니, 30년 후에는 내 앞에 어떤 의사가 어떤 형태로 진료나 치료를 하게 될지 잘 모르겠다. 그렇다면 의사도 기술의 발전을 따라가면서 새로운 방법들을 습득하여야 하는데, 의과 대학을 갓 졸업하는 인턴은 대학 병원에서 배우는 것이 더 나을지, 아니면 새로운 장비가 별로 없는 작은 병원에서 실습하여 개업하여도 오랫동안 살아남을 수 있을지 생각해 볼 일이다.

첫 직장을 선택할 때에는 먼저 본인의 강점과 연계하여 성장하면서 오랫동안 일할 수 있는 대기업을 선택하는 것이 좋을 것 같다. 대기업은 모든 기능의 업무를 가지고 있으면서 생존을 위해서 매우 노력도 하고 또한 투자도 많이 한다. 지금까지의 경험과 견문으로 보면 사회에 첫발을 내디딘 이후에 5년 동안의 현업에서의 실무가 본인 career를 좌지우지하는 것 같다.

직업과 관련하여 두 가지 축이 있는데, industry(산업)와 function(직능)이다. 나의 경우 가전산업을 하는 대우전자에서 해외 영업 직능으로 11년을 근무하였던 것이고, 그 경력으로 다른 산업인 전지를 하는 LG 화학에 동일한 해외 영업 직능으로 이동을 하였다. 즉, 동일한 산업에서의 이동이나 동일한 직능에서의 이동은 비교적 쉽게 이루어지나, 다른 산업이나 다른 직능으로의 이전은 쉽지가 않다.

내가 대우전자를 대기업이라고 선택하여 입사한 것은 아니지만, 그 안에서 성장을 이루었고 다음 단계로 jump up을 이룰 수가 있었다. 또한, 다음 직장을 선택하면서 LG 화학을 택하였으며, 개인적으로 반도체 외국인 회사에 다니고 싶었지만 대기업이란 이유로 LG 화학을 선택하였는데, 지금 와서 보면 잘한 선택이었다.

사실은 1990년대 초반에 대우전자 장학금으로 인한 의무복무

기간이 끝나자마자 외국인 회사로 가려고 수없이 이력서를 제출하였고, 외국인 회사에 대한 환상을 지니고 있었다. 일단 외국인 회사가 급여가 높다는 경제적인 이유가 있었고, 그리고 외국인 회사라고 하면 외국인과 같이 근무할 것이라는 KATUSA에서의 성공 경험을 토대로 그런 생각을 지니고 있었다.

그리고 Motorola 국내 영업 직원 채용에 마지막 면접까지 갔다가 탈락을 하였는데, 해외 영업 경험은 있는데 국내 영업 경험이 없어서 곤란하다는 feedback이 있었고, 같은 산업끼리 또는 동일한 직능의 job opening으로 이동은 가능한데 이렇게 다른 산업의 다른 직능으로의 이동은 어렵다는 것을 그때는 잘 인지하지 못하였다. 그런데 지금은 다행이라고 생각하는 것은, 대기업에 있었기에 내가 지속해서 공부도 하고 해외 근무도 하는 등 성장을 하면서 34년을 근무할 수 있었던 것이고, 외국인 회사로 운이 좋아서 이동했더라도 지방대 졸업장 하나로는 오랫동안 생존할 수 없었을 것 같다. 기술과 시대의 변천에 따라서 필요한 역량도 달라지고 기대 수준도 계속 높아지는데, 지방대에서 받았던 교육의 한계와 network의 부족으로 그 이후에 보충적인 교육이 없었다면 도태하고 말았을 것이라는 생각이 든다.

만일 내가 전자공학 전공을 기반으로 engineering을 practice 하였다면, 외국인 회사에서의 실무 engineering job으로 추가적인 경험이나 역량을 쌓을 가능성도 있었겠지만, 영업이라고 하는 직능은 interpersonal skill과 약간의 제품에 대한 지식으로 고객 개척이나 서비스를 하므로 법인장이나 CEO 등 경영자가 아니라면 관리자로서 성장에 한계가 있어서 지금보다는 더 일찍 그만두게 되었을 것 같다.

그리고 지금까지 global business를 진행하는 동안 Apple, HP, Dell, Microsoft 등 많은 회사와 같이 업무를 하면서, 그 외국인 회사의 한국 지점이나 지사 인원들과도 협업하거나 소통을 해오고 있다. 지금 와서 보면 그 회사들에서 내 연배의 사람들은 법인장 수준의 전체 관리자만 살아남아 있는 것 같으며, 내가 그 회사 중 하나에 근무하였다고 하여도 법인장이 되었을 것 같지는 않기에, 오히려 탈락하였던 것이 도움이 된 것이다.

더군다나 그 당시에 외국계 은행은 연봉도 더 높고 직원들에게 주택구매 대출도 훨씬 많이 해주었던지라 그런 회사 수십 군데에 지원서를 제출하였으니, 만일 그런 회사 중에 하나에 운 좋게 되었다고 한다면, 은행은 지난 30년간 어느 산업보다도 더 많은 변화를 겪어오고 있기에 내가 지금까지 근무할 가능성은 거의 제로에 가깝다는 생각이 든다.

나와 같이 대우전자에 입사하였다가 많은 친구가 중소기업으로 이동하였다. 그리고 대부분 친구는 사회생활 시작한 지 20여 년이 되자 그 회사에서 한계에 부딪혀서 다른 직장들을 찾게 되었다. 실은 대기업에는 업무가 더 세분화가 많이 되어서 업무 영역이 협소하게 느껴지고, 이에 따라 배우는 것도 얼핏 보면 그렇게 많게 보이지가 않는다.

또한, 업무 강도는 더 높고 업무를 떠나서는 인간적으로 친해지는 것이 별로 없게 보인다. 이에 반하여 중소기업은 업무 범위가 더 넓고 또한 업무를 떠나서 개인적인 유대관계도 있어서 더 매력적으로 보인다. 이에 많은 친구는 상사나 직장 내 갈등이 있어서 쉽게 중견 또는 중소기업으로 이동하여서, 처음에는 잘 정착하고 회사에서도 드러나 보인듯이 하였지만, 그 회사에서도 시간이 지나면서 대기업에서 온 사람들이 계속 늘어나는 것이다.

시간이 지나면서 본인이 처음에 배워서 사용하였던 경험과 지식이 나중에 들어온 대기업 출신들에게 밀리게 된다. 이에 차츰 본인의 입지가 좁아지게 되고, 그리고 중소기업은 더더욱 인건비 비중을 따지므로 연차가 많은 직원이 특별히 기여하는 것이 없다면 부담스럽게 느껴지고, 더군다나 대기업에서 평생 평사원으로 일을 하더라도 본인이 동의하지 않으면 해고가 되지 않으므로, 심지만 굳으면 은퇴까지 근무할 수 있으나 사람이 많지 않은 중소기업에서는 주변의 압박이 더 심하여서 오랫동안 견뎌내기가 더 어렵다.

한동안 벤처붐으로 벤처회사로 이동하는 사람들도 많이 있으며, 지금도 스타트업이라는 이름으로 매력을 많이 발휘하고 있다. 내 동생도 한양대 전자공학과를 나와서 삼성전자에 잘 다니고 있다가, 15여 년 전에 벤처붐이 났을 때 선배 회사에 일부 지분을 가지고 join 하였다가, 지금은 다른 벤처로 이직을 해야 했다.

그나마 동생은 engineering background로 생존을 하는 모습이다. 물론 창업하여서 성공한 사업가들도 꽤 있는 것이며 거기서 잘 자리 잡은 사람들도 많이 있다. 그리고 내 동생의 경우를 보더라도 한양대의 network가 있었기에 가능했던 일이다. 내가 30여 년간 회사 생활을 해오면서 한국 중소기업이나 사장님과도 안면을 가지게 되어서 지금도 가끔 보는 분도 있지만, 돈 앞에서 파트너십이 무색해지고 분쟁이나 소송이 일어나는 경우를 수도 없이 보았다.

실은 이는 중소기업이나 스타트업에 한정된 이야기가 아니고 우리나라 재벌가들도 대부분 그렇다. 2015년 우리나라 10대 그룹 중에 6개 그룹이 골육상쟁의 경영권 분쟁이 있다고 하였으며, 우리나라 30대 그룹 중에서 가족 간의 갈등이 없는 그룹은 딱 2개라는 말을 들은 적도 있다. 따라서 혼자 창업하는 경우는 다르지만, 파트너십으로 창업을 한다면 미리 헤어질 각오를 하고 처음부터 계약서를 작성하는 것이 좋다고 생각한다. 그리고 스타트업에 직원으로 갈 것이라면 career path의 초창기에 갈 것이 아니라, 영화 "인턴"에서 보듯이 은퇴하거나 직장생활 만년에 참석하는 것이 좋지 않을까 생각을 한다.

스타트업 회사들이 나이든 직원을 왜 채용하겠느냐고 질문을 할 수 있다고 생각한다. 그렇다면 신입 사원으로 스타트업 회사에서 시작하여 얼마 동안 회사에 다니고 또 얼마나 배울 수 있을지 물어보고 싶다. 우리나라도 네이버에서 만 40세 여성을

CEO로 선임하고 또한 CEO의 연령이 낮아지고 있다고 한다.

여성이나 나이 어린 사람을 비하하고 싶은 생각은 전혀 없다. 그 CEO는 역량이 뛰어날 것으로 생각을 한다. 학력을 보면 서울대 출신이고, 하버드 로스쿨을 나와서 변호사 경력도 있다. 지금은 나이 어린 상사를 모시고 일을 하는 것이 대기업에서도 다반사이므로 새로울 것도 없으니 굳이 말할 필요도 없으며, 단지 CFO까지 젊은 SKY 출신으로 채워지는 이러한 벤처 스타일의 회사에서 지방대를 나온 우리가 얼마나 오래 생존할 수 있을까?

나와 여러분의 목표는 직장생활을 오랫동안 하면서 지속 성장하고, 그리고 회사를 은퇴하여서도 제2 또는 제3의 직업을 가지거나 사회생활을 할 수 있도록 하는 것이라고 생각을 한다. 그 순간에 급여가 많다고 직장을 택할 것이 아니라, 본인이 얼마나 일을 하여야 100년 인생을 잘살 수 있을지 미리 점검해서 결정할 일이라고 생각한다. 그리고 경험을 쌓으면서 중견기업이나 스타트업으로 이직할 기회는 앞으로도 계속 생기지 않을까 생각한다. 그러나 한번 중견기업이나 스타트업으로 이동을 하였다면, 중년이 된 이후에 다시 대기업으로 돌아갈 기회는 매우 낮다고 본다.

컨설팅으로 유명한 맥킨지에서 세계 기업들의 수명을 조사하였는데, 1935년에는 평균 90년이었다가, 1970년에는 30년으로 줄더니 2015년에는 15년이 되었다고 한다. 앞으로는 신생 기업이 10년을 버티는 것도 어려울 것 같다는 생각이다.

우리나라는 기업환경이 더 열악한 것처럼 보인다. 한국무역협회에서 조사한 바에 의하면, 2015년 기준 우리나라 신생 기업의 5년 생존율이 27%지만, 유럽의 영국, 독일, 프랑스 등은 평균 42%로 거의 두 배에 가까운 수치라는 것이다. 이에 반하여 우리나라 대기업의 수명은 상당히 긴 것 같다. 2020년 기준, 우리나라 대기업 순위는, 1) 삼성, 2) 현대자동차, 3) SK, 4) LG, 5) 롯데, 6) 포스코, 7) 한화, 8) GS, 9) 현대중공업, 10) 농협으로 이는 자산 기준이다. 물론 대우나 국제그룹처럼 몰락한 대기업도 있다.

위의 대기업들을 보면 얼마나 오랫동안 생존하면서 성장을 하고 있는지 알 수 있으며, 이러한 회사들이 앞으로 얼마나 더 생존할지 질문을 한다면 다른 어떤 기업보다 낮다고 하기는 어렵다고 본다. 이는 이러한 대기업들이 생존을 위해서 부단한 노력을 하기 때문이다. 대기업이 오랫동안 생존한다는 것은 여기에서 근무하는 회사원들도 오랫동안 생존을 한다는 것이다.

회사는 조직과 사람으로 이루어져 있으며, 구성원이 수시로 바뀌는 회사는 영속성이 유지되기가 어렵다고 본다. 이에 대기업이 해마다 조직을 바꾸고 인사이동을 하여서 냉철하게 보일 수 있지만, 이것은 매스컴에서 open이 되기 때문이지 다른 중견기업이나 스타트업들에서 장기근속자가 더 많다고 말하기 어렵다고 본다.

또한, 대기업은 매년 장기 계획을 수립하고 수정하고, 또한 이를 위한 투자를 지속할 뿐만 아니라 이러한 새로운 사업을 위한 인력을 지속해서 양성하거나 안 되면 스카우트를 해와서 채워 넣는다. 따라서, 이러한 대기업에서 일하게 되면 본인이 깨어있고 부지런하기만 하다면, 미래에 대한 준비를 자연스럽게 개인도 함께하게 되는 것이다.

2) 무조건 본사

본사는 CEO나 owner가 근무하는 사무실이 있는 건물이며, 모든 의사 결정은 거기에서 나온다. 기업에서 의사 결정은 회사원에게는 권력이며, 그 권력에는 왕정 시대에 환관이 권력의 그림자 역할을 하듯이, 최고 권력자와 가까운 데서 기본적으로 힘이 생긴다. 조선 시대에 삼정승이 이끄는 의정부나 판서의 육조가 왕이 거주하는 궁궐에 있듯이, CHO나 CFO 등 대부분 C suite가 본사에 있는 것이다.

회의 중에 CEO의 의중이 이렇다는 등, 혹은 CEO께서 이렇게 말씀하셨다고 하면 바로 측근에 있는 사람이 보고 들은 것이니 누가 반박할 여지도 없이 그대로 통과되어서 지나가게 되어있다. 그리고 그 C suite는 조직 구성, 투자, 인력 배치 및 전략 등 대부분 의사 결정에서 핵심 역할을 하고 있으므로, 본사에 권력이 집중되어 있고, 그리고 권력이 있는 곳에는 정보도 같이 상존하는 것이다.

정보는 회사에서 network를 만들기도 하지만, 지방대생이 성장할 수 있는 길을 만들어 준다. 나도 본사에 있었기에 대우그룹에서 40명을 선발하여 보내는 Michigan MBA를 갈 수 있었다고 생각한다. 그 당시 대우전자에서 5명이 선발되었는데, 나를 포함한 4명이 본사에서 근무하고 있었다. 그 추천에 최종 서명은 담당 임원인데 본사에서 내가 담당 임원과 같은 사무실에서 근무하고 있었기 때문에 유리한 것이었다.

그러한 혜택은 전체 공고가 나고 투명하게 진행하므로 굳이 본사에 근무하지 않아도 상관이 없을 것처럼 여겨진다. 하지만 본사와 지방 근무를 비교하였을 때 본사의 근무 시간이나 분위기가 훨씬 flexible하고 시간의 자유가 주어진다. 본사에서는 사무실이 서울 도심의 한복판이라 점심이나 근무 중 잠깐 건물 아래의 coffee shop으로 사람을 만나러 간다든지, 아니면 여기저기 은행 업무를 짬이 났을 때 볼 수 있다든지 구애를 받지 않는 부분이 훨씬 많다.

은행이라고 하면 물론 공장에도 은행 지점이 들어와 있으나 이는 주거래 은행뿐인 데 반하여, 서울에서는 어떤 은행이든지 주변에 있어서 재테크나 여러 가지 혜택 비교가 더 용이하기 때문이다. 공장의 경우 온종일 정해진 공간에서 회사 사람들 특히 업무와 관련된 사람들만 보다가 마는데, 본사의 경우 공장 같은 공간적 제약이 없기에 외부 외출이 용이하고 또한 업무나 회사 이외의 사람들과의 networking도 훨씬 자유롭다.

그런데 이러한 공지된 혜택만 있는 것이 아니다. 군대에서 찾아 먹는다는 표현이 있는데, 회사에서도 이렇게 찾아서 누릴 수 있는 혜택이 있는 것이며, 이러한 정보나 실례가 역시 본사에 많이 있는 것이다. 물론 내가 받은 것처럼 회사에서 공개적으로 진행하는 해외 MBA가 있는 반면에, LG 화학에서도 MBA가 다양한 과정으로 있는데, 실제로 누구나 알고 있거나 들은 적이 있을 법하지만 실제로 적극적으로 활용이 안 되고 있다.

회사 인포멀 모임에 있는 후배의 경우 CFO 산하에 있었는데, 상사의 신임을 받아서 해외 MBA를 간다고 하더니, 회사에서 시행하는 단체 MBA가 아니라 회사에서 개인을 보내주는 MBA 과정인지라 업무를 하면서 본인이 꾸준히 공부하고, 그렇게 2~3년 준비하더니 실제로 미국 MBA를 이수하였고, 다녀와서는 본인이 선호하는 미국 해외 법인의 주재원으로 발령을 받았다. LG 화학에서 연구인력을 해외 유학 보내는 것도 보았지만, 이렇게 개인도 MBA를 실제로 가는구나 하는 것을 옆에서 보게 되었고, 이의 경우 꼭 정해진 시기에 출발해야 하는 것이 아니라 상사가 신뢰로 한번 약속한 것을 시간이 흘러도 나중에 지키는 것을 보았다.

나도 지속적인 공부에 대해서 관심이 많아서 MBA도 하고 개인적으로 독서도 지속해서 하고 있지만, 이러한 제도를 활용하여 공부도 하면서 network도 만들 기회가 있었다는 것을 퇴직하기 전에 알게 되었다. 회사에서 경영자 과정이나 국내 SKY나 유명한 대학들의 프로그램에 참여하는 것을 지원하는데, 이 과정에 내가 참석하고 싶었던 서울대 경영자 과정도 있었지만 결국은 활용하지 못하고 퇴직하게 되었다.

퇴직하기 몇 달 전에 인사담당과 teatime을 하면서 이러한 제도가 있고 실제로 이러한 제도를 찾아서 지원받는 임원들이 있다는 것을 알게 되었다. 나는 이러한 제도에 대해서 들어본 적이 있지만 실제로 현업을 하면서 외부대학의 야간 프로그램에 참석할 시간이나 지원을 받을 수 있을까 의문시하여 알아본 적도 없다.

그런데 이러한 것을 잘 찾아 먹은 임원은 이미 하고 있었으며, 매일 야간에 학교에 가는 것이 아니므로 수업이 있는 날 일주일에 한두 번 조금 일찍 퇴근해서 참석하고 있다고 들었다. 내가 조금만 더 신경을 썼더라면 이러한 교육을 활용하면서 배움도 지속함으로써 외부 network도 만들 수 있었을 텐데, 처음부터 포기하고 알아볼 생각도 하지 않았다. 그때 인사담당이 다음 해에 보내주겠다고 말을 하였지만 퇴직하면서 없어지게 된 것이고, 내가 인사담당과 그래도 친분이 있었으니 한번 물어만 보았어도 어쩌면 내 운명이 바뀌었을지도 모른다.

그런데 내가 모든 지방대 출신들에게 본사에서 근무를 시작하라고 하는 것은 아니다. 지방대를 나온 것이 아니라 서울 명문대를 나오기는 하였지만, 우연한 기회에 상담해 준 서울 출신 공대생에게도 유사한 내용으로 코칭을 하였다. 신입 사원이라 입사한 지 1년도 되지 않았지만, 현장에서 생산의 daily routine을 보면서 품질에 대한 확신이 낮아진 것도 있었다.

그는 선배들의 진로를 보면서 본인의 장래를 고민하게 되어서 MBA까지 고민하고 있었다. 이에 나는 MBA는 지금 가지 말고 적어도 5년의 실무 경험을 하고 가라고 하였다. 지금 간다면 그야말로 공부이며, MBA는 공부도 있지만 networking도 되어야 하므로 현업의 실무 경험이 없다면 공부로서 끝나게 되기 때문이다.

거기에 더하는 것은 공대를 나와서 실무 practice가 없이 MBA를 하게 된다면, 실제 현업 경험이 없으므로 engineer라고 할 수도 없고 engineering background가 있다고 말할 수 없다. 대학에서 배운 것은 순수한 이론의 수준이며, 실제 현업에서 5년 정도는 해야 살아있는 전공이 되기 때문이다.

이에 추가하여, 처음에는 연구소나 개발로 가서 본인의 강점인 어학이 활용되도록 고객 communication을 하는 업무로 변경하라고 권하였는데, 이는 현재 사업부장들이나 센터장들이 개발 출신자, 특히 전지 cell 개발 출신자가 많고, 우리 회사가 전지 제조회사인지라 핵심은 cell이라고 설명하였다.

그리고 그 친구는 사업부장의 track을 가고 싶어 하기에 MBA도 계획하고 있었던 것으로, 실제 사업부장들이 개발 출신자가 많고 개발이 가장 우대를 받는 회사이므로 이렇게 제안을 하였다. 그 친구는 현실을 직시하고 있어서 학사로서는 개발에서 성장할 수 없다고 대답하였다. 실제로 그것은 맞는 이야기이며 학사 출신들은 test engineer로 연구소에서 관리자 level로 성장을 하지 못하고 있으며, 이에 내가 공장 생산보다는 공장 생산기술이 더 좋을 것 같다고 이 방향으로 이동을 권하였다.

그 근거로는 경력에 기술이라는 label을 붙이라는 것이고, 우리 회사에서 평생을 일할 것이라면, 본인이 생산에 있으면서도 설비하면서 기술적인 업무 설명이 가능하겠지만, 외부에서 볼 때는 어느 팀이나 부서에서 일하였느냐가 더 우선시되므로, engineer가 기술이라는 label을 먼저 붙이는 것이 좋다고 말하고, 그리고 기술에서 생산은 언제든지 올 수 있으나 생산에서 기술은 시간이 지나면 갈 수 없다고 설명을 하였다. 지방대생이라고 하더라도 만일에 전공이 engineering이나 technology와 관련이 있다면, 이에 대한 전공의 practice를 먼저 적어도 5년은 하라고 권하고 싶다.

그리고 나서는 궁극적으로 본사로 이동하라고 권하고 싶고, Y대 출신에게도 동일하게 이야기하였다. 물론 그 친구는 사업부장이라는 경영자가 되고 싶어 하기에 그렇게 말하기도 하였지만, 회사에서 MBA program이 있으니 회사 제도를 활용하여 MBA를 다녀올 것을 권고하였다. 물론 개인 비용으로 MBA를 다녀오고, 그리고 MBA 학력으로 본인이 원하는 다른 회사에서 새로운 출발을 할 수도 있겠다.

지금은 MBA의 효용이 갈수록 낮아지고 또한 취업이 예전처럼 쉽지가 않으므로, 가급적 대기업의 소속을 유지하고 MBA를 가는 것이 좋다고 생각한다. 특히 지방대 출신의 경우 회사에 소속을 두고 회사 지원으로 MBA를 다녀온다면, 향후 5-10년간의 직장이 보장되므로 그렇게 다니면서 지속 성장을 꿈꿀 수 있다고 본다.

3) 실세 업무

대기업들의 조직은 천차만별로 각 회사의 사업이나 환경 또는 전략에 맞추어 구성되어 있으나, 어느 부문에서 어떤 조직이 있느냐의 차이는 있지만, 기능적인 부분에서는 대동소이하게 유사한 조직들을 갖추고 있다. CEO 산하에 크게는 사업부와 지원 조직으로 구성이 되며, 지원 조직은 CHO, CFO와 요즘은 risk management나 ESG를 위하여 CRO를 두고 있으며, 대개는 전략을 담당하는 CSO를 두고 홍보나 대외협력을 별도로 두기도 한다. 그리고 생산이 별개 조직이나 사업부 산하에 있으며, 개발은 사업부별로 있으면서 연구소를 중앙으로 별도로 두어 미래 기술을 연구하면서 CTO를 별도로 두는 회사가 많다.

대개의 관리조직은 CHO와 CFO 산하에 있으며, CHO의 경우 채용, 인사, 육성, 그리고 조직문화와 총무 등을 맡고 있으며 이에 더하여 해외 조직관리와 지방 사업장의 노경을 관리하기도 한다. CFO 산하는 회계 및 금융을 기본으로 하면서, 경영관리로 사업부 관리를 하고 또한 해외 법인 관리와 지방 사업장 관리도 하면서, 업무혁신 등 IT 설비 관리도 포함한다.

CHO와 CFO는 우리나라 대기업의 핵심 line으로 대개 CEO가 선임하는 것이 아니라, 그룹사나 지주회사에서 선임하고 있으며 우리나라 대기업의 실세라고 보면 될 것 같다. 그리고 LG 그룹을 보면 CHO 출신보다는 CFO 출신이 더 오랫동안 재직한다. 또한, 퇴직 시에도 자매사 등의 CEO를 역임하는 경우가 많아서 CFO가 더 power 있게 보인다. 하지만 CHO나 CFO는 그룹의 자산과 살림 그리고 인력을 관리하므로 아무런 연관이 없는 지방대 출신이 하는 것을 보지 못했다.

대부분 그룹 owner와 직간접으로 연결이 되어서, 인사나 재무 업무를 하더라도 inner circle이 아니라면 은퇴 시까지 근무하는 것이 더 어려워 보인다. 사업이나 현장은 객관적인 지표나 성과로 평가할 수 있지만, CHO나 CFO의 업무는 이런 잣대로 평가하지 않기 때문이다. 그렇다고 지방대 출신이 인사나 재무 업무를 하지 말라고 하는 것은 아니다. 본인의 한계를 미리 알고 미래를 미리 준비하라고 하는 것이다.

사업부의 경우 실제 사업을 수행하기 위한 실행 위주의 조직으로 구성되어 있다. 먼저 사업을 관리하는 기획팀이 있고, 영업과 상품기획 그리고 개발 조직이 있다. 또한, 회사에 따라서는 생산이나 구매가 사업부 조직 아래 있다. 조직 단위의 크기에 따라 부문 내에서 관리팀을 가지고 있는 곳이 있는데, 예를 들어 영업에 영업관리팀과 개발의 개발기획팀이나 개발관리팀이 그러한 조직인데, 이러한 조직은 사업부 산하에 있지만, 실질적으로 사업 관련된 직접 업무가 아닌 지원 성격의 업무라고 보면 될 것 같다.

생산의 경우 기술이 별도로 있거나 사업부에서 포함할 수가 있는데, 제품이나 공정별로 생산팀이 구성되어 있고, 기술팀도 마찬가지이다. 그리고 구매의 경우도 실제 생산에 필요한 자재를 구매하는 조직, 그리고 필요한 부자재를 구매하는 조직이 있고 또한 설비를 구매하거나 공장 증설을 하는 조직도 있다.

이에 본인의 전공과 향후 30년의 career plan을 가지고 부서를 선택하여야 하며, 처음에는 실제 업무를 진행하는 현업의 수행을 권장한다. 예를 들면 영업 조직이면 영업을 field에서 실제 고객을 만나서 수주하고 협상하는 업무로 시작하라고 권고하며, 나는 영업 관리를 먼저 하라고 권하지를 않는다. 물론 나중에 영업 관리를 할 수는 있으며, 먼저 현장 감각이 있을 때 나중에 관리 업무의 효율이 높아지고 성과를 만들어 낼 수 있다.

구매 또한 마찬가지로 처음에는 업체를 방문하여 단가 협상을 하고 정하는 실제 구매를 하라고 하는 것이며, 구매 전략에서 시작하라고 권하고 싶지 않다. 그리고 그 구매 중에서도 회사의 핵심 제품의 핵심 부품 구매에서부터 시작하라고 권하고 싶다. 예를 들어 전지를 생산하는 업체라면 전지 생산에 필요한 원자재, 그중에서도 가장 핵심적인 역할을 하면서도 가장 구매 금액이 큰 양극재 구매부터 시작하기를 권한다.

회사에서 필요 없는 조직을 만들지는 않는다. 그런데 조직과 사업이 성장함에 따라서 조직을 관리하기 위한 조직이 생겨나기 시작하는 것이다. 실제 그 조직들이 현업을 하면서 실세인지 아니면 보조 조직으로서 지원하는 것인지 잘 살펴보고 첫 career 5년을 계획하고 실무를 하면 좋을 것이다. 그리고 관리 업무를 하지 말라고 하는 것이 절대 아니다. 왜냐하면, 언젠가는 관리자로서 성장해야 하기 때문이며, 연구소나 개발에서 일하더라도 개발 센터장이나 연구소장은 궁극적으로 우리나라 조직에서는 관리자이기 때문이다.

그런데 그 관리자가 실제 개발이나 연구를 해본 적이 없다면 절대 그 업무를 수행할 수가 없다. 물론 영업 임원이나 상품기획 임원은 그 실무를 해보지 않아도 할 수가 있으므로, 본인의 전공과 강점을 기준으로 장기 career plan을 세워서, 어느 현업에서 실무를 먼저 시작할 것이지 정해야 한다.

모든 회사에 실세 업무가 있다거나 이것이다는 아니며, 또한 그 실세 업무가 평생 유지된다고 할 수도 없다. 하지만 회사의 핵심 제품이나 기술이 있듯이, 전지회사의 핵심 기술은 cell에 있으며 이에 cell 개발 출신들이 주요 post에 자리를 잡고 있다. 그런데 그 cell 개발은 학사 출신이 leading 할 수 있는 조직이 아니기에, 본인이 입사하고자 한 회사의 핵심 기술과 제품이 어떤 것인지 그리고 본인의 배경으로 거기서 자리를 잡을 수 있는지를 보고 판단하여야 할 것 같다. 본인의 전공이나 background가 없는 핵심부서로 들어갔다면 회사에서 그렇게 배치한 이유가 있을 것이므로, 본인이 어떻게 성장할 수 있는지 문의하거나 확인해야 할 것이다.

본인의 전공과 강점을 바탕으로 먼저 어떤 산업에 종사하고 싶은지 정해야 한다. 나는 기본적으로 제조를 바탕으로 하는 대기업을 추천하는데, 이유는 이런 제조를 하는 대기업은 생존하기 위하여 미래를 위해 부단한 투자를 하고 있으며 이러한 과정에서도 능동적인 직원들은 경쟁력을 지속해서 유지하기 때문이며, 목적은 대기업 은퇴 이후에도 일하는 기회를 유지하기 위해서이다.

은행이나 금융업계가 나쁘다거나 전망이 없다는 것은 전혀 아니다. 인간이 생존하는 한 그리고 사업을 위해서는 돈이 무엇보다도 필요하기 때문이다. 하지만 이런 업종에서는 은퇴 이후를 기약하기가 매우 어렵다. 이 년 전에 한 은행의 부지점장님에게 들으니 66년생과 67년생이 전부 정리가 되었다고 하였다.

실제로 은행의 임원은 숫자가 별로 많지도 않고, 퇴임도 더 빨리하는 경향이 있다. 그렇기에 원래 축적한 경제적 기반이 없는 지방대 출신들은 이런 금융업계에서 은퇴하였을 때, 열심히 직장 생활을 하여서 은퇴자금은 만들었을지 모르나 그 이후 남은 4~50년을 설계할 정도의 자금은 안 될 것이며, 그렇다고 다른 사람과 같이 사업에 투신을 할 network도 마땅하지 않다. 이런 이유로 공무원이나 다른 직업을 정말 본인의 특별한 연결 고리가 없다면 지방대 출신들에게는 권하고 싶지 않다.

제조를 기반으로 하는 대기업에 입사하였다면, 위에서 설명한 여러 기능 부서들 가운데서 본인의 전공과 하고 싶은 일 중에서 업무의 영속성이 긴 것을 택하라고 권하고 싶다. 물론 engineer나 특별한 전공이 있는 경우 그 길을 택하는 것이 좋다고 보지만, 입사하여서 직속 상사들이 지금까지 어떤 진로를 갔는지 보면서 한계가 있는지 아니면 역량만 있으면 사업부장이나 CEO 등 경영진이 되는 데 문제는 없는지, 그리고 그 path가 본인의 background로 attitude와 capability만 있다면 지속 성장이 가능한지 일찍 판가름하는 것이 진로 설정에 도움이 된다. 그리고 선택한 기능 업무 중에서는 처음에는 실세 업무라고 생각되는 현업의 field 실무를 뛰면서 실무 감각을 익히기를 권한다.

4) 해외 근무 활용

본사에 오게 되면 제일 먼저 보게 되는 것은 사람들이 많다는 것일 것이다. 공장이나 지방 사업장에서 근무하는 경우 대부분 사무실도 더 넓고 또한 현장으로 들어간 직원들이 많기에 별로 사람들이 있다는 느낌이 없는데, 본사 사무실에는 공간도 많지 않으면서 직원들 대부분이 자리에 앉아서 일하는 것이다. 그런 수많은 직원 가운데서 지방대 출신인 당신은 어떻게 두각을 보일 것인가?

물론 특별한 재능이 있어서 눈에 띈다면 다를 것이다. 예를 들어 외국어를 잘하여서 수시로 외국인 손님들과 회의를 하거나 모시고 다니거나, 중국어를 잘하여서 중국 행사에서 사회자를 하거나 통역사를 하는 것을 WebEx로 직원들이 전부 보게 된다. 하지만 그저 열심히 일하는 직원으로 입사를 하였다면, 당신은 비슷하게 열심히 일하는 동료들을 수도 없이 보게 되며, 그중에서 SKY 등 명문대 출신들이 많다는 것도 관심이 있으면 알게 될 것이다. 그렇다면 어떻게 하면 더 많은 기회를 가질 수 있을까?

 제일 먼저 할 일은 회사의 시스템을 최대한 활용을 하고, 이를 위하여 어떤 시스템이나 장점들이 있는지 자기 계발을 생각하면서 이러한 측면에서 살펴볼 것을 권한다. 자기 계발이라고 특별히 지정한 것은 대부분 직원이 일상에 주어진 것을 간과하고 활용하지 않기 때문이다. 예를 들어 예전에 사원 면담 시 회사 intranet에 있는 일정표를 잘 활용하라고 권했다. 나는 내 일정표에 업무 일정표뿐만 아니라 개인적으로 처리해야 할 은행 업무 및 세금업무 심지어는 이발하는 것까지 일정표에 scheduling을 하고, 물론 제사나 생일 그리고 기념일도 연간 단위로 미리 일정표에 기입한다. 또한, 공부해야 하는 목표나 다이어트나 조심해야 할 것도 일정표에 두고서 지속적으로 나에게 remind 시킨다. 물론 재테크나 챙겨야 할 것도 넣어두고, 그리고 일정이 꼭 정해여 있지 않아도 중요하게 전화 통화를 해야 할 사람들도 일정표에 넣어 두고서 update 해가면서 조정을 한다. 그래서 그 사원 면담 시에도 본인과 다른 동료와 다른 점이 무엇인지 물어보기도 하면서, 무엇인가 하루에 하나라도 다른 것을 추가로 할 때 본인이 더 성장하지 않겠느냐고 반문을 하였었다.

  이의 연장선에서 받을 수 있는 교육도 확인하고 최대한 공부를 하라고 권한다. 나는 지난 23년간 전지 업무를 하면서 제품이나 기술에 대해서 배우려는 노력을 해왔으며, 지금도 이러한 습관은 변함이 없다. 이것은 시간이 있고 없고의 문제가 아니라, 자각한다면 방법은 있으며 그리고 요즘은 on-line 강좌도 많이 있으니 본인이 열심히 하면 배울 기회는 많다고 본다. 나는 전지 사업에 입사하여서 개발팀 과장에게 한 달간 매일 교육을 받으면서 시작을 하였고, 그 뒤에 핸드폰 전지가 주력일 때 핸드폰 관련한 GSM이나 CDMA 등의 기술에 대해서도 사내에서 책을 구해다 읽어 보기도 했으며, 사내 전지 강좌는 관심이 높아서 한두 과목 공장에 가서 들었는데 팀장이라 업무로 시간이 부족하여 강의 참석을 위한 시간을 내기 어렵게 되자, 교육팀에 요청하여 회사에서 하는 모든 강좌의 교재를 전부 받아서 혼자 읽고 공부도 하였다. 그리고 어떤 품질이나 기술 자료들도 유첨으로 오면 꼭 처음부터 끝까지 story line을 대충이나마 읽어 보았고, 그리고 가끔은 궁금한 것에 대하여 개발팀장이나 연구위원에게 물어보기도 했던 것이다. 지금은 교육 환경이 훨씬 쉽게 되어 있어서 이러한 교육을 자유롭게 들을 수 있는데, 역시 의외로 열심히 찾아서 듣는 사람은 별로 없고 의무적으로 청강하여야 하는 것만 어쩔 수 없이 듣는 것을 보았다. 본인의 업무나 역량 함양에 절대적으로 도움이 되는데도 이렇게 소극적으로 수용하는 것이 안타까우며, 깨어있는 사람이라면 적극적으로 활용하여 자기 성장의 기회로 얼마든지 만들 수 있다.

정말 업무의 전문성 향상에 쉽게 활용하고 도움이 되는 것은 현장 방문이다. 나는 LG에서 전지 업무를 하면서 가장 큰 장점 두 가지로, 하나는 출장이 자유로운 것과 다른 하나는 업무의 R&R이 없는 것이라고 말하곤 하였다. 국내 출장의 경우 팀장 전결로 가능하므로 제약이 없다고 보면 되고, 해외 출장의 경우도 담당 임원 결재이므로 출장 계획이 부결되는 경우는 거의 보지 못했다.

나도 23년간 전지사업을 하면서 국내 및 해외 출장을 수도 없이 다녔지만, 부하직원들의 해외 출장에 대해서도 간섭을 한 적도 없으며, 동반 출장으로 인하여 출장자가 동일 부서에 많다는 이유로 지금까지 한두 번 조정을 요구한 것 이외에는 출장에 대해서 관여하지 않았다. 그리고 생산팀의 사원이 career path에 대해서 고민하여 상담해 줄 때에도, 국내 출장으로 업체 방문이나 개발팀의 회의를 현장에서 많이 참석하라고 제안하였다.

협력 업체가 우리 회사를 방문한다면 대게는 대표나 임원들이 와서 당사 팀장이나 임원을 만나게 되며, 그 자리에서 사원은 그야말로 심부름하다가 마는 경우가 대부분이다. 하지만 사원이라고 하더라도 협력사에 출장을 가면 LG 대표로 참석을 하는 것이고, 협력사에서도 대표가 참석하지는 않는다고 하여도 책임자급이 참석하여 대응하며, 또한 협력사의 현장을 볼 수 있어서 도움이 될 것이라고 말하였다.

또한 개발 출장도 동일한데, 회의를 개발팀에 출장을 가서 참석하게 되면 화상 회의에서는 없는 개인적인 유대관계가 형성될 뿐만 아니라, 개인적으로 질문도 훨씬 더 많이 할 수도 있으며 실물을 보면서 회의를 하게 되므로 배우는 것이 더 많게 된다.

이러한 연장선에서 추가로 해외 근무가 도움이 될 것으로 생각한다. 본사 인원은 수없이 많은데 주재원 숫자는 많지 않으며, 본사에서 실무를 하게 되면 업무 관련하여 co-work를 하는 유관부서가 제한적인데, 해외에서 근무하게 되면 아무래도 회사의 대표적인 성격이므로 본사에서 그동안 별로 실무 논의가 없었던 많은 부서와 협업을 하게 되므로, 업무 network가 자연스럽게 넓어진다.

또한, 고객사나 시장을 현지에서 직접 보고 생활하면서 겪게 되므로 고객이나 현장에 대한 감각도 생기며, 보는 그림이 커지게 됨에 따라 사업에 대한 통찰력도 자연스럽게 더 구체적이고 체험적으로 인지하게 된다. 더불어 경제적으로도 도움이 될 것 같다. 물론 지금은 또 상황이 많이 바뀌기는 하였지만, 예전에는 주재원 다녀오면 집을 장만한다고 하였다. 나도 물론 경제적으로 도움이 되었으며, 주재원 파견 이전에 부천에 집이 있었으나 주재원 생활 중에 서울에 터전을 마련할 수 있었다. 특히나 경제적 기반이 약한 지방대 출신들에게는 경제적으로도 도움이 되면서 회사 내 network 향상에도 절대적으로 도움이 된다.

회사의 품질 문제 때문이라서 그렇기는 하였지만, 미국 주재원 시절에 오후마다 한국 시각 아침에 맞추어 CEO의 전화를 매일 받기도 하였으며, 사업부장이나 영업임원을 모시고 미국 내 출장도 자주 다녔다. 물론 어쩌다가 한 번씩 출장을 오는 관리부서의 인원들도 숙소나 쇼핑 등 여러 가지 care를 하게 되었다.

평소에 연결이 없는 회사 내 인원들도 더 많이 만나게 되었으며, 또한 개인적으로 아는 사람들도 내가 있는 도시에 오게 되면 꼭 들렀다 가게 되니, 해외 주재원은 인적 networking을 더 크게 만들어 주는 기회이므로 잘 활용하기를 권한다. 단 이러한 업무가 본인 career 연장선에 있어야 한다. Engineer가 해외 연구소에서 근무하는 것은 도움이 될 것이나, engineering office가 아닌데서 혼자 engineering job을 수행한다면 latest technology에서 소외될 가능성이 있으므로, 항상 본인의 career plan과 job의 value가 서로 잘 align이 되는지 점검해 보아야 한다.

5) 인맥이 아닌 networking

승진은 상사가 시키고 사업은 후배가 도와준다고 말하였다. 그런데 인맥이 아닌 networking으로 강조한 것은 지방대 출신으로 나 자신부터 혈연이나 지연의 연결 고리가 없기 때문이다. 어쩌면 그런 것이 없어서 내가 업무에서나 부하 직원의 인사고과를 진행할 때 사심 없이 공정하게 했던 요인 중의 하나일 수가 있다.

내가 나온 전남대 출신은 예전에 한 명을 팀원으로 데리고 일한 적이 있었는데, 불행히도 그 친구는 비행기 조종하는 본인의 꿈을 찾아서 얼마 되지 않아서 퇴사하였고, 지금까지 면접하면서 전남대 졸업예정자를 한 명 본 적이 있는데 내가 그 출신이라 채용에 우선순위를 두고 싶었지만, 그 친구가 채용되었는지는 기억에 없다. 아마도 채용이 되지 않아서 내가 현업 부서에서 한 명도 나와 같은 대학 출신이 없는지도 모르겠다.

그리고 개발에는 한두 명 있었던 것으로 기억을 하는데, 다른 조직이라 내가 육성의 책임이 없었던지라 신경을 더 쓰지는 않았는데, 어쩌면 내가 학교에 대한 끈끈한 연대감이 없었는지도 모르겠다. 한두 번 식사 때 보고 기억을 하였으나 그 친구도 더 이상 나에게 연락하지 않아서인지 연결이 되지 않았다. 그리고 개발팀장이 같은 대학교 후배였는데, 그 친구도 궁극에는 회사를 그만두고 미국 회사로 이동하였고, 학연의 연결 고리 때문인지 지금도 연락하면서 서로 도울 기회를 찾으려고 하고 있다.

같은 대학 출신의 끈끈한 연대는 서울에 있는 대학 출신들이 특히 강한 것 같다. 물론 SKY 출신의 연대감도 강하지만 이런 일류가 아닌 일류 바로 아래의 대학 출신들도 이러한 유대가 강한 것 같다.

어찌 보면 그 출신들은 본인들이 SKY와 별 차이가 없게 대학을 시작하였으나, 실제 사회생활에서는 차별 대접을 받으니 한이 있어서 그럴 수도 있으며, 지방대 출신은 아예 처음부터 포기하고 각자도생하는 것이 아닌가 싶다. 내가 임원에서 퇴직을 당한 것도, 이와 관련이 전혀 없는 것만은 아니라는 느낌이 든다. 설명을 듣기로는 상무 중에 나이가 많고 연차가 많으며, 다음 보직으로 상향 대상이 아닌 사람을 정리 대상으로 하였다고 했는데, 나보다 나이나 연차가 더 많은 사람이지만 여전히 현직에 있는 사람도 있는 것이다.

그러기에 이에 대한 궁금증이 있었던 바, 그 의사 결정을 전임 CEO가 하였다고 했으며, 나중에 확인하니 같은 대학 출신이었다. 물론 이것 때문만은 아닐 것으로 보이나, 그 상무는 퇴직 수순을 밟아가면서 계열사로 이동하였다. 그리고 퇴직하던 해에 본사로 come back을 하였다. 당시 CEO가 무리해서 진행하는 것으로 보여서, 물론 그 상무가 정치를 워낙 잘하기는 하지만 그래도 이상하다고 생각을 하였는데, 같은 대학 출신이라는 것을 나중에 찾아보고 알았다.

그리고 그 CEO는 또 다른 임원과 오랫동안 같이 일을 하면서, 상무 근무정년에 가까운 9년 차에 전무로 진급시키면서 사업부장으로 만들었다. 그가 성과 부진으로 일 년 후 해임되는 것만은 막을 수 없었던 것으로 보이지만, 그래도 나중에 퇴임 후에도 업무에 배려를 해주었다. 나는 그 CEO가 같이 일하면서 좋아한다고 생각했는데 해임하면서도 전화 한번 없어서 그 사람의 인맥은 아닌가 보다 생각이 들더니, 나중에 들으니 그 전무도 동일한 대학 출신인 것이다. 물론 그것이 전부는 아니겠지만, CEO나 이러한 본부장 같은 인사권자의 힘은 절대적인지라 이러한 사람들과의 인맥을 구축하면 도움이 될 것이나, 동문이 아니면서 같은 편으로 인정을 받게 될지는 미지수이다.

최근에도 여전히 대기업의 경영진이나 CEO가 SKY 출신이 많으며 특히 서울대 출신들이 절대적인 비중을 차지하고 있다. 이에 대해서 불만을 토로하고 싶은 생각은 없다. 왜냐하면, 그분들은 학교 다닐 때 남들보다 더 많이 공부하고 노력을 했을 것이며, 그리고 대부분 더 똑똑하고 유능하기 때문이다. 고등학교 학력 출신의 조성진 부회장의 성공 사례를 보면서, 그런대로 지방대라도 나와서 더 나은 배경이니 포기하지 말고 노력을 해야 하지 않겠냐고 말할 수 있지만, 노력하지 말라는 것은 아니고 가능성이 낮은 현실에 희망을 품고 살기보다는, 현실적인 대안을 찾아서 살아갈 방법을 만들라고 말하고 싶다. 그런 의미에서 인맥이 아닌 networking을 하라고 추천하고 싶다.

Networking이라고 여기서 말하는 것은 혈연이나 지연 등을 토대로 하는 것이 아니라, 본인의 업무 전문성이나 강점을 토대로 다른 유능한 사람이나 의사 결정권자들과 연결 고리를 만들라는 말이다. 예를 들면 내가 John과 지난 20년간 유대관계를 유지하면서 지금도 서로 connected가 되어서 같이 도움을 주고받는다는 것이다. John은 MIT 출신으로 HP Engineering Director를 하면서 당사에서 발생한 3번의 recall에 대해서 나와 partner로 해결했었고, 이 친구의 도움으로 당사는 피해를 최소화할 수 있었으며 John 또한 이런 업무를 통하여 CPSC에 network를 구축하면서 recall에 대하여 전문가가 되었고, 이런 경험을 바탕으로 Microsoft로 이직하여서 일도 하였고 나중에는 consulting 사업을 시작하였다.

나중에 당사의 Acer 문제에 대해서도 recall까지 가지 않도록 만드는데 중요한 기여를 하였고, 이로 인하여 지금까지 서로 돕는 것이다. 따라서 업무나 강점과 연계하여 본인의 향후 career에 도움이 될 수 있는 network를 국내 및 해외에 만들고, 이러한 network가 일시적이 아닌 평생 유지가 되면서 서로 도움을 주고 받을 수 있는 partner로 만들어야 한다.

이러한 network는 회사적인 사업 또는 개인적인 사업으로도 연장이 될 수 있다고 생각한다. 물론 IT global 회사들과 사업을 하면서 이러한 도움도 많이 받았으니, 실제 사업을 하고 의사 결정을 하는 것은 사람이므로 사업이라고 하는 것은 사람의 신뢰를 얻는 것이 시발점이라고 생각한다.

내가 ESS 사업으로 이동하여서 처음에 giga project 수주에 집중하면서 Vistra와 협상을 해가고 있었는데, 운이 좋게도 수석 부사장인 S의 신뢰를 얻으면서 매우 친해졌다. 당사 battery가 Arizona에서 field issue가 났다는 news가 퍼지면서 수주에 우려가 많이 있었으나, S는 나와 우리 회사를 끝까지 믿고 맡겨 주었다. 이에 S가 Vistra를 떠나서 개인적으로 한국 방문을 하였을 때 내가 care를 해주면서 개인적 친분이 더해갔는데, S는 Blackrock으로 이동하였다가 결국에는 창업을 하면서 다시 당사와 사업적으로 연계가 되었다. 따라서 회사와 연계해서만 network를 유지하려고 할 것이 아니라, 물론 회사 차원의 핵심 인사와도 친분이 필요하지만 개인적인 신뢰로 network를 확실히 구축하면서 유대관계를 유지한다면 사업의 기회는 지속한다고 믿는다.

인맥과 networking은 어떤 차이가 있을까? 보통 인맥이라고 하면 "우리가 남이가" 하는 정신이 아닐까 싶다. 같은 출신으로 서로의 성장 환경이 비슷하니 같이 돕고 잘해 보자는 이야기인데, 실은 내가 필요할 때 도움을 받고 싶어서 인맥을 찾게 되는 것이다. 그러한 면에서 networking도 유사하다고 할 수 있으나, 출신과는 무관하게 유사한 사업에 종사하면서 무엇보다도 내가 먼저 도움을 줄 수 있어야 형성이 된다는 면에서 차이가 있다고 생각한다.

내가 지방대 출신으로 인맥도 없이 지금까지 오게 된 것은 전문가의 역량을 강화한 바도 있지만, 나와 사업적으로 인연이 있어 대하게 되는 사람에게 진심으로 도움이 되고자 노력을 하였기 때문이 아닐까 싶다. 빅토르 위고가 말한 것처럼, "가장 소중한 것은 지금 하는 일이며, 가장 소중한 시간은 지금이라고 하는 시간이며, 가장 소중한 사람은 지금 대하고 있는 사람"이라고 하였다.

나에게 특별히 챙길만한 인맥이 없었던 것이 오히려 실제 진행하는 업무에서 도움을 주고자 하는 networking 정신을 강하게 만들었지 않았나 싶다. 그래서 기회가 되면 나와 같이 사업을 논하는 사람들에게 어떤 도움이든지 주고자 노력하였던 것이며, 이것이 나중에 나에게 또 다른 기회를 가져다준 것이다.

   LG화학으로 이직할 때는 전지사업 초기인지라 LG전자 이외에는 이렇다 할만한 고객사가 없었는데, 그 당시 파우치 시장에서는 Ericsson이 가장 큰 회사였다. 업무를 시작하여 6개월 정도가 지난 다음에 Ericsson America에 근무하는 engineer인 Chris를 만나게 되었으며, 이분이 Ericsson Sweden 본사와 연결을 시켜주면서 Ericsson에 진입하는 계기가 마련되었다.

   Ericsson에 납품하면서 파우치 사업의 교두보가 마련되었다. 이에 내가 Chris에 감사한 마음을 간직하고 있었는데, 10여 년이 지나서 내가 영업 임원이 되었을 때 이분이 Packer의 CTO로 이직하여 근무하면서 자기 회사의 CEO와 같이 LG 본사를 방문하였다. 그 당시에 내가 그분들을 만나지 않고 팀장에게 맡겨도 되었으나, 내가 보답을 하기 위하여 meeting도 하고 저녁 식사도 접대하면서, Chris에게 고마움이 있어서 대응하게 됨을 그 CEO에게 설명하여 드렸다. 물론 그 회사에는 남다른 관심도 표명하면서 지원을 하여서 사업적 관계를 회사 차원에서도 우호적으로 유지하였다.

   그런데 다시 10여 년이 지나서 나는 LG에너지솔루션에서 퇴직을 하였고 LG화학에서 상근자문을 시작하게 되었다. 이때 신규 고객으로 Northvolt의 중요성이 대두되게 되었는데, 그

Northvolt의 CEO가 Chris와 오랫동안 같이 일한 친한 동료라는 것을 알게 되었으며, Chris가 나를 Northvolt CEO에게 개인적으로 소개를 하면서 그분과 단독 meeting을 하면서 사업의 물꼬를 트게 되었다.

내가 Chris에게 어떠한 것을 기대하고 정성껏 대응한 것은 아니었는데, 이러한 전심전력의 networking이 이렇게 나중에 또 다른 연결을 만들어 줄지는 그때는 몰랐었다. 그리고 보니 인생은 이러한 인연과 필연의 씨실과 날실이 엮이면서 여러 가지 많은 일을 만들게 되는 것 같으니, 작은 인연이라도 사람을 소중하게 생각해야 하는 것으로 믿는다.

6) 성장 사업에 자리 잡기

내가 33년 대기업에서 현직으로 근무를 하고, 그리고 그나마 7년이라도 LG에서 임원을 할 수 있었던 것은, 이차전지라는 성장 사업에서 일을 하게 된 것이며 이에 지방대 출신으로는 운이 좋았다고 생각을 한다. 1999년 경력으로 전지 생산 line을 처음으로 설치하던 초기에 입사하였으며, 수많은 사람과 SKY 출신 사원들도 견디지 못하고 중간에 이탈하였기에 내게도 기회가 온 것이 아닌가 싶다.

내가 단순히 끈기가 있어서 이렇게 오래 버틴 것이 아니라, 내가 강점으로 생각하는 engineering sales를 하고 싶었던 것이고, 나는 이렇게 R&R이 없이 하고픈 대로 업무를 하는 것을 좋아했기 때문이다. 내가 규정하는 R&R은, "내가 하면 내일이고, 네가 하면 너의 일이며, 아무도 하지 않으면 윗사람의 일이다."라는 것이며, 돈 주고도 배우는데 돈 받고 배우는 것이 얼마나 알차냐는 생각이다.

그렇기에 나는 LG 전지사업 초기에 근무하면서 강점 중 하나가 R&R이 없는 것으로 생각하였고, 내가 사업과 관계된 일에 대해서는 업무 영역과 관계가 없이 주도적으로 하였다. 이에 engineering discussion도 leading 하여 진행하기도 하고, 품질 문제에 대해서 내가 고객들 앞에서 presentation 하면서 풀어가기도 했다.

그리고 신사업이라 업무 process가 잘 정립이 되어있지 않았던지라 주도적으로 업무를 하면서 기능 부서들이 보강되면서 업무를 이관하여 주었으니, 지금은 영업의 scope이 훨씬 줄어든 셈이라고 해야겠다. 그런데 모든 신사업이 성장하는 것이 아니니 성장하는 사업에 종사하라는 것이지, 이것이 반듯이 신사업을 의미하는 것은 아니다.

LG도 많은 신사업을 전개하였으나, 모두 이차전지처럼 성장하거나 성공을 하지는 못했다. LG화학의 유리기판 사업은 기존 시장에서의 player들이 50% 이상의 수익성을 유지하면서 독과점 사업을 하고 있는지라 매우 유망한 사업으로 생각하여서, 2012년 7,000억 투자 결정을 하고 진행을 하였으나 2,700억 투자에서 멈추고 결국은 생산성 확보에 실패하면서 사업 매각을 시도하였으나, 적당한 인수자를 찾지 못하여 사업 철수를 하게 되었다. 또한, 편광판 사업의 경우 LCD 사업의 성장에 맞추어 2조 매출로 성장을 하면서 세계시장의 27%까지 달성하였으나, 중국 업체의 추격과 LCD 산업 성장의 둔화로 인하여 결국 중국 업체에 매각해야 했다.

휴대폰 사업의 경우 신사업도 아니고 또한, latest technology의 총아라고 불리기는 하였지만, 시장에서의 위치를 구축하지 못하여 적자만 내다가 결국에는 포기를 하였었다. 따라서 신사업에 오래 있다고 꼭 성장 사업이 되는 것은 아니므로, 억수로 고생해서 사업을 성공시키면 본인이 인정을 받을 것으로 막연한 기대로 사는 것이 아니라, 잘 될 때 같이 올라가서 숟가락 하나 올려서 성과를 같이 enjoy 하는, 약간은 기회주의자가 되는 것이 나을 것 같다.

같은 전지사업이라고 하더라도 소형전지, 자동차 전지 그리고 ESS 전지 사업부가 있는데, 소형전지는 지난 10여 년간 성장과 수익성에서 좋은 성과를 만들어 가고 있으며, 자동차 전지도 매출이 급성장하면서 흑자 사업으로 turn-around 하는 데 성공하였다.

이에 내가 소형전지에 그대로 남았다면 사업부장이 되었을 가능성이 조금은 있었거나, 아니면 영업 임원으로 일 년이라도 더 일할 가능성이 있었지 않을까 생각한다. 아니면 자동차 전지로 이동하였다면 계속 성장하는 사업이므로 물론 지금 이렇게 퇴임을 당하지 않았을 가능성이 있지 않을까 생각을 한다. ESS 사업부는 화재로 인하여 경영성과가 몇 년간 좋지 않았고 또한 매출 성장이 되지 않아서 영업담당 조직이 축소된 것이니, 3년 전에 ESS 사업부로 잘못 이동을 한 것은 아닌가 하는 생각이 든다. 물론 내가 선택한 것도 아니고 회사에서 필요에 따라 변경한 것으로 이해를 하고 충실히 따라서 하려고 했던 것이다.

또한, 초기 화재가 있지만 궁극적으로 성장을 하면서 나에게도 사업부장의 기회가 있을 것으로 착각을 하였지만, 최근에는 화재 문제를 극복하고 신제품도 출시하면서 사업 성장이 확실시될 것으로 보이니, 어찌 보면 내가 운이 없었다고 봐야 할지, 아니면 잘 나가는 소형 사업에 있겠다고 고집했어야 하는 것은 아닌지 하는 생각이 드는 것이다.

이런 것을 생각하면 전에 소형 사업부장으로 모시고 지금은 자동차 사업부장이 된 K 사장의 선택은 탁월하였다고 생각을 한다. 그분은 SKY 출신에 박사로 cell 개발팀장을 역임하였고, 신시장 개척 영업 및 상품기획 등 여러 가지 업무를 하다가 소형 사업부장이 되었다. 그리고 사업의 성과로 전무가 되어서 나중에는 자동차 사업부장으로 이동할 것이라는 소문이 많이 있었으나, 소형 사업부장을 유임하면서 부사장까지 진급하고 적시에 자동차 사업부장으로 이동을 하였다.

그리고 그 일 년 사이에 C 전무는 자동차 사업부장을 하면서 실적 부진으로 본부장의 적극적인 지지에도 불구하고 하차하게 되었는데, 그다음 해에 이동한 K 사장은 실적이 흑자로 돌아가면서 사업 성과 창출자가 되었고 다음 post로도 지속 성장할 것이라고 믿는다. 사업은 물론 사람의 역량에 의해서 결과가 달라지는 부분도 많이 있지만, 대세라는 것이 있어서 특정 시기에는 누가 하여도 크게 다를 바가 없는 경우도 많다.

왜냐하면, 기반을 다지는 데는 시간이 걸리고, 그리고 그 기반이라는 것은 건물을 올리기 전까지는 겉만 보고는 모르는 것이다. 따라서 다른 사람이 다져놓은 기반에 가서 건물을 올리는 것이 가장 운이 좋은 경우이다. 물론 그 K 사장은 engineer 박사로 개발 출신이지만, 개인적으로는 야심도 있고 또한 사업적인 감각도 뛰어나다. 그리고 그 흐름도 정확히 파악하여서 소형 사업의 성장과 성과도 충분히 누리고, 그리고 결과적으로 가장 적정한 시점에 자동차 전지로 이동하여서 자기의 강점을 투입하여서 사업이 turn around 하는 모습을 보여준 것이다.

정체된 사업이나 사양산업에 종사할 경우 오래 버티기가 어렵다. 누가 하더라도 좋은 성과를 내기가 어렵고, 그리고 역량 있는 경영자가 와서 성과를 만든다고 하더라도 owner 기대 수준에 미칠까 모르겠다. 왜냐하면, 기대 수준은 상향이 되지 하향되는 것이 아니며, 성과를 만들기 위해 제일 먼저 바꾸는 것은 조직이기 때문이다. 그러므로 회사의 핵심 사업이나 성장 사업에서 일을 하라는 것이다.

여기에는 회사에서 지속적으로 투자를 하면서 사업 규모를 키우려고 하므로 소위 말하는 '자리'가 더 많이 있으므로, 지방대 출신이라고 하더라도 임원으로 발탁이 될 가능성이 더 크다고 생각한다. 물론 설명한 대로 신사업이라고 하면서 성장을 기대하며 투자를 시작한 사업이 자리를 잡지 못하거나, 아니면 실제 성장까지 하였으나 나중에 산업의 변화로 중도에 바뀌는 경우도 많이 있을 것이다. 따라서 신사업에 너무 일찍 참여할 것은 아닐 것 같고, 사업의 윤곽이 나온 이후에 참여하여도 늦지는 않다고 본다. 대신 항상 주류로 생각되거나 회사에서 핵심으로 여기는 사업에서 일을 하기를 권한다.

7) 진짜 성공은 그다음

일 년 전에 50대가 되어서 갓 임원으로 승진한 직장 후배에게 조언하였다. 앞으로 본인이 사업부장의 track으로 성장을 할 것 같은지, 아니면 여기가 마지막으로 보이는지. 이것에 따라서 지금부터 준비해야 할 것이 다르기 때문이다. 물론 나처럼 사업부장 이상으로 성장할 것으로 기대하거나 그렇게 보인 사람이 안 될 경우도 있으며, 또한 그렇게 보이지 않았던 사람도 열심히 하다 보면 더 성장하는 경우도 있다.

그런데 지방대를 나와서 임원이 되었다면, 본인의 강점과 networking이 견고하고 사업 방향과 align이 되었다면 모르지만, 그렇지 않다면 현실적인 판단을 하고 준비를 하는 것이 맞다고 본다. 고스톱에서 고도리 패를 가지고 있다고 꼭 고도리를 하는 것도 아닌데, 본인이 가지고 있지 않은 패를 가지고 막연한 기대로 되겠거니 하다가, 나중에 광박에 피박을 당하듯이 하지는 말라는 이야기다. 나아가고 물러갈 때를 잘 아는 것도 현명한 사람이 해야 할 일 중의 하나이기 때문이다.

지방대생이 열심히 준비하여 대기업에 입사하고, 그 내에서도 핵심 업무에 종사하면서 해외 경험도 쌓았다고 하면 그다음은 무엇을 해야 할 것인가? 입사 후에 제일 먼저 하여야 할 것이 목표 설정이며, 그 목표는 매우 구체적으로 가고자 하는 업무 전문성을 설정하고, 그리고 반드시 post를 목표에 같이 포함하여야 한다. 많은 사원의 육성 면담을 하다 보면 직장에서 인정받는 사람이 된다든지, 아니면 해외사업의 전문가가 된다든지 등의 모호한 goal을 설정하고 있다.

이런 goal로는 어떤 구체적인 career path를 계획할 수가 없다. 구체적으로 20년 또는 25년 이후에 영업 임원을 한다든지 아니면 생산 임원을 한다든지, 기능 부문과 직위를 구체적으로 설정을 하고, 그리고 직위는 적어도 임원은 target으로 설정하기를 추천한다. 그 이유는 임원이 되어야 어느 정도 본인의 생각대로 업무를 전개할 자유가 주어지고, 또한 대기업의 임원이 되면 사회에서도 그 뒤의 career에서도 인정을 받고 유리하기 때문이다.

신입의 경우 회사의 전체적인 상황이나 돌아가는 것을 모르기 때문에, 현실에 맞지 않은 목표를 설정할 수가 있다. 그렇기에 목표를 설정했다고 책꽂이에 꽂아 두듯이 내팽개쳐 두지 말고,

지속적으로 재확인하면서 불가능한 목표는 아닌지 그리고 내가 한 걸음 다가가고 있는지 점검해 봐야 한다. 그리고 본인만의 생각에 머물지 말고 선배들의 track을 보면서 현실을 파악해야 한다. Career plan 면담을 하면서 느끼는 것은 본인이 이미 가지고 있는 network의 가치를 인지하지 못하고 버려두고 있거나, 아니면 지니고 있는지도 인지하지 못하고 있다.

아무리 지방대 출신이라고 하더라도 몇 명의 비슷한 출신의 선배들을 쉽게 찾을 수 있으니, 그 선배들에게서 조언을 구하면 좋을 것으로 생각한다. 물론 선배 중에서도 대부분 아무 생각 없이 열심히만 사는 직장인들이 많이 있을 테니, 깨어있는 선배를 찾아서 진로를 문의하고 현재 조직장의 background가 어떻게 되는지, 그리고 이런 조직 구성이 최근에 시대나 환경에 따른 변화가 있는지 관심을 가지고 물어보고 확인을 하여, 본인 미래 계획 수립에 참조하면 좋겠다.

앞서 말한 신임 임원에게 조언하였듯이, 사업부장의 track으로 성장할 가능성이 있다고 보고 그리고 이것을 목표로 하고 싶다면, 선택해야 할 업무도 달라져야 하며 업무 영역의 확대를 위해서 다른 부문으로의 이동도 적극적으로 추진하여야 한다. 만일 그럴 가능성이 없고 현재 임원에서 멈출 것 같다면, 설령 다른 조직으로 이동할 기회가 있더라고 가급적 현재 있는 조직에서 머물면서, 현재하는 업무에 정통하면서 다른 보직으로 이동하지 않고 현재 업무에서 다음 career 준비까지 하는 것이 낫다고 본다.

어느 가능성이 더 클지 학교 선배나 유사한 배경의 회사 선배들의 현재 위치와 어떤 track을 가고 있는지 보면 가름이 더 용이할 것 같다. 그리고 현재 경영진이 어떤 출신이며 어떤 배경이 있는지 알게 되면 도움이 될 것이다. 내가 보기에는 지방대 출신이 특별한 강점이나 지속적 성과가 있지 않으면 대기업에서 CEO의 track을 가는 것이 매우 어려울 것으로 생각이 된다. 그렇다면 일단 임원이 되었다면 회사에서 일 년이라도 더 오랜 기간 생존을 하는 것도 중요하지만, 다음 career에 대한 계획을 조금 더 철저히 수립하여 미리 준비하는 것이 맞는다고 본다.

나는 사업부장을 꿈꾸면서 계속 기다렸는데 결과적으로 잘못된 판단이었다. 내가 기대를 한 것은 LG가 전지사업을 갓 시작하였을 때 join을 하여서 가장 오래 근무를 해오며 경험이 많고, 또한 소형전지 대부분 고객을 내 손으로 개척하고 키웠기 때문에 많은 사람이 인정하는 성과와 사업에 기여가 있었고, ESS 사업이 아직은 초창기이므로 몇 년간 사업 및 제품에 익숙해지고, 이제는 소형전지에서 했던 것처럼 사업을 육성할 준비가 되어 있으며 또한 향후에 성과가 나올 기반을 구축하였기 때문에 지속 근무할 수 있다고 생각했다. 또한, 회사에서 사업부장 후보로 선정을 하여서 몇 년간 교육도 받아오고 있기도 하였는데, 어쩌면 이러한 것들이 나를 방심하게 만들고 퇴직에 대해서 미리 준비를 철저히 할 마음을 갖지 못하게 하지 않았나 싶다. 물론 지금까지의 경험과 성과 그리고 통찰력으로 제2의 career를 맞이하고 있지만, LG에서 이렇게 이런 시기에 퇴임을 당할 것으로 생각을 하였다면 더 준비를 철저히 할 수 있는 것이 많았었지 않았을까 생각을 한다.

LG 전지사업에서 초기에 영업하였던 OB 임원중의 한 분은 퇴임 후에도 왕성한 활동으로 사업을 잘 유지하고 있다. G 사장은 2005년경 계열사에서 영업 임원으로 와서 임원 2년 만에 퇴직하였는데, 그분도 그 당시 사업 부진에 대한 책임을 사업부장이 전가하면서 억울한 부분이 있었는데, G 사장의 networking과 강점으로 제2의 career를 사업으로 전환하여 안정을 이루었다. 그렇게 상사의 덕을 보지는 못하였으나 후배들이 직간접으로 자발적인 도움을 주려고 하였으니, 그분의 networking 능력도 있지만, 인덕도 있는 게 아닌가 싶다.

그분의 강점 중의 하나가 모든 사람의 학교나 출신에 대해서 기가 막히게 기억을 하는 것인데, 나는 영업을 하면서도 사람 이름도 잘 기억을 하지 못하여 애를 먹을 때가 있는 것을 보면, 노력으로 하였든 천부적인 재능이든 인맥에 대한 기억력은 network 구축과 유지에 결정적인 역할을 한다.

또한, 그분이 사교성이 좋아서 후배들과도 지속 소통을 하면서 잘 지내기도 하지만, 선배들과도 golf 모임의 총무를 하는 등 적극적으로 활동을 하므로 어떤 면에서는 정말 영업적인 마인드나 기질이 몸에 배 있는 것은 아닌가 싶다. G 사장은 내가 학다리고등학교를 나오고 전남대를 나온 용띠라는 것을 기억하는데, 나는 그분이 어느 대학 다녔는지도 모르고, 어느 고등학교 나왔다고 여러 번 들었는데도 기억을 하지 못하고 있다.

이러한 차이가 networking 범위를 결정짓고 또한, 사업할 수 있느냐 아니면 조직원으로 회사에서 일하여야 하는가 하는 활동성에도 영향을 끼친다고 보인다. 역술가는 나에게 회사원으로 오랫동안 일은 하지만 사업은 맞지 않는다고 하고, 학교에서 강의하거나 책을 저술하는 것은 맞다고 하는 것을 보면, 이러한 기질이나 network의 차이가 결국 직업에 결정적인 역할을 하므로, 본인의 강점에 따라서 일을 하는 것이 좋다고 본다.

제2의 인생을 준비한다고 따로 공부해서 될 일은 아니라고 본다. 물론 공무원을 준비한다거나 부동산 소개업을 준비한다고 하면 모르지만, 그렇지 않다면 본인이 지금까지 해온 업무와 강점 그리고 경험을 바탕으로 전개하는 것이 맞다고 본다.

이 년 전에 품질담당을 하다가 직책 해임이 된 동료와 통화를 하니, 하는 일이 없어서 무척 심심하다면서 주말에 소설책과 영어책을 사다가 봐야겠다고 하였다. 그래서 영어책은 왜 보려고 하는지 물어보았더니, 요즘은 무엇을 하더라도 영어는 해야 할 것 같아서 그렇다고 하기에, 나는 소설책으로 시간을 보내기 쉬울 것이며 또한 인문학으로 사람에 대해서 더 알게 되고, 또한 다른 사람들과 대화를 하면서도 활용할 수 있지만, 지금 와서 영어 공부를 하는 것은 정말 비효율적이니 하지 말라고 했다. 5분

전에 외운 단어도 잊어버리는데 계속 외우고 있다면 무슨 소용이 있겠느냐고. 언어는 외워서 하는 것이 아니라 감정으로 하는 것이고, 내가 아프다고 하면 말하면서 그 아픈 것에 대한 느낌이 오는데, painful이라고 외워서 말하면서 느낌이 없다면 공감이 안 되기 때문이다. 그렇기에 안되는 것 하지 말고 본인의 강점인 전지 품질에 대해서 정리를 하라고 하였다.

그리고 예를 들어 GM recall 같은 것도 내부적으로 보라고 하였는데, 본인 머릿속에는 이미 정리가 되어있다고 하면서 내 말에 동의하였다. 그래서 내가 품질과 생산 그리고 공정에 대해서 정리가 되었고 외국 partner와의 소통이 필요하다면 그것은 내가 돕겠다고 하였다. 왜냐하면, 나는 영어로 소통할 때 적어도 최소한의 느낌이 있으며, 그리고 내가 평생을 해오던 일이라 강점으로 생각하고 있기 때문이다.

언젠가는 퇴임한다는 것을 미리 알고 심각하게 받아들였다면, 내가 더 챙겼어야 했던 것은 조직이 아니라 사람이라고 생각한다. 회사는 조직과 사람으로 구성되어 있으며 좋은 회사를 만들기 위해 경쟁력 있는 조직문화를 만들어 가는 것인데, 회사를 떠나면 조직이나 문화는 즉시 없어져 버리는 데 반하여 사람은 남아 있기 때문이다. 그런데 많은 사람이 착각하는 것은 내가 잘해주면 다른 사람들이 나를 기억하고 도와줄 것으로 생각하는 것이다.

그러나 당신이 윗사람에게 당연하다는 듯이 받은 것처럼, 당신의 부하 직원들이나 후배들은 당신이 베풀어준 호혜든 특혜든 배려든 간에, 대부분 당신에 대한 개인적인 노력으로 기억하는 것이 아니라 회사 내에서 일어난 조직 활동으로 인지를 하며, 당신이 보이지 않는 순간 잊기 시작한다. 따라서 지방대 출신으로 제2의 인생을 준비해야 할 당신이라면, 필요한 network를 그때그때 같이 일하면서 서로 업무를 도우면 된다고 생각해서는 안 되며, 당신과 제2의 인생에서 만날 가능성이 있는 사람들에 대해서는 업무에 추가하여 개인적인 고리를 만들어야 한다. 그리고 그 고리는 시간이 지나면서 견고해지게 만들어야 한다.

만나서 같이 일하면 network가 된다고 생각하나, 여기에서 말하는 network 고리는 일종의 전우애와 같은 의미인 것이다. 물에 빠진 사람을 건져서 살려도 보따리를 내놓으라는 식의 사람들이 많이 있는 세상인지라, network 고리는 한번 또한 한차례의 소통이나 협업으로 생겨나는 것은 아니다. 물론 정말로 목숨을 건져주어서 평생 감사하게 생각하는 것이 아니라면. 일하면서 수많은 사람을 만나게 되고 또한 수많은 사람이 떠나기도 한다. 따라서 그것이 고리가 되려면 어쩌다 한번 전화하여서 안부 묻거나 정보를 확인하는 수준으로는 안 되고, 지속해서 connected가 되고 그리고 때로는 어려운 일도 같이 극복해 가는 공동 체험도 도움이 될 것이다.

물론 사람들과 안부 통화를 하지 말라는 것이 아니고, 일반적인 그러한 활동을 하지만 고리를 만들어서 network를 구축하려는 사람들을 정하여 시간을 통한 공동 체험이나 공감을 해나가라는 이야기이다. 그리고 이렇게 만든 고리가 전부 당신에게 도움이 되는 것이 아닐 것이고 나중에 보면 그중에 일부가 서로 도움이 될 수 있을 것이며 다른 대부분 사람은 또다시 잊혀지는 사람들이 될 것이기 때문이다. 지방대 출신으로 대기업 임원으로 승진을 한다면, 정말로 본인에게 향후 인생에서 도움이 될 network 고리를 만드는 일을 철저하게 계획을 세우고 면밀하게 실행해 가기를 권한다.

4

기본기에 강점 추가

기본기에 강점 추가

―――――

　전공이라고 하는 것은 기본적으로 내가 남들보다 잘하는 것이다. 전자공학을 나온 졸업생은 인문과 졸업생보다는 engineering에 대해서 더 이해를 잘할 것이며, 기계공학 전공 졸업생보다는 회로 설계를 더 잘할 수 있다. 기본적으로 자기가 잘하는 것으로 승부를 걸어야지, 축구 선수가 농구장에 가서 농구 선수와 농구 게임을 해서는 승산이 전혀 없다고 보아야 한다.

　그런데 우리는 많은 축구 선수들이 농구장으로 가는 듯한 사람들을 보게 된다. 왜냐하면, 축구니 농구니 하는 것은 눈에 보이기 때문에 바로 인지되나, 현업에서는 여러 전공의 사람들이 같은 부서에서 근무하면서 별로 차이 나게 느껴지지 않기 때문이다. 그런데 시간이 지나면서 차츰 실력에 차이가 드러나게 된다. 왜냐하면, 하루의 차이는 별로 없으나, 그 하루하루가 모여서 한 달이 되고 일 년이 되고 10년이 되면서 커지게 되기 때문이다.

　그리고 같은 축구 선수들이 같이 축구 게임을 하면서 실력의 차이가 있고 이것으로 인하여 점수의 차이가 나게 되듯이, 동일한 전공으로 동일한 업무를 하면서도 실력의 차이가 드러나게 된다. 물론 이런 실력의 차이가 극복되거나 역전이 되는 경우도 있으며, 이를 위해서는 부단한 노력을 하여야 한다. 프로 입단의 초기 실력으로 평생 구단에서 뛸 수 없듯이, 스스로 노력하지 않으면 도태가 되고 뒤에 들어오는 유능한 후배들에게 자리를 내주게 된다.

물론 군대 '짬밥'이라는 용어에서 말하듯이 회사의 업무에서도 시간으로 얻은 경험은 무시할 수는 없지만, 어느 현업이라고 하더라도 5년을 하게 되면 업무에 대해서는 정통하게 된다고 생각하므로, 그 자리에서 안주하게 되면 5년의 gap이 차츰 줄어들어 5년 후에는 없어지게 된다고 언급해도 과장된 표현은 아닐 것이다. 그렇기에 강점에 집중하고 이를 지속 강화하여야 한다.

내가 영어에 강점이 초기부터 있는 것은 아니었으나, KATUSA 경험으로 기본을 구축한 이후에 미국 MBA를 다녀오면서 강화가 되었다고 생각을 한다. 그리고 영어는 기본이라고 생각을 하였기에 추가적인 강점을 갖추기 위하여 수석부장이 되어서 어학 비용 지원이 되자마자 중국어 공부를 새로 시작하였다.

결국, 나이로는 40대 후반인지라 아무리 외워도 늘지도 않고, 그리고 실력을 향상시킬 정도의 시간 투자도 절대적으로 부족하였다. 외국어 실력을 늘리려면 매일 두세 시간은 기본적으로 하여야 하는데, 개인 강습을 일주일에 두세 시간 받고 거기서 내준 숙제를 하는 수준으로는, 교과서 진도는 나가고 여러 번 외워서 기억하는 단어는 생겼으나, 고객과 상담을 할 수 있는 수준이 안되는 것은 말할 것도 없었다.

심천에서 홍콩으로 넘어갈 때 리무진 기사와 기본적인 대화도 상대방이 내 중국어 발음을 알아듣지 못해서 잘 안되었다. 어쩌다 고객과 술 마시는 자리에서 '따거'라는 단어를 사용하면서 심리적 연대감을 살리기는 하였지만, 소통으로 활용할 수도 없다 보니 나중에 생각해 보니 내 강점이 절대 될 것 같지가 않았다. 이에 3년 정도 노력하다가 그래도 좀 하는 일본어를 하자고 바꾸었다.

일본어는 KATUSA 제대하면서 '세계는 넓고 할 일은 많다"라는 말에 자극을 받아서 해외사업으로 방향을 돌리고 인문대 일어과까지 가서 수강을 신청하여 청강하는 수준으로 열심히 하였다. 그리고 2000년대 초에 개인적으로 미래 예측을 하면서 일본이 부흥할 것으로 보았다. 또한, 업무에서 일본 시장도 포함되어 있어서 일본어를 다시 공부하는 것이 motivation 되었다.

물론 일본어는 중국어보다는 훨씬 쉽게 느껴졌다. 고객과 상담 시에 고객이 말하는 것도 어느 정도 알아듣고, 그리고 저녁 식사 자리에서는 중국어보다는 훨씬 더 자유롭게 말하는 수준은 되었으나, 상담에서 자유롭게 사용할 수준까지는 되지 않았고, 그리고 대학교 때 배운 단어는 잘 기억을 하고 있었으나 새롭게 외운 단어는 잘 기억이 되지 않았다. 그리하여 2년여가 지나면서 느끼게 된 것은, 내가 이것을 가지고 다른 사람보다는 더 잘하지 못하겠구나. 그리고 지금 수준으로는 고객과 협상 시 사용할 수준은 만들기 어렵겠다는 생각이 들었다. 이에 고민하다가 다시 중국어를 시작하였는데, 이는 중국어를 배우려는 것보다는 중국 문화를 이해하는 기회로 만들자는 목적이었고, 이마저도 일 년 정도 하다가 더 이상 아무런 강점이 되지 않을 것 같아서 고민하다가 영어 개인 강습으로 바꾸었다.

해외 영업 인원에게 영어 교육 비용 지원이 될까 하는 생각이 들었다. 이 고민을 인사 담당에게 이야기하였고 이에 동의를 받아서 영어 개인 강습으로 변경하였는데, 이는 많은 도움이 되었다. 물론 6~7년 동안 중국어와 일본어를 왔다 갔다 하면서 허비한 시간이 아깝기는 하지만, 기본인 영어라고 하더라도 정말 잘하면 그 기본이 강점이 된다는 것을 느끼게 해준 것으로, 내가 강점에 집중하면서 강점을 더 강화할 계기를 만들어 준 것이다.

똑같은 cell 개발이라고 하더라도 실력이 높거나 완성도가 높으면 차이가 있듯이, 동일한 업무나 전문가라고 하더라도 실력에 있어서 차이가 있을 수 있으니, 강점에 더 집중하여 여기에서 차별화되게 하는 것은 대기업에서도 장기 생존에 많은 도움이 될 것이다.

강점에 집중하면서 더 강점으로 만들기 위해서는, 한가지 측면에서 바라보고 안주하지 말고 여러 측면에서 보며 고민하고 자기계발을 할 필요가 있다. 예를 들어서 내가 대학교에 다닐 때는 설계를 제도라는 과목으로 배워서 삼각자나 이러한 물리적 기구를 사용하였고, 그 뒤에는 2D CAD, 3D CAD와 ECAD에 Auto CAD로 계속 발전해 왔으며, 앞으로는 AI가 접목되는 updated 된 기술이 나올 것이다. 따라서 좁은 안목으로 2D CAD니 3D CAD니 하는 관점에서 볼 것이 아니라, 본질의 Computer나 AI를 활용한 측면에서 포괄적으로 보고 본인의 경험과 역량을 늘려야 한다.

시기나 시대에 따라서 강점의 시각이나 속성이 바뀔 가능성이 있으므로, 이런 변화에 따라가거나 앞서가면서 강점이 지속 유지되도록 만들어야 한다. 예를 들어 의사들도 병을 잘 알고 수술 경험을 많이 쌓아가는 것도 필요하지만, 기술의 발전으로 병원 장비가 upgrade가 되고 있으며, 진단도 AI나 machine learning으로 big data를 활용하여 더 많은 정보나 robot을 이용한 더 정밀도가 높은 수술 방법들이 나오니, 현재에 머물지 말고 미래의 변화를 주시하고 예측하면서 leading 할 수는 없더라도 뒤처지지 않도록 스스로 자기 계발을 하는 노력을 멈추어서는 안 된다.

1) 체력의 밑바탕

25여 년 전에 대우전자 세탁기 해외 영업으로 일할 때 사업부장과 회의 시 그분이 이야기하다가 졸거나 깜빡 잠깐 자는 것을 보며, 어떻게 회의 중에 그럴 수 있는지 하는 생각이 들었다. 회의에 참석하여 듣다가 졸음이 오는 것은 누구나 있는 일인데, 말을 하다가 그런 것은 이해할 수가 없었다. 그런데 내가 50대 중반에 들어서니 그러한 것들이 이해가 되었다. 상사와 회의를 하다가 졸음이 오는 것이 가끔 생겼는데, 부하 직원들과 회의를 하다가 말을 하는데도 졸음이 왔다. 물론 깜빡 조는 정도에까지 가지는 않았지만 오랜 직장 생활로 피로가 누적되고 과로를 느껴서인지, 아니면 체력이 떨어졌기 때문인지 회사에 다니는 것이 사무직인데도 육체적으로도 더 힘들게 느껴졌다.

하버드메디컬 스쿨의 연구에 따르면 고위 공직자나 관리자의 대부분(95% 이상)이 직무로 스트레스를 받고 있다고 하며, 이 중에서 3분의 1은 스트레스 수준이 극심하다고 한다. 이는 일반적으로 인지되고 있는 사항이므로 일부 기업에서는 경영자의 체력이나 컨디션 관리를 위해서 별도 전문가를 두는 경우도 많으며, Microsoft 경영자의 스트레스를 관리했던 심리 컨설턴트 더글라스 매키너는 화가 나는 순간에 운동하라고 조언했다고 한다. 그는 "운동이 뇌가 민감하게 반응하는 것을 막아주며, 화가 날 때 체온을 높이는 운동을 하면 도움이 된다"라고 말을 하였다. 그런데 화가 날 때뿐만 아니라 체력 관리와 스트레스 해소에 제일 많이 도움이 되며 또한 가장 많이 사용되는 방법이 운동이라고 해도 과언이 아니다.

대부분 창업자나 경영자가 운동하러 다니거나 운동광으로 유명하다. 버진그룹의 리처드 브랜슨은 새벽 5시에 일어나 운동을 하며, 수영, 요가, 암벽등반, 역도, 서핑, 테니스 등 온갖 종류를 즐긴다고 하며, Microsoft 사티아 나델라는 어렸을 때 프로 선수를 꿈꾸면서 크리켓을 운동하였는데 평생을 열심히 치고 있다는 것이다. 페이스북의 마크 저크버그도 일주일에 세 번은 운동하러 가는데 보통 아침에 일어나자마자 한다고 한다. 그는 무엇을 잘하려면 에너지가 필요하며 운동에서 에너지를 얻을 수 있다고 말하였고, 많은 정치인도 물론 운동하는 것으로 평이 나 있으며, 버락 오바마도 하루에 45분 일주일에 6일 운동한다고 한다. 그리고 LG 현업에서 22년 근무를 하면서 대부분 경영자나 임원들이 매일 아침에 열심히 운동하는 것을 보아왔다. 이는 보통 저녁 시간에 약속이 많거나 불규칙적이기 때문에 일정하게 아침에 운동하는 것이다.

나도 지난 30년 이상을 운동을 해오고 있다. 고등학교 시절까지 체육 과목을 제일 싫어하였다가 대학교에 입학하여 테니스로 조금 시작하다가, KATUSA에 근무할 때부터 본격적으로 운동을 하기 시작하여서 지금은 생활화가 되었다. 체육을 싫어하는 것과 운동을 좋아하는 것에는 많은 차이가 있었다. 체육 하기 싫어할 때는 외부 활동을 싫어하고 공부를 하는 성격이었다. 운동을 좋아한다고 외향적인 성격으로 완전히 바뀐 것은 아니지만, 일단 사람에 대한 어려움이나 모임에 대한 두려움이 사라졌으니 도움이 된 것이고, 어쩌면 이러한 것이 내가 외향적이지 않으면서도 영업을 평생 해올 수 있도록 도움을 준 것은 아닌가 싶다.

물론 업무에도 도움이 되었다. 수많은 해외 출장 속에서도 아침에 운동하고 나면 바로 현지 시각에 적응할 수 있게 만들었으며, 장거리 비행기의 좁은 의자에서 수많은 시간을 쪼그리고 자면서 생긴 허리통증에도 견딜 수 있는 밑바탕을 만들어 주고 있다.

체력이 필요한 것은 스트레스 내성을 위해서만 그런 것이 아니라, 실제 육체적인 피로를 극복하면서 왕성한 현장 활동을 하기 위해서도 필요하다. 경영자들은 많은 현장 방문을 하게 되는데, 전지 사업부장이나 본부장도 국내에서 사업장이 서울, 오창, 대전 및 여러 군데가 있는지라 매주 주기적으로 방문을 하고 있다. 이에 대부분 차량으로 혹은 헬기로 이동을 하게 되며 물론 이동 시 차에서 잠을 잘 수도 있지만, 공간 이동으로 인한 육체 피로를 피할 수가 없다. 더불어 현장 방문을 하여서 현지에서 저녁을 먹게 되는 경우가 많으며, 이는 곧 술자리가 되기 때문에 체력이 없이는 버틸 수가 없다.

실제로 전임 본부장 L 사장의 경우 노조와 많은 자리를 하면서 대접으로 소주를 마시는 경우가 많아서 나도 받아본 적이 있으며, J 사장의 경우 술을 마시다 화장실에서 토하면서도 계속 마시고 나중에는 피를 토하면서도 마셨다는 일화를 종종 듣게 되었다. 물론 이런 식의 저녁 접대 문화는 현재 많이 없어지고 시대 흐름에 맞추어 변화되고 있지만, 기본적으로 회사 업무를 잘하기 위해서는 정신적으로 육체적으로 튼튼해야 하고, 이는 체력이 밑바탕이 되어야 하고 운동으로 체력 관리를 지속해주어야 한다.

체력 강화를 위해서 먹는 것뿐만 아니라 운동이 꼭 필요한 것은, 건강과 스트레스 관리에 절대적인 도움이 되기 때문이며, 위에서 이야기하였듯이 대부분 CEO는 정기적으로 운동을 하는 것이다. 그리고 임원이 현직에 있으면서 또는 퇴임 후에 건강으로 특히 암으로 고생하거나 세상을 떠나는 경우를 많이 보았다. 스트레스 해소를 위해서 또는 조직관리를 위해서 임원들은 술자리가 잦으며, 술이 일정 부분은 도움이 되지만 과한 것은 오히려 해가 되는데 우리는 부족하기보다는 과한 술자리가 대부분이다. 이에 알코올로 스트레스를 완전히 해소하는 것은 불가능하므로, 운동을 적절히 하여 체력 관리뿐만 아니라 스트레스 관리도 하여서, 고질적이나 중증 병으로 인생이 무너지는 것은 막아야 한다.

2) 실전의 강점 강화

이론과 실전이 다르다기보다는 이론은 생각하면서 외우기도 하고 다른 reference도 찾아보기도 할 수 있지만, 대부분 실전은 본능적으로 하면서 생각할 시간조차 없다. 군대의 각개전투 훈련을 생각하면 적군의 참호에서 총알이 날아온다고 생각하고, 낮은 골짜기로 몸을 숨긴다. 그리고 철조망을 포복으로 지나가는데 철조망에 걸리지 않도록 보면서 그리고 철조망을 올리거나 피하면서 지나가는데, 실제 전쟁터에서는 보고 생각할 시간이 없을 것이고 본능적으로 살기 위해서 움직이게 될 것이다.

대학교 복학하여서 시작한 합기도도 비슷하다. KATUSA에서 시작한 운동을 지속하기 위하여 복학한 이후에 합기도를 시작하였고, 중간고사든 기말고사가 있든 상관없이 매일 도장에 가서 훈련하였는데 발차기나 낙법 등을 단체로 기합에 맞추어 한 시간씩 하였다. 그런데 그렇게 연습한 발차기 같은 것이 실제 대련을 하면 잘 먹히지 않는다. 왜냐하면, 상대도 동일하게 행동을 하기에 내가 발차기를 할 때까지 기다리지도 않고 역공격을 하려고 호시탐탐 빈틈을 노리고 있기 때문이다.

기업의 현장도 유사하게 돌아간다. 내가 고객과 물량이나 가격에 대해서 협상을 할 때는 어떻게 해서든 높은 가격에 많이 판매하려고 하는 것이며, 고객은 꼭 필요한 물량을 낮은 가격에 구매하려고 하기에, 겉으로는 평온하게 대화를 나누지만 머릿속은 끊임없이 작전과 계산으로 돌아가고 있으며, 눈은 상대의 표정과 행동을 살펴보고 어떤 반응을 보이고 어떻게 변화가 될 것인지 관찰하면서 행동을 하는 것이다. 전쟁이나 스포츠 게임에서는 이겼는지 졌는지 확실히 구별된 상태로 끝이 나지만, 사업의 현장에서는 이기고 진 것이 불분명하니 더 판단하기가 어려운 것이다.

이에 대학이나 학교에서 배우거나 공부한 이론을 바탕으로 기업에 들어와서 실무를 초보적인 것부터 시작하며, 시간이 지나면서 경험이 쌓이고 이에 숙련된 직원들이 하는 업무로 차츰 확대하거나 전환을 하게 된다. 영업이라고 하면 ERP에 입력하여 생산된 물량의 출하나 선적을 챙기는 것에서부터 시작하여, 나중에는 project 수주를 받고 전략적 partner를 만들어 가면서,

뛰어난 사원이라면 한 단계 더 나아가서 고객과 같이 성장하는 사업의 틀을 만들어 갈 것이다.

내가 대우전자에서 가전 해외 영업을 할 때는 전자전공의 background로 제품이나 품질에 대한 이해도가 조금 더 높았으며, 이에 고객의 service 문제도 원활하게 풀어나가서 고객과 좋은 관계를 유지하였고, 이로 인하여 OEM으로 공급하면서도 영국 전자 레인지 시장에서 40% 이상의 독보적인 위치까지 만들었다.

이차전지에서 물론 수많은 IT 대기업 고객들을 대상으로 시장을 개척하기도 하였지만, 이러한 engineering background로 N사와 2D battery라는 당사 공법을 이용하면서 고객이 기대하는 추가 전지 용량을 창출하는 새로운 제품을 탄생시키고, 또한 고객사의 직접적인 투자를 끌어내 당사가 파우치 사업을 본격적으로 시작할 수 있는 초석을 만들었다.

물론 영업 사원으로서 수주와 매출 확대 등의 기본적인 업무는 지속해서 수행해왔다는 것은 말할 나위가 없다. 그런데 각 기능 조직의 통상적인 기본 업무는 수행하면서, 여기에 본인의 강점을 활용하면서 사업에 의미 있는 변화를 만들 수 있도록 기여하라는 이야기이다. 기본적인 업무만 수행하면 잘 인지가 되지 않으니, 누구나 쉽게 인지할 수 있는 그러한 record를 만들라는 이야기이다.

예를 들어 K 상무는 소형전지 시절에 파우치 개발을 하는데, 고객과 협업을 하면서 2D & 3D 등 새로운 차원의 제품들을 개발하였으니, 물론 혼자 한 것은 아니지만 그러한 것을 앞에서 leading 하면서 성공적인 수행을 하였으며, 이로 인하여 본인이 하는 개발 업무에 역량이 있다는 평을 받을 뿐만 아니라 강점이 있는 것으로 인정이 되는 것이다. 그리고 그러한 역량과 성과가 있기에 조직 생활에서의 마찰은 조금 있었지만, 그로 인하여 발목을 잡히지는 않고 결국은 임원으로 승진을 하게 되었다.

사소한 차이 같지만, 그 차이로 인하여 차별화가 되고 성과가 달라지는 것이다. 예를 들어 장사가 잘되는 해물 칼국수 집은 잘 안되는 집과 재료나 조리 방법에서 얼마나 많은 차이가 있을까? 대개 밀가루 반죽으로 국수를 만들고, 호박에 해물 재료들을 넣는 방식은 크게 보면 대동소이하게 여겨질 것으로 본다. 하지만 인공 조미료를 사용하지 않고 자연 조미료를 사용한다든지, 아니면 해물이나 채소 재료를 싱싱한 곳에서 받아서 사용한다든지 어딘가는 다른 무엇인가가 있는 것일 게다. 그리고 그 다른 재료나 방식을 비법이라고 하듯이, 업무도 비슷하다고 본다.

대학을 졸업하여서 기업에 들어오면 대부분 사람이 동일한 starting line에서 출발한다고 본다. 그런데 시간이 지나면서 조금씩 차이가 나기 시작한다. 물론 업무를 대하는 방식에서부터 차이가 나는 경우가 있으며, 업무에 대한 이해도나 진도가 차이가 나는 경우도 많다. 대부분은 평균적인 수준이나 본인의 강점을 활용하여 실무에 적극적인 직원의 경우 무엇인가 한 발 더 나아가 있는 것이며, 이러한 직원들이 더 많은 성과를 창출하는 것이다.

　강점 강화는 기회가 있을 때마다 적극적으로 만들어야 하며, 업무를 하면서도 모수자천을 하듯이 자발적으로 하면 된다. 왜냐하면, 사람들 대부분은 수동적이라 월급 받은 만큼 일하려 하지만, 뛰어난 사람은 급여를 받으면서 배운다는 자세로 더 많은 일을 하게 됨에 따라 배우는 것도 더 많을 수밖에 없다. 내 background가 영어를 매우 잘하는 사람은 아니었지만 주어진 기회는 전부 과감하게 활용을 하면서, 나는 잘 모르겠지만 사람들은 강점으로 인지를 하는 것이다.

　단순하게 고객과 판매를 위한 소통뿐만 아니라 품질 문제나 기술에 대해서도 내가 presentation을 많이 하였고, 이로 인하여 filed 화재 대응도 품질 임원이 아닌 영업 임원인 내가 미국 현장으로 출장을 가서 대표단으로 업무 처리를 하는 것도 회사에서 자연스럽게 받아들이게 되었다. 따라서 기회가 있을 때 피하지 않고, 또한 기회를 스스로 만들어 가면서 실무에서 반복적으로 수행이 되면 연습도 되고 실전도 되는 것이며, 이에 따라 실전에서 내 강점이 강화가 되는 것이다.

　흔히들 제품이 좋고 가격이 저렴하다면 누가 판매하지 못하겠느냐고 말한다. 인간은 혼자 사는 것이 아니므로 언제 어디서나 경쟁에 직면하게 되며, 이기기 위해서 치열한 싸움을 하게 되며 이로 인하여 실수를 하고 또 이 실수가 반복된다. 내가 미국 주재원으로 있으면서 Apple recall 두 번에 이어서 HP recall을 두 번 하고 2008년에 귀임을 하였을 때, 우리 회사도 전지 생산을 시작한 지 10년에 가깝기에 이제는 안정이 되어서 다시는 품질 문제가 없을 것으로 생각하였다. 하지만 그다음 해 HP recall 3번째를 협상하기 위하여 내 업무 담당도 아닌데 Houston 출장을 가서 문제를 해결한 후 품질 문제는 앞으로도 계속 나겠구나 하고 깨달았다.

실제로 그 뒤에도 문제는 발생하고 있는 것이며, 앞으로도 계속 나올 것으로 본다. 우리가 잘 인지하지 못하고 있지만, 내연기관 자동차를 만든 지 100년이 넘었지만 지금도 거리에서 엔진이 화재로 멈추는 사고가 지속해서 발생하는 것이다. 100년 넘게 제조를 하였다면 제조의 신이 되었을 것이고 기술도 또한 엄청나게 발전을 해왔는데, 그래도 문제가 계속되는 것은 인류가 동일한 제품을 100년 동안 제조하는 것이 아니라 매년 신제품이든 upgrade이든 어떤 변화가 지속해서 발생하고 있으며, 이 과정에서 불완전이 완전히 해결이 안 되어 문제가 발생하는 것이다. 어쩌면 인간이 불완전하기에 인간이 만든 어떤 것이든 역시 불완전한 요소가 있는 것이 아닌가 싶다.

이에 실전에서도 현 위치에서 안주하지 말고, 문제는 앞으로도 계속 있을 것이므로 실무에서 단련하면서 본인의 강점에 더하여 업무의 전문가가 되어야만 한다. 세상에 좋으면서 저렴한 제품도 없으며, 완벽한 제품도 없다. 물론 내가 사용하는 제품 하나에는 문제가 없을 가능성이 크지만, 우리가 만드는 모든 제품에서 문제가 없을 가능성은 없다고 믿어도 좋으니, 본인이 하는 현업의 scope를 확대하면서 실무 곳곳에 본인의 강점을 만들어가는 것이 좋을 것이다.

3) 전문가의 역량

두각을 나타낸다는 말이 있는데, 어원은 머리의 뿔을 뜻하는 말로 재능이나 역량이 유달리 뛰어나서 드러나 보인다는 의미로, 중국 당나라 때 뛰어난 문장가인 친구를 기리기 위하여 사용한 단어라고 한다. 그리고 기업에서도 오랫동안 살아남으려면 두각을 나타내어야 하니, 이것은 바로 본인이 하는 업무에서 전문가가 되어야 한다는 것이다. 여기서 전문가는 변호사, 회계사나 의사 등 특별한 직업을 일컫는 것이 아니라, 자기 전공이나 전문 분야에서 다른 사람보다도 뛰어나서 주변에서 인정한다는 것이다.

아프리카의 초원에서 사자와 얼룩말은 공존하고 있는데, 사자는 배가 고프면 얼룩말을 잡아먹는다. 일단 사자가 나오면 얼룩말이 긴장하고 도망갈 준비를 하며, 사자가 다가오면 얼룩말은 생존을 위하여 달리기 시작한다. 그렇게 하여 얼룩말 뒷다리의 도약력이 발달하기 시작하였으므로 얼룩말은 달리기 전문가라고 해도 될 것 같다.

사자도 배고픔을 해결하기 위하여 얼룩말을 잡아먹어야 하며, 이를 위해서 사자도 달리기 능력이 필요하다. 하지만 사자는 집단으로 무리지어 생활하고 집단 사냥을 하며 달리기로 경쟁하지 않으면서 얼룩말을 잡아먹는다고 한다. 이렇게 수십 세기 동안에 얼룩말과 사자는 초원에서 공존도 하면서 생존을 위한 투쟁을 벌이고 있다.

그렇다면 인간이 사자에게 잡아 먹히지 않으려면 어떻게 하면 될까? 가장 간단한 방법은 역시 사자보다도 더 빨리 달리면 된다. 그런데 그것은 불가능하므로 현실적인 방법으로 다른 사람보다도 더 빨리 달린다면 본인은 잡아먹히지 않게 된다. 하지만 너무 나약하고 수동적인 방법이 아닌가 싶으며, 실제로 인간도 집단생활을 하면서 인간의 지혜를 활용하여 사자를 죽일 수 있는 무기를 개발했다. 거꾸로 말하면 생존을 위해서 방어적인 자세를 취한 것이 아니라, 적극적인 자세로 사자를 위협하게 된 것이다.

기업에서의 생존도 비슷하지 않을까 생각한다. 끝없는 경쟁 속에서 자사 제품 판매를 위해서 또는 시장에서 살아남기 위하여 endless game이 진행되고 있으며, 제조업에서는 이를 위하여 바닥이 없는 원가 절감을 하고 있다. 그런데 '싼 게 비지떡'이라고 저렴하면서 더 좋은 제품을 만든다는 것은 대부분 환상적인 표현이라고 말할 수 있다. 이 속담의 어원을 살펴보면, 조선시대 박달재에서 먼길을 가는 선비에게 주모가 콩비지로 만든 떡(비지떡)을 싸서 주었다고 하는데, 싸구려로 만들었기에 품질이 좋지 않아서 결국은 탈이 나는 경우가 많은 데서 유래되었다고 한다. 기업의 현장에서도 이러한 활동을 하면서 품질 문제가 발생하여 고생하는 것이 수도 없이 발생하였고, 앞으로도 발생할 것이다. 그래서 여기서 전문가의 역량이 필요한데, 원가를 낮추면서 문제가 없도록 아이디어를 만들어서 두각을 나타내는 것이다.

이렇게 전문가로서 두각을 나타내는 사례 중의 하나가 N사와 개발하여 출시하였던 2D battery인 것이다. 이차전지라고 하면 원통형, 각형, 파우치가 있으며, 파우치는 폴리머라고도 부르는데 알루미늄 파우치에 전극을 담아서 에너지를 만드는 전지로 중국까지 포함하여 여러 회사가 있다. 그리고 제조 원가의 싸움에서 중국과 경쟁하여 이긴다는 것은 실제로 굉장히 무리한 이야기로 그런 사례가 별로 없다. 파우치는 원통형이나 각형과 같이 metal case가 아니라 사람의 손을 걸치는 수작업이 상대적으로 더 많으며, 이에 중국과의 경쟁은 더 힘든 상황이었다.

하지만 핸드폰에서 고객의 고민은 사용 도중에 충전하지 않고 어떻게 더 오랫동안 사용할 수 있느냐로 용량 증가를 위한 노력이 요구되었다. 고객의 이러한 고민이 있는 반면에 스마트폰의 카메라가 장착되면서 뒷면의 사각형이 아닌 공간이 생기게 되었는데 LG 공법을 사용하여 비어있는 공간을 전부 사용함으로써 고객의 문제를 해결한 것이었다. 이를 위하여 고객을 설득하여 신기술을 채용하게 하는 협상력과 기존에 없는 제품을 개발하는 기술력, 그리고 짧은 기간에 투자하여 생산 후 공급하는 모든 삼박자를 맞추어서 획기적인 2D 파우치 제품을 출시하였고,

이로 인하여 전통적인 가격 경쟁에서 벗어날 수 있었다. 그리고 이러한 과정에서 각 부문에서 기여를 하는 전문가들이 탄생하고 두각을 나타낸 것이다.

주위를 둘러보면 비슷한 업무를 하는 사람들이 수도 없이 많다. 당사도 파우치 셀 개발을 하는 연구원들이 많이 있다. 그렇다면 그들을 전부 전문가라고 부를 수 있는 것인가? 물론 회계사나 변호사 또는 의사처럼 셀 개발 연구원도 전문가라고 칭할 수는 있겠지만, 의사도 잘한다는 사람에게 더 환자가 몰리듯이, 빨리 달리기를 하여서 살아남는 얼룩말처럼 다른 사람보다는 개발 업무 중에서도 무엇인가를 더 잘하는 사람을 전문가라고 부른다.

그리고 이러한 전문가들이 더 오래 살아남지 않을까 생각한다. 같은 개발 연구원이어도 2D battery라는 성공 체험을 만든 개발자, 또는 개발을 하면서 고객과 소통을 잘하여 in-time으로 제품을 launch 하면서 고객으로부터 인정을 받는 개발자, 또는 동일한 cell 개발이지만 완성도를 높여서 생산 line에서 문제가 없도록 만들어서 내부적으로 인정을 받는 개발자 등, 같은 개발 업무에서도 전문가로서 역량 있는 본인을 만들 방법이 여러 가지 있을 것이다.

동일하게 영업을 하면서 나는 전문가의 역량을 쌓고 만들기 위해서 부단한 노력을 하였으며, 이러한 성과로 인하여 두각을 보였다고 할 수 있다. 회사에서 영업으로 유사한 업무를 하는 사람들은 많이 있었다. 그렇지만 나의 강점인 engineering background로 품질 문제에 대해서도 깊이 관여하였고, 이로 인하여 recall의 협상도 하고 해결도 하였다. 그리고 이러한 협상 경험은 나중에 회사가 담합으로 인한 소송에 걸렸을 때 유감없이 드러났으며, H사 D사 및 F사 등과 각각 수천만 불의 claim에 대해서 직접 협상에 참여하고 leading 하면서 합의하고 종결까지 하였었다.

물론 대부분의 IT global 고객들을 대상으로 처음으로 시장을 개척하고 진입한 성과가 있기는 하지만, 이는 시간이 지나면서 묻히게 되었다. 그래도 ESS 전력망 사업으로 왔을 때 이러한 경험과 강점을 바탕으로 시장을 재구성하는 데 성공하기도 하였으며, 영업에서 머물지 않고 recall 같은 품질 문제나 담합 같은 소송의 협상으로 강점과 경험을 바탕으로 확대를 하게 됨에 따라서 가히 영업 전문가라고 하여도 나 자신이 부끄러움은 없다.

회사에 입사하여 초기 5년간의 실무 경험이 평생 career의 기틀을 만들며, 그리고 어떤 목표를 하느냐에 따라서 그에 맞는 track을 따라가면 된다고 본다. 이에 어떤 전문가가 되고 싶은지 그리고 그것이 본인의 강점과 align이 되었는지 보고, 장기 목표에 따라서 계획을 세우고 실행해 가면 될 것이다.

- 취미와 프로

취미와 프로의 차이는 무엇일까? 경제적인 측면에서 이야기하면 취미는 돈을 내면서 즐기는 것이고 프로는 돈을 벌면서 일하는 것이라고 보는데, 쉽게 말하면 잡아먹으려는 사자나 먹히지 않으려는 얼룩말처럼 생존을 위해서 하는 것이 진정한 프로가 아닌가 싶다.

마이클 조던은 농구에서 신화적인 인물인데, NBA 리그의 아이콘으로 역대 최고의 농구 선수로 지칭되며 또한 미국 역사상 최고의 스포츠 스타 1위에 기록이 될 정도로 스포츠 역사상 가장 위대한 인물 중의 한 명이다. 그리고 그의 이름을 따서 만든 시그니처 농구화 에어 조던은 마이클 조던을 위해서 만들었다.

그리고 마이클이 보증하는 신발과 의류 브랜드도 유명한데, 그의 유명세가 사업에까지 확대가 된 것이다. 그런데 마이클 조던이 골프도 프로 수준으로 잘한다는 것은 잘 알려져 있다. 개인적으로 골프에 무척 관심이 많아서 개인용 골프장 '그로브 23'을 만들었고, 미국 PGA 투어 프로골퍼 미키 파울러와 내기 경기를 하여서 이겼다고 할 정도로 실력으로는 프로급이라고 할 수 있다. 하지만 내가 판단하기에는 조던은 농구 프로인 것이고, 골프는 취미라고 지칭할 수 있다.

글로벌 사업을 하기 위해서는 어학이 필수라, 나는 가끔 불어를 전공하는 사람들에게 질문한다. 그것을 강점으로 활용할 수 있는지 아니면 취미로 두어야 하는지. 일반적으로 대학에서의 전공은 강점이라고 할 수 있으나 현업에서 활용할 수 없다면 강점도 아니고 그저 취미일 뿐이다. 불어가 필요가 없다는 말이 절대 아니며, 현업에서 불어를 활용하여 본인이 두각을 나타낼 수가 없다면 사용할 수 없는 무기이므로, 어설프게 불어 감각을 유지한다고 가끔 불어 공부를 할 것이 아니라 본인의 현업에서 활용할 수 있는 공부를 해야 한다고 강조를 한다.

다른 전공도 마찬가지라고 생각한다. 그래서 나는 공과대학 출신들에게는 전공을 적어도 5년은 practice 하여 강점으로 활용하라고 조언한다. 나의 경우에는 이러한 실무 경험이 없어서 engineer의 label이 붙지 않아 전공이 무용이 될 가능성이 있으나, 내가 전지 업무를 선택하면서 engineering sales를 하는 목표로 하였고 또한 전자공학의 공부가 현업에서 제품이나 기술을 이해하고 고객을 leading 하는 데 도움이 되었기에, 다행히 허비되지 않고 강점으로 부활이 되었다고 생각을 한다.

기록은 자세히 기억은 나지 않지만, 부자들을 조사한 바에 의하면 부자 중에서 80% 이상이 50대가 넘어서 부자가 되었다고 한다. 이 말은 부자들 대부분이 유산으로 물려받아서 부자가 된 것이 아니라 자수성가나 본인들의 노력으로 부자가 되었다는 이야기이다. 지금에 와서 나의 경험으로 생각해 보면 지극히 당연한 이야기처럼 들린다. 직장 생활이든 경제생활이든 큰 소득은 본인이 그 업에 상당한 시간과 노력을 쏟아서 전문가가 되고 나서 생기는 것 같다. 물론 이것은 다분히 생산적인 경제활동에 대한 것이다.

나 역시 뒤돌아보면 30대에는 집을 마련하려고 소득 대부분을 사용하였으며, 40대가 되어서 조금씩 소위 말하는 재테크라는 것을 시작하게 되었다. 사람마다 재테크의 수단이 다를 수 있는데, 나의 경우에는 주식을 30대 중반에 잠깐 하였는데 주가의 등락이 수시로 일어남에 따라서 온통 신경이 쓰여서 일에 집중할 수가 없었다. 이에 주식을 포기하였으며 그 이후에 주식에 다시 투자를 시작한 것은 50대 중반이 되어서 LG에너지솔루션의 상장에 따른 우리 사주에 대한 것이었다. 그 이후에 주가가 낮은 것으로 판단이 되어서 삼성전자와 LG화학을 몇 달 하다가 처분하고는 더 이상 신경을 쓰고 있지는 않았다. 대신에 재테크로는 오피스텔을 15년 전에 구매하였는데, 내 재운으로 보건대 이러한 부동산의 실물 투자가 맞는 것으로 보인다.

그리고 50대 중반이 넘어서면서 경제적인 안정이 더 이루어지게 되었다. 이것은 대기업 임원의 경제적인 수입에서 오는 것뿐만 아니라 전지 분야에서 만들어진 전문가의 network가 여러 가지 기회를 제공하여 주는 것 같다. 그러면서 느끼게 되는 것은 돈을 좇는 것이 아니라 본인의 강점이나 전문가의 역량을 좇아가는 것이 맞는 것 같다는 것이다.

물론 복권 같은 일확천금에 대한 기대가 전혀 없는 것은 아니며, 그래서 미국 출장길에는 일 년에 서너 번 Mega Million을 한 장씩, 물론 한 번에 꼭 한 장씩만 구매하고 있다. 그리고 젊어서는 이 복권에 당첨이 되면 바로 은퇴하여 편하게 살겠다는 생각을 하였지만 지금에 와서는 복권에 당첨되어도 연금으로 받으면서 살아있는 날까지 일을 하겠다고 생각을 하고 있다.

살면서 물론 이러한 행운을 갖게 되는 사람들도 있다. 나의 영어 선생님은 Canada 분인데, 이분의 어머니가 별로 왕래가 없는 고모로부터 백몇십 만 불 이상의 유산을 10여 년 전에 갑자기 받았다고 한다. 이 고모 부부는 그야말로 평생 열심히 일하면서 재산을 불려 왔지만 물려줄 자식이 없어서 갑자기 행운이 오게 되었으며, 어머니는 이러한 행운에 대한 준비가 없이 갑자기 큰돈을 받게 되어서 은행에 넣고 gap 투자를 은행의 권고로 시작하였다고 한다.

그리고 그동안 꿈꾸었던 집의 remodeling을 수십만 불을 주고 하면서 좋은 시절을 보내다가, 금융위기가 오면서 그 gap 투자가 주식의 폭락으로 문제가 되어서 결국에는 손해를 보게 되었고, 결과적으로는 그 돈을 받지 않았을 때보다도 경제적으로 더 못한 생활을 하게 되었다고 한다. 결국은 행운도 준비가 되어 있지 않으면 오히려 불행으로 바뀌게 되는 것 같다.

이러한 면에서 거꾸로 위기가 기회가 되는 것이며, 힘든 시절을 겪고 지나가면서 오히려 전화위복의 기회가 되기도 하는 것 같다. 이순신 장군이 명량해전을 앞두고 '죽고자 하면 살 것이요, 살고자 하면 죽을 것이다'라는 말씀을 하신 것과 같이, 내가 평온하고 만사가 잘 풀리면 오히려 그때가 위기가 아닌가 하고 급히 자기를 돌아보아야 할 때이며, 위기의 순간에는 나의 모든 역량을 최대한 활용하여 살아갈 길을 모색하게 된다면 오히려 전화위복의 기회나 구사일생의 행운을 얻게 된다고 생각한다.

그리고 본인의 모든 자원을 다 쏟아서 활로를 찾게 되겠지만, 이때 도움이 되는 것이 본인이 가지고 있는 전문가의 역량이다. 새로운 사업을 하겠다고 무리하게 움직이지 말고, 자기가 가장 잘하는 것, 가장 잘 아는 것에 집중하면서, 위기의 순간에 사소한 것처럼 보이는 아주 작은 실마리를 찾아내어서 본인의 전문가 역량과 결부하여 승부를 내야 한다.

조선 시대의 거상 임상옥의 이야기에서도 나오는데, 스님에게서 위기 시 열어보라고 하면서 본인이 맞이하는 3번의 인생 위기에 대한 해법을 받게 되는데, 그중의 하나가 만사가 잘되고 있을 때 위기가 찾아온다는 이야기가 있다. 물론 인간으로 행복하고 편안하게 평생을 살고 싶은 욕망은 누구에게나 있다고 생각한다.

그런데 어쩌면 신은 인간이 그렇게 살게 놔두지를 않던지, 아니면 그러한 시대에는 본인이 스스로 문제를 만드는 것이 인간이 아닌가 싶다. 살아보니 행복이 목적이 아니라 행복은 과정이며, 의미를 찾되 의미에 연연하지 않고, 인간으로 미약함을 인지하고 평생 부족함을 메꾸고, 그리고 주위의 부족함을 메꾸어 주면서 살아가는 것이 인생이 아닐까 싶다.

4) 변화에 순응

우리나라는 연공서열이 있어서 이에 따른 연장자나 상사에 대한 대접이나 관례가 있다. 예를 들면 육군 사관학교나 검사의 경우 기수라는 게 있어서 아래 기수가 조직의 장이 되면 그 위의 기수들은 자연히 옷을 벗는 관례가 있었다.

물론 지금도 꼭 그렇게 해야 할 필요는 없다고 생각하지만, 아직도 그렇게 하는 사람들이 관례로 또는 체면상 그런 것 같다. 기업체에서도 예전에는 아랫사람이 승진하면 한편으로는 불만이 있었다. 또 다른 한편으로는 체면이 상해서 대부분 그만두었는데, 지금은 나이와 관계없이 승진이나 발탁이 되고 또한 최근에는 젊은 세대들의 패기나 신기술과 연관이 된 전문가들 외부 영입도 많아져서, 나이 어린 상사를 모시고 일을 해야 하는 경우가 많아졌다. 그렇지만 나이에 구애받는 것이 우리나라를 오랫동안 지배하였던 유교 문화의 하나로 장유유서에서 비롯된 것이 아닌가 싶다.

장유유서는 유교에서 지켜야 할 삼강오륜의 하나인데, 삼강이라고 하는 것은 군위신강, 부위자강, 부위부강으로, 임금은 신하의, 아버지는 자식의, 남편은 아내의 벼리가 되어야 한다는 말인데, 벼리는 고기 잡는 그물의 위쪽에 망을 묶은 굵은 줄로 이것을 잡아당기면 그물이 전체 따라오므로 근본이나 근간이라는 의미라고 한다.

그리고 오륜이라고 하는 것은, 부자유친(부모와 자식 사이에는 친함), 군신유의(왕과 신하 사이에는 의로움), 부부유별(부부 사이에는 구별), 장유유서(어른과 아이 사이에는 순서), 붕우

유신(친구 사이에는 믿음이 있어야 한다) 다섯 가지로, 오늘날에 들어도 모두 맞는 말이라고 생각이 든다. 장유유서로 어른이 먼저 식사를 시작하거나 우선순위를 가진다는 뜻인데, 이 말은 원래 맹자에 있는 것으로 맹자가 친구와 사귀는 방법에 대해서 질문을 받았을 때, "나이를 끼워 넣지 말고, 귀함을 끼워 넣지 말고, 형제를 끼워 넣지 말고 사귀어라. 그 사람의 덕을 벗으로 하는 것이니 그사이에 끼어 있는 것이 있어서는 안 된다."라고 답을 하였다고 한다. 따라서 어른을 공경하는 것은 맞으나 배움에는 나이를 떠나서 평등한 위치에서 장점을 배우라고 말하였으니, 어떻게 보면 후대 사람들이 원래의 취지에 벗어나서 기득권자의 특권을 유지하기 위한 수단으로 삼강이나 오륜이니 하는 것을 활용한 것은 아닌가 싶다.

그리고 그러한 편견을 나도 가지고 있었던 것인데, 나보다 나이 어린 상사를 모시게 됨에 따라서 내가 그만두어야 하는 것은 아닌가 하는 생각을 하게 되었다. 소형전지에서 일할 때 나이 어린 사업부장이 취임하자 개인적으로는 곤혹스럽다는 생각이 들었다. 하지만 그분은 적어도 나보다는 임원 선임이지 않느냐며 나를 위로하면서 맞추어서 일하자는 마음을 먹었다.

실제로 적극적인 소통과 업무로 상호 신뢰가 생기면서 성과도 창출하게 되었다. 그런데 ESS 사업부로 이동을 하면서 몇 달이 지나고 정기 인사 시즌도 아닌데 갑자기 사업부장이 경질이 되면서 나이 어린 임원 동기가 부임하게 되었다. 이에 매우 곤혹스러워서 그만두어야 하는 것이 아닌가 하는 생각이 들어서 고민하다가, 인사 담당에게 전화해서 나보고 그만두라는 말이냐고 항변도 하였다.

어쨌든 마음을 바꾸어 먹기로 하고 그분이 카톡방을 만들어 사업부 임원들에게 취임 인사를 하는데, 아무도 답변을 하지 않을 때 내가 먼저 다가가 인사 답변을 하면서 적극적으로 하겠다는 의지를 피력하고, 또한 그대로 실행을 하면서 역시 상호 신뢰를 쌓으면서 업무를 할 수 있었다.

불과 몇 년 전의 일이지만 후배 팀장을 모시고 팀원으로 일을 하는 선임 부장들이 점차로 늘어나고 있었던 추세였으므로, 지금에 와서 생각하면 나이에 구애를 받고 일을 한다는 것이 다분히 구시대적인 관습이 되고 있다. 내가 내 생각에 벗어나지 못하여서 그러한 생각의 한계를 가지고 있었던 것인데, 이런저런 문화의 변화 그리고 기술의 변화 또는 이로 인한 환경의 변화가 지속되고 있다. 그리고 이러한 변화에 순응하는 것은 당연히 해야 할 것이나, 장기적으로 생존하기 위해서는 변화를 미리 감지하고 미리 준비하는 것이 좋을 것으로 여긴다.

10년이면 강산도 변한다는 속담과 유사한 상전벽해라는 중국 진나라 때의 어원을 가지고 있는 뽕나무밭이 바다가 되었다는 말이 있다. 시간이 지나면서 강산도 바뀐다는 것인데 이 속담이 생기고 난 이후에도 수십 세기 동안에 실제로 10년 만에 강산이 변할 일은 별로 없었을 것 같다. 하지만 현대화되면서 우리는

10년 만에 강산, 거리가 실제로 변하는 것을 목격하고 있는 것이다.

New York 거리에서 마차가 거리를 덮고 있었던 시절에 정말로 만 10년 후의 사진을 보면 마차는 한 대도 없고 전부 자동차로 바뀌었으니, 10년의 기간 안에 정말로 많은 변화가 올 수 있는 것이다. 불교에서는 제행무상이라는 말이 있는데 만물은 동일한 모습을 유지하지 않는다는 것이다. 그런데 인류가 지난 수십 세기 동안 보아온 변화보다 앞으로 100년간의 변화가 더 클진대, 어제와 동일한 모습을 내가 하고 있다면 나는 그 하루만큼 도태하고 있다고 생각하면 너무 과장된 표현일까?

업무에서도 현장에서도 이러한 변화가 지속되고 있으므로, 이러한 변화에 뒤처지지 않도록 지속 노력하여야 한다. 변화에 대한 순응이라고 하는 것이 수동적으로 변화를 받아들이라는 말은 아니다. 그 변화를 적극적으로 수용하고, 그리고 그것이 자기 것이 되도록 하여야 한다는 것이다.

예를 들어 LG가 원통형 전지를 지난 22년간 생산을 해오고 있으니, 두 번의 강산이 변했다고 해도 되겠다. 물론 우리가 22년 전에 생산했던 cell은 정말 오래전에 단종이 되었다. 이렇게 표현하면 좀 무미건조하게 느껴질지 모르지만, 22년 전의 생산 line과 현재의 생산 line은 완전히 다르다. 더 정확히 표현하자면 10년 전의 생산 line과 지금의 생산 line도 완전히 다르다. 물론 설비뿐만 아니라 제조 공정이나 QC 공정도 많이 바뀌었다.

따라서 생산팀의 engineer라고 한다면 생산 설비나 공정이 바뀔 때마다 공부해야만 하는 것인데, 여기서 역량 있는 engineer라고 하면 바뀐 생산 설비에 대하여 배우는 것이 아니라, 향후의 개선된 생산 설비를 다른 관련된 팀들과 같이 설계하고 제조하는 데 참여를 하여서, 그 변화에 적극적으로 동참을 하는 것이다. 이것이 변화에 순응하는 것이다.

변화에 순응하는 것이 생산 현장에서만 필요한 것은 아니다. 영업 현장이나 관리 현장에서도 역시 필요한 일이다. 이에 나는 영업관리팀을 두고서 영업의 process를 개선하고 단순화하고 자동화를 지속해서 추진하였다. 물론 조직원들은 변화를 좋아하지 않는다. 그래서 나는 영업관리팀장에게 강조해 왔다. '너무 혁신을 앞서가다가 조광조가 되지 말라'고.

조광조는 조선 중기의 유능한 정치가로 제도 개혁 및 정치 혁신을 앞장서다가 기존세력의 역풍으로 몰락을 하였다. 전쟁터에서 죽은 군인은 필요가 없듯이 혁신하다가 무너지면 오히려 역행하게 되어 더 큰 손실이 발생할 수 있으므로, 효율적으로 또한 효과적으로 혁신을 만들어나가야 한다. 그리고 그러한 과정에서 너무 고정관념이나 R&R에 속박을 받지 말고 내외부 구성원들과 협업, 때로는 타협을 하면서 성과를 만들어야 한다.

5) 미래에 대한 고민

어제 우리가 한 일 때문에 오늘의 우리가 있는 것이며, 지금

하는 일들이 내일을 펼쳐준다. 그렇다면 내일에 오늘과 다른 삶에 대해서 꿈을 꾼다면 오늘 무엇인가 어제와는 다른 일을 해야 한다. 그런데 사람들 대부분은 어제 한 일을 오늘도 계속하는 것이다. 예전에는 농부가 할아버지도 아버지도 본인도 몇 세대에 걸쳐서 똑같이 쟁기로 농사를 지어 왔으며, 그리고 자식도 동일하게 소를 사용하여서 쟁기로 농사를 지을 것으로 알기에, 어제 하던 일을 오늘도 계속하면 되는 것이다.

그런데 지금은 변화가 가속화되고 있으니, 어제는 쟁기로 농사를 지었는데 오늘은 트랙터로 농사를 짓는 것이고, 그리고 내일은 어쩌면 로봇으로 농사를 짓게 될지 모른다. 따라서 미래에 대해서 끊임없이 고민하지 않으면 안 되고, 미래에 대한 고민이 예전에는 남들보다 조금 더 잘살 수 있는 차별화가 되었다면, 앞으로는 생존의 문제로 확대가 될 것이다.

나는 가끔 미래에 대해서 예측을 하고 준비를 하여오고 있는데, 2000년대에 들어와서 두 가지를 예측하였다. 첫 번째로는 북한과의 관계에 급격한 진전이 있을 수 있다고 생각했다. 그에 대한 이유는 세계의 독재 정권들도 무너지고, 그리고 개방화도 되는 등 여러 가지 변화가 지속화되므로, 북한도 그렇게 폐쇄적으로 지속할 수는 없다고 보았기 때문이다.

그리고 북한과의 관계가 급진전할 때 개인적으로 수혜를 보기 위하여 여러 가지 방법을 생각하다가 휴전선 부근에 땅을 매입하기로 하였는데, 이는 한국인으로 부동산에 대한 특히 땅에 대한 욕심도 있었고, 그리고 휴전선 부근의 땅은 상대적으로 매우 저렴할 것이기에 적은 비용으로 넓은 땅을 사서 오랫동안 묵힌다는 생각이었다.

이렇게 하여서 작은 비용으로 강원도 화천군에 산 두 개를 구매하였는데, 그 땅에 관심이 있었던 이유는 그보다 조금 남쪽에 있는 땅들은 이미 가격이 상당히 올라서 경제적 여력이 되지 않았기 때문이다. 또한 그 산에는 계곡이 있어서 물이 흘러내리고 있기에 향후에 물은 좋은 자원이 될 것이라는 기대도 있었다. 물론 우리나라 대통령이 처음으로 북한을 방문하는 등 급격한 화해 모드로 돌아가면서 내 예측은 맞았으나, 맹지인 산은 가격이 15년이 지나도록 오르지가 않아서 투자의 면에서는 실패한 셈이다.

하지만 남북관계는 여전히 큰 변수로 앞으로 한국인의 삶에 엄청난 파고를 일으킬 수 있다고 생각을 한다. 나는 개인적으로 북한과 전쟁이 발발할 것으로 생각을 하지는 않는데, 북한 정권의 갑작스러운 변동이 발생하였을 때 이의 타파를 위해 국부적으로는 강화도 포격 사건이나 그 이상의 문제가 일어나지 않는다는 보장은 없다고 생각한다. 그리고 궁극적으로 인간은 경제적 동물이기 때문에 경제적인 필요로 인하여 42년 만에 쿠바의 봄이 왔듯이, 어떤 형태로든 변화는 지속될 것으로 본다. 그리고 그 과정에서 우리나라가 가장 많은 영향을 받을 것이므로, 어떤 형태로든 거시적인 관점에서 관심을 가지고 개인으로서 가능한 선택안이 있다면 준비하는 것도 방법이라고 본다.

또 다른 예측은 일본이 다시 부흥할 것으로 판단을 하였다. 이는 일본이 잃어버린 20년을 보냈지만, 이는 기본적으로 경제 시스템의 문제인 것이지 기술에 대해서는 여전히 세계 정상이기에, 언젠가는 금융 문제에서 벗어나 경쟁력을 회복하고 다시 세계 정상이 될 것으로 생각하였기 때문이다. 그리고 이를 준비하기 위하여 대학교 때 배웠던 일본어를 다시 공부하기로 하였는데, 기가 막히게도 예측이 들어 먹히면서 2000년대 중반에 일본은 다시 경제 강국으로 부상하기 시작하였고, 지금도 세계 강국으로 여전히 자리를 굳건히 하고 있다. 하지만 나는 일본어를 중도에 포기하였고, 또한 일본의 부활을 나와 특별히 연결시킬 만한 고리를 찾지 못하고 끝나고 만 것이다.

일본의 잃어버린 20년은 아이러니하게도 경제 호황이 끝나면서 발생하였으니, 경기의 사이클은 누구나 예측하는 바이지만 이런 호황 이후에 급 나락으로 떨어질지 어느 누가 쉽게 예측을 할 수 있었을까? 1980년대 중반에 일본은 평균 주가가 3배 이상 오르고, 그리고 대도시의 부동산이 4배까지 급등하는 등 엄청난 돈의 흐름이 있었다. 이에 일본 대장성이 대출 규제에 들어갔고, 또한 플라자 합의에서 저달러를 유도하기로 하여 갑자기 엔화의 가치가 240엔에서 140엔으로 거의 두 배가 급등하게 되었고, 이로 인하여 수출 경쟁력을 급격히 상실하게 되었다. 어떻게 보면 우리나라는 이로 인하여 수출 경쟁력을 얻어서 경제 성장을 하였지만, 일본은 그 뒤로 20년 이상을 혼란과 불황으로 시달렸지만, 지금은 극복해가고 있다고 본다.

어떤 면에서는 1980년대 일본이 경제 강국으로 부상하면서 Hollywood 영화사도 인수하는 등 급팽창을 하면서 미국에 제동이 걸린 것이 아닌가 개인적으로 추측을 하며, 이에 현재 진행되고 있는 미·중 갈등에 대해서 결과적으로 어떻게 될까 궁금하기도 하다. 왜냐하면, 역사는 반복된다는 말이 있듯이 유사한 사건들이 지속하여 발생할 것이며, 이로 인하여 우리도 영향을 받게 될 것이기 때문이다.

몇 년 전에 미국의 트럼프 대통령이 싱가포르에서 북한의 김정은과의 회담이 결렬되었을 때, 나는 북한 정권에 갑작스러운 변동이 향후 짧게는 5년내 길게는 20년내 발생할 것으로 예측을 하였고, 이에 대한 대응을 위하여 달러 투자가 필요하다고 계획을 세웠으며, 일부분은 실행은 하였으나 계획만큼은 하지 못하였다. 그리고 이에 대한 예측은 아직도 동일하게 가지고 있으므로 앞으로 어떻게 펼쳐질지는 두고 볼 일이다.

직장인들 대부분은 하루하루 열심히 일하면서 산다. 물론 요즘은 워라밸이라고 하여서 직장을 벗어나서는 업무에 더 이상 구애를 받지 않으려는 사람도 많이 늘었다. 그런데 맞고 틀리고의 문제는 아니고, 각각의 삶에 대해서는 그에 따른 결과가 수반이 된다고 생각한다. 수학 공부를 하고서 영어 점수가 잘 나오기를 기대한다고 하면 사람들 대부분은 말도 안 되는 것이라고 동의할 것이다. 그런데 실제로 우리는 그렇게 살고 있는 것은 아닌지 돌아볼 일이다.

워라밸은 삶과 일의 균형이라는 말인데, 원래는 직장 생활의 질이라는 개념으로 1970년대 미국 자동차 노동자에서부터 시작하였다고 한다. 그리고 2000년대에 우리나라도 일과 삶의 균형이 사회적으로 주목을 받기 시작하였으며, 어떻게 보면 2018년 근로시간을 주 52시간으로 단계적 제한을 하는 것이 입법화가 되면서 큰 틀의 제도적인 면에서 정립이 되었다고 보인다. 그런데 이것이 직장인들에게 긍정적인 측면만 있다고 보기는 힘들 것 같다. 왜냐하면, 직장인들 대부분은 회사에서 성장하기를 꿈꾸는 것이며, 삼각형 구조의 조직에서 남들과 똑같이 일해서는 사다리 위로 올라가기 힘들기 때문이다. 공부를 남들과 동일하게 해서는 높은 등수를 받을 수 없다는 것은 누구나 인정하거나 경험한 일이 아닐까 생각한다. 그렇다면 일도 마찬가지가 아닐까 생각을 한다.

워라밸의 개념이 미국에서 생겼다고 미국 직장인은 9 to 5로 일을 한다고 생각하는 사람들이 많이 있는데, 실제로 그렇게 일하는 사람들은 공장의 작업자들뿐이다. 미국에서는 많은 기업의 일반 사무직 직원들이 점심시간도 없이 일하는 경우가 많으며, 우리처럼 점심을 구내식당이나 밖에서 먹지 않고 포장해온 샌드위치를 자리에서 먹거나 먹으면서 일을 하는 경우도 매우 많다. 내가 미국 N사와 업무를 했을 때도 마찬가지로, 일하는 것이 지독하다고 말할 정도였다.

우리는 통상적으로 '먹고살자고 하는 일인데'라고 말하면서 먼저 식사를 하고 일을 하자는 식으로 말하는 반면, 그 회사는 '일하기 위해서 먹는다.'라고 말할 정도로 일에 미치지 않았나 하는 생각이 들 정도이다. 심지어는 휴가지에서도 일하는 것은 다반사인지라, 가족과 휴가지 호텔에서 아내가 자고 있어서 불을 끄고 어두운 방에서 일하다가 만든 spelling 오타도 본 적이 있는 것이다.

미국이라는 나라의 사무직이 그렇게 일하고 있는데, 우리가 주어진 시간에만 일해서 세계적인 경쟁력이 나올까 의문시된다. 물론 주 52시간 근무를 반대하는 것이 전혀 아니다. 원인에 대해서는 결과가 있으니, 주 52시간 남들과 동일하게 근무를 하였다면 그에 해당하는 보상만 기대하면 된다는 것이다. 결과적으로 더 공부하여서 더 좋은 점수를 받은 친구들을 시기하거나 질시해서는 안 되며, 우리는 누구나 더 노력해서 만든 좋은 결과에 대해서는 인정을 하고 존중을 해주어야 한다.

사람의 능력이나 경험은 모두 다를진대, 시간이라는 측정 기준으로 투입한 자원에 대해서 개인별로 차이가 나는 역량을 추가하여 결과를 만들어 가는데, 다른 결과에 대해서도 받아들여야 한다. 차이가 나는 역량을 보완하기 위하여서는 개인이 자발적으로 더 많은 시간을 투입하여야 하며, 또한 개인의 자발적인 성장을 위해 더 많은 시간을 투입하기를 희망한다면 이를 제약하는 것은 궁극적으로 개인의 성장을 저해하는 것은 아닌지 우려가 된다.

5여 년 전에 직원 하나가, "임원들은 회사에 뼈를 묻어야 하는 것 같다"라는 말을 해서 같이 듣고 웃었는데, 실제로 그만큼 강도가 높게 일을 하여야 가능한 자리라는 의미일 것이다. 그리고 그 이야기를 계열사 사장님과 저녁을 먹는 자리에서 전달하였을 때 그분은, "뼈를 묻고 싶어도 회사에서 받아주지 않는다"라고 말해서 같은 자리의 임원들이 웃었던 기억이 있다. 회사에서는 아무리 열심히 일해도 평생 일하게 두지는 않는다는 말이었을 게다.

대기업 직원이 임원으로 승진할 가능성이 1% 미만이라고 하며 어떤 회사는 0.1%라고도 말을 하고, 또한 LG 그룹의 임원 평균 근무 연수가 3.5년이나 4년 미만이라는 말이 있으므로, 오랫동안 일을 한다고 하여도 50대 중반 이후에 대기업에 남아 있기가 쉽지는 않다. 더불어 지금은 젊은 세대의 약진이니 30대 임원이니 하는 말들을 듣게 되니, 이러한 추세는 앞으로도 계속되지 않을까 생각한다.

직장인의 평균수명은 임원뿐만 아니라 직원들도 역시 짧아지고 있는 것으로 보인다. 2021년 조사에 의하면 대한민국 직장인이 오래 일한 회사의 평균 근속연수가 15년 2개월로 10년 전보다는 4년 7개월이 짧아졌다고 하는데, 일자리를 그만둔 주요 요인으로 가장 큰 것이 사업 부진이나 휴폐업이 33%를 차지하고 있으니, 대기업이 하는 것이 아닌 사업의 경우에는 실제 사업을

10년 유지하기 힘들다는 이야기가 된다.

그러니 한 직장에서 본인이 원하여도 평생을 일하기가 힘든데, 오늘만 열심히 산다고 문제가 해결되는 것이 아니고, 미래에 대해서 생각하고 살아야 하는 것이다. 그렇기에 더더욱 지방대 출신들에게는 대기업에 입사하여 가급적 오랫동안 회사에서 일하기를 권하는 것이다.

LG는 제도적으로 임원이 부하직원을 육성으로 면담하게 되어있어서, 정확하게 기억은 하지 못하지만 직원의 약 3분의 1에 대해서는 의무적으로 하여야 하며, 나는 직원들의 career 계발과 성장에 관하여 관심이 더 많았기에 훨씬 더 많은 직원과 면담을 진행하였다. 그런데 많은 경우에는 그때 뿐이다. 직원들과 면담한 기록을 노트에 가지고 있어서 지난번 논의한 내용을 보면서 하는데, 많은 사람이 지난번과 비슷한 이야기를 한다. 즉, 자기 계발을 한다고 하면서 예전과 동일하게 이야기하고, 그리고 이제부터라도 해야겠다고 말을 하는 것이다.

실제로 육성 면담을 의무적으로 하는 것은 물론 성장에 대한 지원도 있지만, 그것보다는 본인의 미래에 대해서 한번 고민해 보는 계기를 마련해 준다고 보면 될 것 같다. 어쩌면 내가 변화를 가져올 자극을 주지 못했거나 아니면 코칭 능력이 부족하여서 그런지는 모르겠으나, 이런 것을 보면 안타깝게 느껴진다. 반면에 오히려 신입 사원들이 본인의 미래에 대해 더 관심을 가지고 고민을 하는 경우도 보게 된다. 어쩌면 년차가 있는 사원들은 어찌 되었든 기득권에 안정적인 생활에 젖어있을 수 있으나, 그 험난한 고시 같은 대기업 입사 전쟁을 치른 신입 사원의 경우 본인의 눈으로 본 현실은 다르게 보이기 때문에 그럴 수도 있지 않을까 생각한다.

최근에 공장 생산팀에서 근무하고 있는 1년 차 신입 사원을 상담하고 조언을 해준 경우가 있었다. 지인을 통해서 전지 생산팀에서 일을 시작한 동생이 진로에 대해서 고민이 있다고 하여서, 요즘 신입의 고민이 어떤 것인지 들어 볼 겸 시작하였는데, 다행히도 나의 조언을 본인 진로에 맞는다고 생각을 하면서 받아들였다. 그 친구가 상담하면서 내가 쓴 책, "이차전지 성장 이야기와 대기업 오래 다니기"를 읽고 소감을 아래와 같이 적어 보내왔다.

안녕하십니까? 상무님, 윤OO 사원입니다.
저번 주에 상무님과 진로 상담을 마치고 주말에 집에 가보니 누나가 상무님의 책을 직접 주문해 저의 책상에 올려두었습니다. 상무님께서 저번 주, 제가 상담 후 느낀 점과 앞으로 어떻게 실천해 나아갈지에 대해 궁금해하신다고 하여, 책을 읽고 느낀 점과 앞으로 제가 실천할 내용을 담아 메일을 쓰게 되었습니다.
지난주 상담에서 상무님께서 맛집과 일반 음식점의 차이는 재료와 레시피가 아니라, 생각의 차이라고 말씀하셨습니다. 그 말씀은 책에도 녹아 있었습니다. 사람마다 동일하게 24시간을 살아가는

데 어떠한 자세로 시간을 활용하는지가 중요하다고 말씀하셨고 이 말에 크게 공감하였습니다. 회사 생활을 하다 보면 같은 회사에서 일하지만, 누군가는 능동적으로 시간을 보내고, 누군가는 그저 해야만 하는 일만 하며 수동적으로 시간을 보내기만 하는 것 같다고 느꼈습니다. 능동적인 사람과 수동적인 사람의 격차는 지금은 미미하겠지만 10년, 20년 후에는 그 차이가 크게 벌어진다고 생각합니다. 그래서 앞으로 회사 생활하며 적극적으로 일을 찾아서 하고, 선배님들이 시키신 일을 하면서도 그 안에서 배울 수 있는 점을 생각하며 모든 것을 흡수하고 싶습니다.

상담 전에 누나에게 상무님께서 OO공장에 있으면 시야가 좁아질 수 있다고 조언해 주셨다고 전해 들었습니다. 처음에는 와닿지 않았지만, 책을 읽고 나니 그 뜻을 이해할 수 있었습니다. OO팀에서 일하며 셀 하나하나, 설비 유닛 하나하나에 집중하다 보면 큰 그림을 보지 못할 수 있다는 생각을 했습니다. 기술영업에서 상무님께서 하신 일들을 보며 회사의 미래를 좌지우지할 수 있는 영업 직무가 큰 매력이 있다는 것을 느꼈습니다. 지금 속해 있는 OO팀에서 회사의 주력 제품 셀을 생산하는 것도 매우 중요한 일이고 개인적으로 재밌다고 생각하지만, 좀 더 큰 줄기를 볼 수 있는 영업팀이 굉장히 매력적이라고 생각했습니다. 상무님께 지난번에 말씀드렸던 것처럼 우선은 OO팀에서 제 역할을 다하며 최대한 많이 배우고, 빠르게는 2년 혹은 그 후에 영업팀에서 일할 수 있도록 노력해야겠다고 다짐했습니다.

제가 나아갈 방향을 생각하니, 필요한 역량들이 가시화되었습니다. 우선 잠시 손 놓고 있던 어학 능력을 더 갈고 닦아야겠습니다. 저에게 낭비되고 있는 통근버스에서의 시간을 좀 더 활용해야 하고 집에서 쉬는 것도 좋지만 좀 더 자기 발전에 힘쓰도록 노력해야겠습니다. 또한, 상무님께서 강조하신 일정표를 기록해 두는 일은 이미 실천하고 있습니다. 바쁜 경우에는 일일이 제 일정을 입력하지는 못하지만 그래도 당일에 한 주요 업무들을 적어놓고, 시간이 지난 뒤 참고할 수 있게 하고 있습니다. 그리고 오랜 기간 힘든 회사 생활을 버티게 해줄 체력을 기르기 위해 더 자주 운동하도록 노력할 것입니다. 체력이 버텨주지 못한다면 아무리 큰 능력을 지녔다 한들 그 능력을 발휘할 수 없을 것입니다.

10년, 20년 후에 더 높은 자리에 있을 저 자신을 상상하니 지금보다 더 많은 노력이 필요하겠다고 생각했습니다. 상무님께서 괜찮으시면 앞으로 회사 생활을 해 나아가면서 또 진로에 대한 고민이 들 때 연락드리고 싶습니다.

감사합니다.

윤OO 사원도 요즘 세대의 신입 사원이 하는 고민을 하는 것 같은데, 조금 더 미래를 보면서 고민하는 것 같았다. 어렵게 대기업에 입사하였고, 그것도 지금 한창 떠오르고 있는 전지 산업으로 들어왔는데도, 막상 회사에 들어와서 보면 본인이 생각하는 것과는 여전히 차이가 있어서 고민이 생기는 것이다. 그래도 세계적인 대기업이라고 하면 조직적이고 체계적으로 업무가 진행되고, 또한 이런 과정에서 생산 현장의 품질도 수준급으로 쉽게 판단이 되어야 하나, 실제적으로는 많은 혼란이 있고 이렇게 하여도 되는가 싶은 의문이 들기 시작하는 것이다.

이와 유사하게 우리나라 대기업 은행에 종사하는 계장도 비슷한 말을 하였는데, 이렇게도 회사가 돌아가는구나 하고 말하였다. 외부에서 보는 것과 내부의 현실은 많은 차이가 나는 것이며, 자동차 품질의 대명사인 도요타의 경우도 내부에서는 품질에 문제가 많다고 조직 간에 심하게 싸우지만, 어쨌든 이런 과정을 통해서 출하된 제품은 소비자로부터는 품질을 인정받고 있다는 것이다. 이러한 고민으로 인하여 그 신입 사원은 MBA를 가야 하는 것이 맞지 않을까 고민을 시작하였고, 나는 그것이 좋은 방법은 아니라고 조언을 하였다.

미국 MBA는 10년 20년 전에는 매우 선망되는 과정이었고, 특히 이공계 졸업생의 미국 MBA는 성공에 대한 보증처럼 보일 때가 있었다. 하지만 지금은 이러한 것이 빛바랜 것도 있지만, 내가 기본적으로 반대하였던 것은 대학을 졸업하고 바로 MBA를 가는 것은 그냥 공부하는 것뿐이고, 실제 경력에는 그다지 도움이 되지 않는다는 것이다. MBA는 경영자를 준비하는 과정이라고 보면, 그 사원은 Y대 공대 출신이므로 회사에서는 engineer 출신이 경영층에 더 많이 있는 관계로, engineer job을 practice 하라고 조언을 해주었다.

물론 생산팀에서도 배울 것은 많이 있을 것이나, 공학도의 경우에는 기술이라는 label을 붙이는 것이 더 도움이 될 터이니 적어도 5년은 기술팀 업무를 수행할 것을 권하였다. 그리고 내 책을 보고 해외 영업이 매력적으로 느낄 수는 있겠지만, 그것은 전지사업 초기부터 수행했던 업무인지라 지금은 차츰 scope이 줄어들었고, 또한 career plan을 계획할 때 한 시점만 보지 말고 장기적으로 본인이 사업부장이니 CEO를 꿈꾼다면, 해외 영업 업무는 정착지가 아니라 걸쳐가는 길로 생각하라고 조언을 하였었다.

내가 이렇게 조언을 하는 것을 옆에서 다른 사람이 듣고, 본인 동생이 OO그룹에 입사하였는데 진로에 대해서 고민하고 있다고 상담을 요청하여 왔다. 이 친구는 한양대 공대를 졸업하여서 취직하려고 다방면으로 노력하였는데, 학점이 이렇게 중요하게 작용하게 된다는 것을 예전에는 미처 몰랐다고 한다. 여러 군데 지원서를 제출하였고 OO그룹에서 채용 과정을 신속하게 진행하면서 얼떨결에 일단 입사를 하게 되었는데, 입사하면서 본사보다는 현장에서 근무하는 것이 낫다고 공장 근무를 지원하였다고 한다.

그런데 같이 입사 지원서를 제출하였던 LG 그룹에서 면접 통보를 받으면서 고민이 생긴 것이다. 이에 나는 LG 그룹에 면접하는 것을 조언하면서 만약에 합격을 하면 이동하라고 권하였다. 이는 내가 LG에서 근무하였기 때문이 아니라 면접을 치르는 산업이 본인의 전공과도 더 맞고 또한 더 첨단 산업으로 간주가 되기 때문이었다.

직업을 선택할 때 두 가지 측면에서 보아야 하는데, 하나는 어느 산업이냐 하는 각도이고 또 하나는 어느 직능이냐 하는 것이다. 현재 근무하는 회사는 사양산업으로 간주가 되므로 정체가 되거나 적어도 성장을 하지 않는 산업이며, 공장에서 설비하면서 공학도로서 배울 것은 있을지라도 그것마저도 생산의 label 인지 아니면 기술이라는 label을 경력에 붙일 수 있는지 보라고 했었다. 회사 내에서는 어떤 업무를 하는지 서로 이해를 하고 또한 설명을 할 수 있겠지만, 현재의 회사를 떠나게 되면 이력서에는 어느 부서나 팀에서 업무를 하였느냐가 경력에 명기가 되므로, engineering job을 명백히 수행하는 부서가 아니라면 engineer로서의 practice를 제대로 하였다고 평가를 받기가 힘들기 때문이다.

이런 유사한 이유로 같이 일을 하였던 영업관리팀장이 구매로 이동하는 것에 대해서 적극적으로 찬성하고 진로에 대해서 조언을 하였다. 어디 부문이나 관리팀이 있어서 직능에 따라서 영향력이 더 클 수도 있고 때로는 보조 업무를 하는 예도 있지만, 영업 관리라고 하는 것은 외부에서 보기에는 영업도 아니고 그렇다고 제대로 관리 업무를 한다고 인정되지 않는다.

이렇기에 나는 영업관리팀을 구성하면서 업무혁신에 Robot Process 도입 등 최신의 기법들을 배우고 leading 하게 하면서,

사업가의 마인드로 영업을 leading 하도록 유도하였었다. 하지만 그 팀장의 경우는 이제는 승부를 걸어야 할 나이의 한계에 다다르고 있었던 것인데, 본인이 원래 구매에서 능력을 발휘하고 인정을 받았던 것이고, 또한 구매 업무는 어느 회사에서나 중요하게 간주가 되므로 구매 기능으로 이동하여서 모호한 관리의 label을 떨쳐버리는 것에 적극적으로 찬성을 하였다. 내부의 시각과 외부의 평가는 다르므로 외부적인 관점에서도 본인의 직능이나 업무 label을 평가해야 할 것이며, 또한 현재 업무 또는 바로 하고 싶은 업무 각도에서만 보지 말고 본인이 2~30년 후에 하고 싶은 일이나 자리, 그리고 대기업에서 은퇴하고 나서 어떤 일을 하고 싶은지까지 보면서 미래에 대해서 고민하고 career path를 결정해야 한다.

열심히 일하는 사람들에게 왜 그렇게 하느냐고 물어보면, 많은 사람이 열심히 일하고 모아서 편안한 은퇴 생활을 하기 위해서라고 말한다. 얼핏 보기에는 꼭 죽기 위해서 사는 것처럼 보인다. 인간은 생로병사를 벗어날 수 없기에 언젠가는 모두 죽게 되지만, 그렇다고 죽기 위해서 산다고 할 수는 없지 않을까 싶다. 더도 덜도 아닌 살아있는 존재의 자체로서 의미를 부여하면 되지 않을까 생각을 하며, 미래에 대해서도 편안한 은퇴를 위해 30년 일을 한다고 생각하기보다는 살아있는 동안에 어떤 것이 하고 싶은지, 그리고 얼마나 오랫동안 일을 하는 것으로 계획을 세울 것인지 고민을 해보는 것이 맞을 것 같다.

기술과 과학이 발달하면서 변화는 끊임없이 지속이 되고 이러한 과정에서 사람의 수명도 늘어나는데, 이 늘어나는 수명은 사람이 꼭 희망하는 형태가 아닐 수가 있는 것이다. 그리고 몇십년 일해온 사람들이 일을 그만둔 이후에 너무나 쉽게 또는 너무나 많이 노쇠해지는 경우를 자주 본다. 따라서 갑작스럽게 일을 손에서 떼는 것보다는 차츰 떼는 것이 갑작스러운 신체의 약화도 방지할 방법의 하나라고 생각을 한다.

지금은 미래에 대해서 다단계의 계획을 수립하여야 한다고 본다. 예전에는 30년 일을 하고 은퇴하여서 2~30년 살다가 편안히 죽으면 행복하다고 생각이 되었지만, 이제는 대기업에서 30년 일을 하고 제2단계는 어떤 일을 하고, 그리고 제3단계에 이어서 죽기 전에는 어떻게 생활을 하고, 또한 어떤 상태에서 죽음을 맞이할 것인지까지 생각해 봄이 좋지 않을까 싶다. 젊을 때나 체력이 있을 때는 아무도 벽에 O을 바르면서까지 살고 싶어 하지는 않겠지만, 막상 그 상황에 다다르면 본인의 생각이나 마음도 달라질 것이기 때문이다.

5

가정의 균형

가정의 균형

워라밸은 직장 생활의 질이라는 개념에서 시작하여 지금은 삶과 일의 균형이라는 의미로, 일만큼이나 개인의 생활도 중요하므로 이제는 직장을 위해서 희생을 하면 안 된다는 생각을 심어 주게 되었다. 그런데 나는 예전부터 회사를 위해서 일하지 말고 자기를 위해서 일하라고 강조해 왔다. 부모는 애들에게 공부를 시키면서 '공부해서 남 주느냐, 너 좋자고 하라는 것이다.'라고 거듭 강조하지만, 아이들은 이성적으로 이해할 듯하지만, 감정적으로는 느끼지 못하고 있다.

유사한 이야기로 담배가 정신적으로 안정을 가져다줄 수는 있겠지만, 몸에는 나쁘다고 전부 동의한다고 생각한다. 그리고 그렇게 알면서도 계속 피우는데, 실제로 아파서 고생해 본다든지 아니면 주위에서 충격적인 사건을 겪거나 본인이 담배로 망가진 끔찍한 사진을 보고 나서야 겨우 끊는 경우가 생긴다. 그리고 담배를 끊으면서 건강은 회복되기 시작하는데, 공부의 경우는 이미 타이밍을 놓쳐서 깨달았을 때는 늦는 경우가 많다.

일에 대한 의미도 마찬가지이지 않을까 생각한다. 사람이 한

순간은 또는 일정 시간 동안은 희생할 수 있겠지만, 평생을 희생하면서 살 수는 없기 때문이다. 때로는 봉사도 사회를 위해서가 아니라 본인의 만족을 위해서 하고, 심지어는 사랑도 자기를 위해서 하는데, 업무를 회사를 위해서 회사 다닐 동안 평생을 한다는 것은 결국 후회만 남기에 되는 것이다. 이 말은 회사 업무를 열심히 하지 말라는 것은 절대 아니다.

 자기 사업을 하는 경우가 아니라면 직장은 인생길에서 어느 일정 기간에 걸쳐서 일어나는 것이지만, 가족은 그전에도 그리고 그 후에도 본인과 같이 남아 있기에 어느 하나에 치우치지 말라는 것이고, 또한 업무를 수행함으로써 회사에 이익이 되어야 하지만 동시에 본인의 성장에도 도움이 되어야 하는 것이다. 일방적인 사랑이 되었든 일방적인 희생되었든 절대 평생 지속되지는 않기 때문이다.

 일과 삶의 균형이라고 하는 것은 절대 일하는 시간만큼 가정에도 동일한 시간을 할애하라는 말이 아니다. 둘 다 중요하므로 하나를 위해서 다른 하나를 희생하지 말라는 이야기이며, 우선순위에서 때로는 가정이 더 소중하고 때로는 일이 더 소중하니 그때 상황에 맞게 현명하게 판단을 하여서 둘 다 놓치지 말고 잘하라는 이야기이다. 인간에게 육체와 마음이 있듯이 업무는 육체와 같이 가정의 경제적 안정을 가져다주는 것이며, 가정은 마음과 같이 심리적인 안정을 가져다주는 것이다. 그래서 수신제가 치국평천하라고 하였다.

5. 가정의 균형 189

수신제가는 사서삼경 중의 하나인 대학에서 나오는 말로, 먼저 몸과 마음을 닦아 수양하고 집안을 안정시킨 이후에 나라를 다스리고 천하를 평정한다는 의미인데, 모름지기 천하 대계에 뜻이 있는 인물은 먼저 본인이 수양하고 집안을 편안하게 한다는 말이다. 그런데 천하까지 갈 필요도 없이 사람은 자기 마음이 불편하면 다른 사람과 대화를 하더라도 어긋나게 되고, 그리고 집안 사람과 이야기할 때도 쉽게 짜증을 내고, 이에 가족들도 눈치를 보게 된다.

직장에서도 가끔 보게 되는 것은, 집에서 상사가 싸우고 오는 경우 회사에서도 아랫사람들에게 별다른 문제가 아닌데도 평소보다 더 화를 내거나 질책을 하는 경우가 많이 있다. 아랫사람들은 항상 상사의 눈치나 얼굴의 표정을 보고 있는 것이며, 보고라도 할 때면 먼저 상사의 기분을 check 하는 것이 다반사이다. 그러니 집에서 불화가 있으면 회사에서 평정심을 유지하기가 매우 어려우므로, 집안이 편안해야 업무에도 집중할 수가 있는 것이다. 일을 더 오랫동안 하라는 의미는 아니고, 부모에게 야단을 맞고 책상 앞에 앉은 아이가 시간이 아무리 주어져도 공부에 집중하지 못하듯이, 짧은 시간이라도 효과적으로 업무를 수행하기 위해서는 집중을 방해하는 요소가 없어야 한다. 가정과 회사가 별개가 아니라 서로 연결이 되었다는 의미이다.

1) 대물림하지 마라

몇 년 전에 LG 그룹에서 회장이 새로 취임을 하시면서 업의 본질이 화두가 된 적이 있는데, 나는 업은 유산으로 과거로부터 물려받은 것으로 뒷세대가 선택하여서 물려받을 수는 없지만, 일단 받은 이후에는 나름대로 잘 가꾸어서 선택하여 물려줄 수 있다고 생각하였다. 나를 보나 여러분을 보거나 태어난 환경을 바꿀 수는 없으며, 본인이 자라고 성장하면서 후손들에게는 더 나은 환경을 물려줄 수 있다고 생각하며, 나쁜 것에 대해서는 그대로 물려주지 않고 좋은 것으로 개선하여 물려주어야 한다고 생각한다.

그런데 이것은 말은 쉽지만, 실제는 대단히 어렵다. 인간은 환경의 지배를 쉽게 받기 때문에 맹모삼천처럼 스스로 다른 환경으로 뛰어들기 전에 본인이 그 환경을 바꾸기가 쉽지 않은 것이다. 맹자의 어머니가 맹자가 공부에 집중하기를 바랐던 것인데, 의지가 뛰어난 사람이라면 공동묘지에서 살든 장터에서 살든 상관하지 않고 본인이 해야 할 공부에 집중하면 되는 것이다. 맹자마저도 이를 하지 못하고 결국은 서당 옆으로 이사를 해야 했던 것이니, 환경의 지배를 벗어나 환경을 지배한다는 것은 엄청난 노력과 강인한 의지가 있어야 가능할 것이다.

부자들이 자식들에게 경제적인 부를 물려주는데, 이를 가지고 자녀들은 어린 나이에서부터 훨씬 쉬운 출발을 하는 것이다. 그런데 돈만 물려주는 것이 아니다. 유전적인 질환도 물려주는 것이고, 재산과 더불어 교육도 물려주는 것이며, 그리고 성격이나 태도도 물려서 내려간다. 지방대를 다니거나 나온 여러분은 집안을 먼저 잘 돌아보면 알아채게 될 것으로 생각한다.

　당신의 부모는 조부모에게서 무엇을 물려받았고, 어떻게 다른 삶을 살고 있는지, 그리고 당신은 부모로부터 어떤 것을 물려받았고 어떻게 다르게 살고 있는지. 아마도 크게 다른 것이 없이 대동소이하게 그저 그렇게 평범하게 살면서 별달리 물려받은 재산도 그리 많지 않고, 그리고 공부도 그저 그렇게 한 것은 아닌지. 그렇다면 당신은 자식에게 똑같은 것을 물려주고 싶은지. 오늘 당신이 무엇인가를 인지하고 바꾸지 않는다면, 당신 후손이 바뀔 무엇이 있을 것 같은지.

　나는 할아버지에 대한 기억은 없으며 할머니는 중학교 시절쯤 돌아가신 것 같은데 나를 예뻐했던 것 외에는 특별히 생각나는 추억은 없다. 그리고 내 부모는 학교 공부를 제대로 하지 못하였지만 우리 형제들은 그래도 학교는 나와서 자리를 잡았다고 생각이 든다. 그런 면에서는 교육이 대물림되지 않고 아버지 대에서 개선이 된 것이다.

　그리고 내 부모는 그것을 바꾸기 위하여 정말 피나는 노력을 했던 것이고, 결국은 육체적 노동으로 대물림을 하는 고리를 끊은 것이다. 물론 맏형은 일찍 태어난 죄로 인하여 그러한 혜택을 누리지 못하였던 것이며, 그것으로 인하여 마음의 상처가 평생 남아 있다. 그리고 그분 역시 그 고리를 끊기 위하여 자식은 3수를 시켜서 의대에 보내셨다. 그리고 그 과정이 결코 쉽지는 않았다. 본인의 판단으로 여성은 안정적인 직업을 갖기 위해서 의대가 좋다고 판단을 한 것인데, 사춘기 딸아이가 절대 고분고분하지도 않았지만 한 번도 아니고 두 번, 세 번까지 대입시험 준비를 강요하면서 만들었던 것이다. 그 많은 싸움을 끝내고 나서 졸업하여 의사가 되었을 때는 조카는 그렇게 만들어준 아빠에게 감사한 마음을 가지게 된 것이다.

내가 부모보다는 더 나은 교육을 받은 것이지만, 지방대라는 핸디캡을 벗어나기는 힘들었던 것이고 그리고 그러한 핸디캡은 살면서 나중에 느끼게 된 것이다. 그래도 전남대라고 하면 나름대로 잘하는 것이라는 일말의 자부심도 있었다.

대우전자 본사에서 근무를 시작하면서 서울 명문대의 벽을 그때야 느끼게 되었다. 그리고 아내도 좋은 대학에 대한 필요성을 잘 알고 있는지라 큰아이를 내 맏형보다도 더 혹독한 고난을 겪으면서 미국 명문대에 취학을 시켰으니 이로 인하여 지방대의 대물림은 끊었다고 생각하며, 둘째 아이에 대해서 동일한 노력을 해가는 중이다. 그런데 교육 환경이 대물림되기 쉬운 축에 있기는 하지만, 이것만은 아니다. 지금은 인간에 대한 DNA도 많이 파악되어 질환도 대물림되는 것을 알 수 있는 것이다.

우리나라 어느 대기업 회장 가문은 남자의 수명이 짧은데, 경제적으로 풍요로우니 몸에 좋다는 모든 것을 먹지 않았을까마는 결국은 몇 대에 걸쳐서 단명의 고리를 끊지 못하였다. 그리고 주위에서 아는 분들을 보면 가족들이 동일한 질병으로 고생하는 것을 보았다. 우리는 부모 양쪽의 DNA를 받게 되므로 형제간에도 차이가 날 수가 있으며, 선친이나 맏이가 겪은 병이나 질환을 본다면 뒷세대는 그 고리를 끊고 바꿀 기회가 있을 것이다.

안젤리나 졸리가 유방암을 예방하고자 최고의 여배우로서 명성을 가지고 있는 젊은 나이였음에도 불구하고 두 가슴을 절제한 것은 잘 알려져 있다. 졸리의 어머니가 56세의 젊은 나이에 난소암 투병하다가 돌아가시고, 이모 등 많은 친척이 유방암으로 고생하였고 본인이 받은 진단에 의하면 유방암에 걸릴 확률이 87%라고 하여서 과감하게 절제를 하였는데, 수술 후에 유방암에 걸릴 확률이 5%로 낮아졌다고 하니 확률을 꼭 믿을 바는 아니겠지만, 지금의 의학 기술로는 이러한 유전적 질병의 대물림도 끊을 수 있지 않을까 하는 생각을 했다.

우리가 조금만 더 깨어있고, 그리고 조금만 더 생각한다면, 내가 물려받은 유산은 무엇이고 그리고 물려줄 유산은 무엇인지 미리 생각할 수 있다고 본다. 재산만을 의미하는 것이 아니라, 내가 부모부터 어떤 재능과 어떤 성격과 어떤 체질을 물려받았고, 그리고 이 중에서 대물림 없이 내 대에서 끊어야 할 나쁜 유산은 어떤 것인지 보고 이를 없애기 위하여 세밀한 계획을 세우고 실행을 하여야 한다. 이렇게 하기 위해서는 매우 철저한 자기 인식과 현실에 대한 자각이 있어야 한다. 예를 들어서 부친이 담배를 심하게 피운다거나 술을 많이 마신다면 이러한 성향까지 쉽게 대물림한다.

　나의 경우 선친이 담배를 심하게 피우셨고 술도 많이 드셨다. 나 역시 이러한 자각이 전혀 없었고 주위 환경에 따라서 살았기에 담배를 피우려고 시도했지만 영 맞지 않아서 포기한 셈이다. 조금 피우기는 하였는데 몸에 별로 맞지 않았으니 유전적으로 대물림된 것은 아닌 것 같고, 그리고 담배를 피우면 기억력이 나빠진다고 알고 있었기에 공부를 해야 한다는 나 스스로 의지가 있었기에 주변의 환경에도 불구하고 극복이 된 것으로 보인다.

　이에 반하여 술은 오랫동안 정말 많이 마셨고 또한 실수도 많이 하였는데, 중년의 나이에 들어서야 어느 정도 스스로 절제를 하게 되었고, 다행히도 내 자식들은 내가 술을 마시는 것을 싫어해서인지 큰아이는 성인인데도 불구하고 예전의 나처럼 술을 마시지 않으니, 자연스럽게 나 역시 마지막에 대물림을 끊었고, 그리고 자식에게 넘어간 것 같지도 않다.

　이에 반하여 나의 부모는 많이 배우지는 못하였어도 머리는 총명하셨던 것 같다. 그리고 그의 덕을 보아서 나 역시 머리는 어느 정도 있는 편이었고, 내 자식들 역시 소위 말하는 공부 머리는 있는 것으로 보이는데, 이것은 내가 가진 경제적인 능력으로 자식들에게 더 많은 교육의 기회를 줌으로써 강점으로 강화가 되었다고 보인다. 즉, 물려주어야 할 유산이 더 큰 장점으로 뒷세대로 전달이 된 것이다.

　대물림을 고민할 것은 이것뿐만은 아닐 것이다. 1979년 미국의 한 신문에 태어나자마자 각자 다른 가정으로 입양이 된 쌍둥이가 40년 만에 만났다는 기사를 읽고, 토마스 부샤드라는 심리학자가 두 쌍둥이의 유사성과 차이점을 조사하였다. 사람의 성격이나 습관은 다분히 자란 환경에 영향을 받을 것으로 생각하였다.

두 사람은 습관적으로 손톱을 물어 뜯었고 취미는 목공이었고 농구를 싫어하는 등 공통점이 발견되었고, 이에 흥미를 느끼고 다른 쌍둥이도 추가로 조사를 한 부샤드는 성격이나 습관 등이 유전적 영향을 강하게 받는다는 것을 밝혀냈다고 한다. 물론 이것이 전부 맞는다고 생각은 하지 않지만 어느 정도는 맞는다고 믿으며, 이에 우리가 우리 세대에서 좋은 습관과 성격을 형성하여서 후대에 물려주어야 한다고 생각한다.

우리가 현재의 모습으로 살아가는 것은 부모에게 물려받은 재산과 교육뿐만 아니라 성격이나 습관도 포함된 것인데, 우리가 더 나은 모습으로 살아가고, 그리고 자식이 더 행복한 삶을 영위하기를 희망한다면 잘못된 고리는 지금 끊어야 한다. 심지어는 우울증이나 심한 경우는 자살까지도 유전적으로 영향을 받는다. 그런데 죽고 사는 이러한 유전을 대물림하지 않으려면, 죽을 만큼의 노력이 필요하다고 생각한다.

그런데 우리는 이러한 대물림을 하지 않기 위하여 잘못된 전쟁을 하는 경우가 많다. 부모와 같은 인생을 살지 말라고 강요하면서 자식이 하기 싫어하는 일이나 공부를 억지로 시키기도 하고, 말을 듣지 않으면 부모를 무시한다고 또는 잘못된 길을 가고 있다고 비난한다. 부모는 맞는 것처럼 보이며 자식을 위하는 길이라고 또는 배우자를 위해서 그렇다고 말을 하지만, 진정 그것이 자식이나 배우자를 위한 길인지는 현명하게 판단하여야 한다. 왜냐하면, 지금까지 부모가 살았던 길은 앞으로 자식이 살아갈 길과는 다를 수 있으며, 배우자의 생각이 맞을 수도 있기 때문이다.

물론 지금까지 대부분 부모의 경험이나 생각이 맞았던 경우가 많으며, 나의 큰형만 보더라도 딸이 싫어하는데도 억지로 강압적으로 3수를 해가면서 의대를 보냈는데, 그로 인하여 딸과의 관계가 그 당시에 매우 나빠졌다. 그렇지만 그것은 30년 전의 일이었고, 의사가 되고 난 이후에는 그 딸은 좋은 직업으로 잘 살아가기에 아빠에게 감사하게 생각을 하여서 다행이라고 생각을 하며, 또한 그렇게라도 따라준 딸도 착해서 그렇다는 생각이 든다.

그렇지만 지금의 세대에서 똑같이 그러한 이유로 의대를 강요한다면 그것이 맞는 방향이라고 어느 누가 장담을 할 것인가? 부모로서 부족했던 인생을 자식이 되풀이하지 않기 위하여 부단한 노력을 하여야 하는 것은 맞으나, 그러나 일방적으로 부모가 구체적으로 직업까지 정하여 강요하는 것은 이제는 더 이상 맞지 않을 가능성 클 것 같다.

또한, 이제는 서로 살아가는 방식이나 생각하는 방식이 다르더라도 open mind로 수용하여야 한다고 보며, 가족 관계에 있어서 가장이 맞는다고 본위적으로 생각할 일은 아닌 것 같다. 30년 전에는 결혼하면 아내를 길들여야 한다는 말이 있었다. 내가 아는 한 분은 신혼 초에 저녁을 먹지 않고 집에 늦게 들어갔다. 당연히 아내가 식사도 하지 않고 남편을 기다리는 것으로 만들어야 한다고 서로 싸우고 있었다. 그리고 최근에 후배 중의 한 명은 아내가 틀렸다면서 말싸움하며 그것을 증명하려고 노력을 기울이고 있다는 이야기를 들었다.

그래서 내가 "이겨서 뭐 하려고 하느냐?"라고 물었다. 그 싸움에서 이기면 어떻고 지면 어떠냐는 말이다. 그런데 나도 30여 년 살아오면서 이기려고 많은 싸움을 하였었다. 우리는 지는 것을 자존심 상해하고 개인적인 패배로 받아들이는 경향이 있는 것이다. 그런데 상대가 맞는다고 여기면서 지는 척하여도 내가 경제적으로 배상을 해줄 것도 없으며 또한, 잘못될 것도 없다는 것이다. 단지 내가 자존심이 좀 상하거나 기분이 나쁜 것이 문제라면 문제이다.

하지만 가족에게 지는 것이 무슨 문제가 되랴? 우리는 생활 전선에서 또는 직장에서 수많은 사람에게 지기도 하고 또한 상사에게 많은 질책을 당하면서 자존심을 상하기도 하는데, 굳이 가족에게 별것도 아닌 것에 기를 쓰면서 이기려고 할 필요가 무엇이 있겠는가? 가족에게는 져도 괜찮다, 대수롭지 않은 것에 너무 조그마한 자존심을 내세울 필요가 없는 것이다. 그렇지 않으면 우리의 문제들이 우리가 모르는 사이에 또다시 대물림될 가능성이 큰 것이다.

2) 재산이 바탕이다

예전에는 학교 공부만으로 서울대에 합격하였다든지 또는 수석 합격했다는 이야기를 간혹 신문에서 읽었는데, 지금은 이런 기사가 잘 보이지 않으며 또한 나온들 사람들이 정말로 믿을까 의구심이 든다. 나는 지금도 초등학교 5학년 때인가 처음으로 참고서를 사서 아주 뿌듯하여 학교에서 오는 길에 둑에 앉아서 보았던 기억이 있다. 그때에도 시골 부자들은 저학년 때부터 참고서를 사서 공부를 했었다.

교과서야 국가에서 나누어 주는 것이라 누구나 가지고 있었고, 또 학기가 끝나면 학교에 반납했던 시절이지만, 참고서는 오로지 경제적 여유가 있던 친구들만 가지고 있던 전유물이라 부러워했던 시절이었다. 물론 교과서만 열심히 공부해도 좋은 점수를 받기는 했지만 1등은 하지 못했었고, 참고서로 공부했던 친구들이 그때에도 더 유리했었다.

대학 다니던 시절은 공무원이 5급까지 있었고 고시에 합격하면 3급이었다. 그리고 고시 공부를 한다고 많은 사람이 책을 싸들고 절로 들어가곤 하였다. 그 시절에는 책을 달달 외워서 시험을 보고 그렇게 해서 합격하고 소위 말하는 팔자를 고쳤는데, 지금 절에서 고시 공부를 하는 사람이 있을까 싶다.

물론 지금은 고시제도가 많이 바뀌었고, 그리고 이제는 law school이라는 것도 생겨서 기본적으로 돈이 없으면 갈 수 없는 시스템이지 않을까 싶다. 그리고 지금 학교만 다녀서 좋은 대학교에 가는 학생이 얼마나 있을까? 대부분 학생이 방과 후에 학원에 가고, 그리고 강남 학군이 유명한 것은 학교 때문이 아니라 결국은 주변의 유명한 학원과 선생님들 때문이지 않을까 싶다.

이제는 그나마 학원만 다녀서 좋은 학교에 갔다는 이야기도 듣기 힘든 시절에 이르렀다. 많은 학생이 개인 교습을 받고 있으며, 부자들은 알게 모르게 더 좋은 선생님을 모시려고 눈에 보이지 않는 전쟁을 하는 것이다. 그리고 엄마들 사이에는 이런 선생님들의 network가 힘이요, 자산인 것으로 친한 사람들에게도 잘 알려주지 않으니 보통의 사람들이 알기가 어렵다. 물론 공부는 학생들이 하는 것이지만 그것을 지원해 주는 것은 순전히 부모의 경제력인 것이다. 그리고 이제는 할아버지의 경제력이 손자 손녀에게 영향을 미치고 있다. 벌써 내 주변만 보더라도 할아버지가 손녀의 국제학교 비용을 전부 대주는 가정들이 있다. 그게 학교 비용뿐이겠는가, 당연히 학원 비용이니 과외 비용도 포함되어 있을 것이다. 이렇게 부자들의 재산은 자녀들에게 경제적인 기틀뿐만 아니라 교육까지 따라서 유산으로 전해진다.

미국 속담에 Money talks라는 말과 There is no free lunch라는 말이 있는데, 지금의 세상에서 돈을 빼고 우리가 생활하거나 말을 할 수 있는 것이 얼마나 있을까? Money talks는 인간의 행동이나 의사 결정에 돈이 얼마나 큰 영향력을 끼치는지 강조하는 말로 개념은 BC15세기에 언급이 되었다. 1500년대 에라스무스가 the talking power of money라고 말하고 지금은 Money talks로 일반적으로 사용하는데, 시간상으로 보면 인류가 처음으로 경제적인 개념을 적용하였을 때부터 시작한 것으로 보이니 인류의 역사와 돈의 역사는 궤를 같이한다고 보면 될 것 같다. 또한, 전쟁조차도 돈의 역사라고 하니, 인간의 모든 행위가 돈과 관련이 있다고 해도 과언은 아닐 것 같다.

There is no free lunch는 우리나라 말로 보면 세상에 공짜가 없다는 말인데, 이 문구는 1966년 로버트 하인레인 소설책에서 나왔다고 하는데, 처음 사용한 기원은 이보다는 전으로 보이지만 알려지지 않은 것 같다. 원래 미국 술집에서 손님을 유치하기 위하여 free lunch를 제공하였고, 손님들은 들어와서 있다가 술을 마시게 되었다고 한다. 결국 lunch가 공짜로 보이나 실제는 술값에 포함된다는 의미로, 공짜처럼 보이는 것도 나중에 그 값을 한다는 의미일 것이다. 이에 돈의 위력에 동의하지 않는 사람은 한 명도 없을 것으로 생각이 된다.

그런데 세상에 돈의 위력을 몰라서 아니면 돈이 필요하지 않아서 돈을 벌지 못하는 사람은 없을 것으로 믿는다. 누구나 돈을 벌고 싶어 하고 그것도 가능한 한 많이 벌고 싶어 한다. 문제는 어떻게 돈을 벌 수 있을지 알 수 없을 것이고, 재테크나 부자가 되는 방법에 대한 책만 하더라도 도서관 하나가 넘칠 것이다. 그리고 여기서 내가 재테크에 대해서 무슨 비밀을 말하려 하는 것이나 강의를 하려는 것은 아니다. 내가 강조하고 싶은 것은 돈의 필요성을 인지하고 바탕이 될 재산을 간절한 마음으로 만들어야 한다는 것이다.

적수공권이라는 말이 있다. 아무것도 가진 것이 없다는 말로 내가 사회생활을 시작하였을 때가 이런 상황이었다. 어쩌면 다행이라고 할 수 있었던 것은 '그래도 빚은 없었다'라고 해야 하지 않을까 생각한다. 물려받은 재산은 없었지만 그래도 지방대의 교육은 물려받았다. 그리고 가난이라는 것을 느끼고 있었기에 어떻게 해서든지 돈을 벌어야겠다는 생각이 머리에 가득 차 있었다.

그래서 친구가 금괴장사를 한다고 하여 따라다니거나, 외국인 회사의 연봉이 높다고 줄기차게 지원서를 제출하거나, 사업에 발을 딛을까 아니면 배울까 하는 생각에 가죽옷 공장을 하는 선배 회사를 기웃거리곤 하였다. 하지만 이 어떤 것도 도움이 되지 않았으며, 경제적으로 풀리기 시작한 것은 내가 잘하는 것과 맞물리면서이다.

경제적으로 힘든 부분은 어쩌면 환경으로 치부했던 것 같은데, 정말 간절히 돈이 필요하다고 느낀 것은 큰아들의 치료를 위해서였다. 자식 앞에 닥친 일이라 이것은 생과 사의 문제처럼 심각하게 다가오는 것이었고, 그래서 정말 눈물을 머금고 돈을 벌어야겠다고 마음을 먹게 되었는데, 그 마음 때문이었는지 그 이후에 시간이 가면서 차츰 경제적 바탕을 만들어 갈 수 있었다.

제일 먼저 생긴 것은 대우전자에서 Michigan MBA를 갈 때 만들어졌다. 회사에서 급여를 받으면서 미국 유학 생활비로 $20,000 정도를 받았던 것으로 기억난다. 이 중에서 이천 불 정도를 현금으로 바꾸어서 큰아이를 유치원에 보낼 수 있었다. 그리고 그 가져간 유학자금 중에서 또한 몇천 불을 아껴서 돌아와서 생활비에 보태었다. 그리고 LG로 경력 이동을 할 때 미국 MBA를 인정받아서 일시금으로 얼마를 받았던 기억이 있으며, 이어서 미국 주재원으로 나가면서 생활비에 여유가 생겼을 뿐만 아니라 전세금 받은 것으로 집을 하나 더 구매할 수 있었고, 이것이 나중에 두 집을 정리하면서 이촌동에 자리를 잡게 해주었다.

나의 습관이 오늘의 나를 만드는 데 많은 기여를 했다고 생각한다. 공부는 나의 강점이었으므로 비록 지방대를 나왔지만 지속적으로 공부하는 습관을 유지하였고, 이에 회사에서 보내주는 MBA라는 기회를 잡을 수 있었으며, 이 MBA가 나를 LG로 이동하도록 만들었고 또한 미국 주재원으로도 쉽게 갈 수 있는 기틀을 만들어 준 것이다. 결과적으로 보면 내가 잘하는 것에 계속 집중하면서 이러한 연결 고리가 끊어지지 않고 계속 다음 단계로 한 단계씩 상향이 되면서 밑바탕의 재산을 구축하게 된 것이다.

그러나 나는 주식을 하지 않았다. 2000년대 한창 주식 붐이 일어났을 때 나도 소액을 투자하여서 매일 주식 화면을 보고 있었다. LG 전지사업으로 이동한 지 얼마 되지 않았고 그렇다고 주식을 하여서 손해를 보는 것은 아니었고, 또한 그 당시는 근무 중에도 주식 화면을 볼 수도 있어서 문제 될 것은 없었으나, 내가 업무에 집중할 수가 없었다. 내 강점은 engineering sales로 영업을 잘하고 고객과도 소통을 잘하여야 하는데, 주식이 머릿속에서, 그리고 주가가 화면에서 오르락 내리락하게 됨에 따라서 업무의 효율성이 없었다.

이에 손해 본 것은 아니지만 주식을 바로 정리를 하고 그 이후부터는 주식을 손대지 않았다. 물론 지금은 상황이 다르므로 하고 말고의 문제는 아니라고 본다. 누구나 어느 시점에 강점인 부분과 필요한 부분이 있을 것이므로, 이를 고려하여 오래 유지될 강점은 정말 놓치지 않고 지속적으로 강화해야 한다고 보며, 자기를 upgrade 해야 한다고 생각한다.

기본적인 바탕이 되는 재력이 있어야 하지만, 경제적인 것이 전부가 아니라 그야말로 바탕일 뿐이다. 경제력이 배움을 시작하거나 건강을 챙기는 시작점이 될 수는 있지만, 종착역이 아니다. 즉 재산을 모으는 것이 인생의 목적은 아니라는 것이다.

흔히들 돈과 행복은 상관관계가 있다고 하며, 미국에서 연구한 심리학 자료에 의하면 그 당시 연 소득 7만 불까지는 경제력의 상승과 더불어 행복의 증가가 이루어지나, 그 이상에서는 상관이 없어진다고 한다. 물론 지금은 연구한 시점에서 시간도 많이 지나갔고 또한 인플레이션으로 돈의 가치도 떨어졌기에, 내가 살아본 경험으로 한국 기준으로 연간 실수입 2억까지는 만족감이 올라가는 것 같으며, 물론 그 이상 되어도 조금은 올라가는 것 같으나 수입 증가에 비하여 만족감의 증가는 상당히 낮아지는 것 같다.

여성들에게 있어서 행복은 강도가 아니라 빈도라는 말이 있다. 이 말에 동의가 된다. 어제 백만 원짜리 옷을 사주어도 오늘 십만 원에 대해서 complaint를 하는데, 남성들의 입장에서는 백만 원에서 십만 원을 빼면 구십만 원의 효용 가치가 있는 것이다. 하지만 여성들의 입장에서는 어제의 백만 원이나 오늘의 십만 원은 동일한 행복 강도를 가지고 있는 것이라는 것이다.

사업을 하거나 일을 하는 남자의 입장에서 뒤늦게 듣고 지금에야 이해하게 되었지만, 실제는 이해한다기보다는 여성의 심리가 그렇구나 하고 받아들이는 것뿐이다. 성별에 따라서 또는 나이에 따라서 인간이 느끼는 감정이나 가치가 다르게 되므로, 나만의 입장에서 바라보거나 고집할 것은 아닌 것으로 보인다.

바탕이 되는 재력은 본인이나 가정의 안정감이나 성장을 위해 필요한 것이므로, 집을 샀다고 또는 돈을 모았다고 거기서 끝나는 것이 아니라 그다음을 향해서 꾸준히 나아가야 한다. 인간의 성장은 경제력에서 끝나는 것이 아닌 만큼, 자신의 가치관과 인생에 대한 통찰력을 가지고 깨어있는 생각으로, 오늘보나 더 발전되거나 나아진 자신을 만들기 위해 매일매일 정진하여야 한다.

3) 한 단계 상향 선택

유유상종이라는 말이 있다. 비슷한 것끼리 서로 무리를 이룬다는 말로 어원은 중국 제나라 시절에 나온다고 한다. 선왕이 신하인 순우곤에게 여러 지방을 돌아다니면서 인재를 모아오라고 시켰다고 한다. 지방 순회 끝에 순우곤이 일곱 명의 인재를 데려오자 갑자기 너무 많은 인재가 옴에 놀란 왕이 묻자 순우곤이, "본시 같은 부류의 새가 무리 지어 사는 법입니다. 인재 또한 그것과 다르지 않아 자기들끼리 모이는 법입니다."라는 데서 시작하였다고 한다. 그런데 공교롭게도 영어에서도 동일한 표현이 있다, "Birds of a feather flock together". 재능 있는 사람끼리 서로 같이 있다가 인재로 뽑혀온 것인데, 마찬가지로 장사꾼 옆에는 장사꾼이 있고, 싸움하는 친구들과 같이 있으면 싸움에 말려들고 문제를 일으키게 되어 있다. 따라서 누구와 같이 있는지를 보면 그 사람의 됨됨이를 알 수가 있는 것이다.

끼리끼리 논다는 말이 있다. 과학적인 연구에 의하면 친한 친구일수록 두뇌 활동도 비슷하다고 한다. 미국 대학 공동 연구팀이 참가자에게 다양한 장르의 영상을 보여준 뒤에 뇌의 어느 부분에서 변화가 있는지 검사를 진행하였다. 그런데 친구 관계를 맺고 있는 사람들에게서 매우 비슷한 뇌파 반응이 나타났다고 한다. 친한 사이일수록 정서적 반응과 논리적 사고에 관여하는 뇌신경 패턴이 유사하게 반응한다는 것이며, 직접적인 관계가 없어도 친구의 친구도 직접 친구만큼은 아니어도 낯선 사람보다는 더 유사성을 보였다고 한다.

또한, 미국 의학 정보 사이트 웹앰디에 의하면 DNA가 누구와 어울릴지 결정하는 데 큰 역할을 담당한다는 사실이 밝혀졌다고 한다. 제임스 파울러 교수에 의하면 친구 사이에는 유전적으로 비슷한 점이 존재함을 알게 되었다고 했다. 1,900명이 넘는 사람을 선택하여 그들과 아무런 관계가 없는 같은 수의 사람들의 유전자를 비교하여서 얻은 결과라고 하는데, 친할수록 더 비슷해지기도 하고 또한 비슷한 사람들이 만나 친해지는 것 같다. 이것이 성격에 대한 것만 아니라 학력이나 배경 또는 경제적 여유에서도 동일하게 작용을 하는 것 같다.

반면에 이질적인 것을 좋아하는 사람들도 있다. 우리는 주변에 키가 큰 사람이 키가 아주 작은 사람과 결혼을 했거나, 잘생긴 사람이 못생긴 사람과 사귄다든지 하는 것을 가끔 보게 된다. 돌연변이라고 생각되지는 않으며, 본인이 잘생겨서 그것에 대해 매우 자부심이 강하고 이를 인식하고 있다면 모르겠지만, 잘생긴 사람 중에는 본인이 외모에 대한 콤플렉스가 없을 뿐만 아니라 이것에 대해서 특별히 장점이라고 여기지 않아서 별로 신경을 쓰지 않는 사람도 있다. 이에 따라서 상대의 외모가 뒤처지더라도 신경쓰지 않고 상대방이 가지고 있지 않은 장점을 발견하고 여기에 이끌리게 되는 경우이다.

영어 표현에도 Opposites attract라는 말이 있다. 일반적으로 유유상종이 맞으나 절대적으로 항상 맞는다고 볼 수는 없어 보인다. 예를 들어 유유상쟁이라는 말이 있는데 오히려 비슷한 사람끼리 더 경쟁한다는 말로, 앞에서 언급한 트럼프와 김정은의 만남에서 볼 때, 두 사람의 정상회담 2년 전에 미국의 한 패션잡지가 트럼프와 김정은이 비슷한 점이 많다는 분석을 발표한 적이 있다. 금수저 출신에 과대포장의 명수이며 또한 공격적 성향으로 닮은꼴 18가지를 제시하였는데, 이러한 유사한 성향으로 인하여 오히려 부딪히게 되었다고 보인다.

그리고 자동차 경주대회 포뮬러원(F1)에서 발생한 사고 데이터를 분석한 카이스트 이원재 교수팀의 연구에 의하면, 2014년까지 열린 730여 개의 경기에 출전한 500여 개의 충돌사고는 비슷한 경쟁 관계에 있는 선수의 충돌이 더 높았다고 한다. 서로 비슷하여 우위가 잘 구별이 안 되면 본인의 정체성 극복을 위하여 다른 사람에게는 져도 나와 비슷한 사람에게는 이기고자 하는 성향이 있다는 것이다. 이에 우리는 가장 가까운 친구 사이에서 이러한 질투심이나 승부욕을 느끼는 것을 이해할 만하다고 본다.

어쨌든 인간은 우리 주변의 사람들에게 긍정적이든 부정적이든 가장 많은 영향을 받는다. 이에 나의 부모는 싸움질하는 친구들과 가까이하지 말라고 하였다. 나 역시 자식들에게 공부 잘하는 친구들과 가까이 지내도록 유도를 해오고 있다. 옛날 말로 친구 따라 강남 간다고 하였다. 여기의 강남은 서울의 강남이 아니라 중국 양쯔강 이남의 강남을 의미하며, 제비가 강남으로 돌아간다고 할 때의 강남이라고 한다. 자기가 하고 싶지 않아도 친구를 따라서 혹은 남에게 끌려서 덩달아 하게 된다는 말로, 친구가 좋아서 무엇이든 함께 할 수도 있지만, 같이 어울리게 되면 주변의 압박으로 인하여 무리하게 일을 하다가 결국 망치기도 한다. 우리는 이러한 경우를 너무나 많이 보고 있으며, 이러한 예는 친구에게만 해당되는 것이 아니고 사이비 종교나 단체에서도 동일하게 일어나고 있다.

1978년 남아메리카 가이아나 타운에서 발생한 900명 이상의 신도 자살 사건이 발생하여 세계를 경악하게 만들었다. 1993년도 미국 텍사스의 다윗파 사교 집단에서도 86명의 신도가 사망했던 사건이 있었다. 사이비냐 아니냐를 떠나서 인간은 기본적으로 어느 조직에 한번 속박이 되면 이탈하기가 매우 힘든 것 같다. 인간은 사회적 동물이라고 하듯이 개인이 혼자 고립해서 살아갈 수는 없는 것이며, 이에 어느 조직인가에 속하여서 무엇인가를 하게 된다. 따라서 본인이 속한 조직이나 단체에 따라서 본인의 격이 달라지는 것이다.

인간은 사회적 동물이라고 아리스토텔레스가 처음 언급한 것처럼 보이는데, 인간이 개인적으로 하나의 인격으로 이 세상에 유일하게 존재를 하지만, 끊임없이 타인과의 관계 속에서 의미가 있고 실질적으로 존재를 하고 있다는 의미이다. 즉, 인간이 혼자 산에서 독립적으로 자급자족하면서 살고 있다고 하여도 이는 동물이 혼자 그렇게 사는 것과는 다르다는 의미이며, 동물은 자연계 일부인지라 한 마리 개체도 의미가 있겠지만, 혼자 사는 그 인간은 기본적으로 인간이라고 보기는 어렵다고 판단하는 것이다.

동물은 태어나서 혼자 걸어 다니고 먹지만 인간은 태어나서 어른이 되기 전까지 본인의 기본적인 욕구인 의식주도 해결할 수가 없는 것이다. 태어난 순간에 어느 가정에 속해 있으며, 그리고 자라나면서 집 근방이나 선택한 학교에 가는 것이고, 그리고 지속적으로 어느 조직이나 단체에 속해 있거나, 아니면 단체나 조직과의 사회적 관계가 있는 것이다. 본인이 이미 태어난 가정을 바꿀 수도 없으며, 그리고 본인이 다니는 학교도 바꿀 가능성이 별로 없으며, 더불어 회사 선택도 자기 의사로 결정한 듯 보이지만, 회사를 바꾸어 얼마나 많은 회사로 전직을 할 수 있을까?

미국 노동통계국이 2018년 베이비붐 세대들을 조사한 결과에 의하면 일생 12여 번 이직했는데, 18~24세는 5.7회 그리고 45~52세 사이에 1.9회 이직을 하였으니 나이가 들면서 이직 횟수가 줄어들었다는 의미로써, 통상적으로 이해가 되는 이야기이다. 우리나라 직장인들의 이직도 동일한 경향을 보인다. 잡코리아 조사에 의하면 2020년 경력 10년 차의 평균 이직 횟수가 4회로 5년 전보다 1회가 증가하였다고 한다.

학교를 바꾸는 것은 하지 않으면서 그렇게 직장은 자주 바꾸어도 좋은 것일까? 평생직장을 꿈꾸라는 말이 아니라, 선택하였으면 적어도 그 회사에서 얻을 수 있는 최대한의 것을 얻으라는 이야기이다. 그렇지 않으면 직장을 전전하면서 나중에는 갈 곳이 없어지므로, 본인의 역량이나 사회적 위치를 지속적으로 격상을 하라고 말하는 것이다.

 인생의 격은 어디에서부터 시작할까? 나는 태어날 때부터 시작한다고 생각한다. 나는 대기업 생활 34년을 하면서 공식적으로 국제선 business class를 탄 것은 8년뿐이다. 대부분 시간을 일반석 좌석에서 쪼그리고 자면서 지금은 고질적인 허리 병을 안고 살게 된 것인데, 그렇게 수많은 시간을 비행기를 타면서 앞에 앉아 있는 어린이 business class 승객을 보고 부러워하였다. 그 어린이는 태어날 때부터 사회적인 수준이 나와 달랐다.

 그리고 나는 수많은 시간을 몸으로 때우고, 힘들게 고생하면서 나중에 business class를 타는 수준에 이르렀다. 그 결과 mileage가 많아서 million miler가 되고 2백 5십만 마일이 되자 지금은 business class ticket을 가지고 first class로 자동 upgrade를 받기도 한다. 내가 business class를 타면서 실은 first class를 타는 사람들을 부러워하였는데, 나도 그 대접을 받으면서 굉장히 즐기게 된 것이다. 그리고 내가 일반석 장거리 비행의 고통을 아는지라 최근에 와서는 내 아이들을 business class에 태웠다. 물론 아내는 어렸을 때는 고생도 해보아야 한다며 많이 반대했다. 어쨌든 둘째는 태어날 때부터 국제선은 거의 business class를 타는 생활을 한 것이다.

어느 단계나 어느 생활에서나 이러한 격상을 위한 기회가 있다고 생각한다. 나의 첫 번째 격상은 KATUSA 시절에 만들어졌다. 물론 36년이 지난 이야기지만 시골에서 자라고 생활한 내가 처음으로 미국식 생활하면서 침대와 영화관 등 기존의 내가 하는 생활과는 다른 차원이었다. KATUSA 생활을 하면서 물론 영어를 사용할 기회를 많이 얻기도 하였다. 그리고 미국인과 같이 근무하는 경험과 이로 인하여 global business와 leadership에 대한 감각 그리고 체력 면에서 나를 격상하게 되었다. 체육이나 스포츠를 제일 싫어하였던 내가 이를 즐기는 경지까지 바꾸었으니 정말로 환골탈태가 되었다고 보아도 된다. 그리고 내가 군대를 KATUSA로 선택한 이유는 이왕 군대 가는 것, 시간을 낭비하지 말고 배우는 시간을 갖자는 것이었는데, 내가 원하는 목표를 달성하면서 격상을 하게 되었으니, 누구나 가는 군대 생활에서도 이러한 격상이 가능하다고 말하고 싶다.

내가 지방대 출신이라는 것을 바꿀 수는 없지만, 그래도 University of Michigan MBA를 졸업하면서 또 다른 격상을 만들었다고 생각한다. 이는 학력에 대한 것뿐만 아니라 실제 가족과 같이 생활을 하면서 어쩌면 미국 생활에 대한 운명적인 시작이었는지도 모른다. 뜻이 있는 곳에 길이 있다고 우리가 어떤 한 방향으로 가다 보면 그때는 보이지 않는 길이 계속 이어지는 것 같다. MBA에서 물론 영어 공부뿐만 아니라 presentation 연습, 그리고 미국 학생들과 club 활동, 그리고 다른 여러 사람의

networking 등 여러 가지 혜택들이 나를 격상하게 하였다.

MBA 이후에는 서울의 명문대 출신들과 경쟁하거나 co-work를 할 때도 학력을 의식하지 않고 내 소신대로 할 수 있는 발판을 만들었지 않았나 하는 생각이 든다. 그리고 내가 미국 MBA를 다녀올 수 있었던 것은 대우전자에서 받은 가장 큰 혜택 중의 하나였지 싶다. 따라서 어느 회사에 있던지 본인이 격상할 수 있는 최대한의 기회를 포착하고 이를 현실화시키라고 말하고 싶다.

또 다른 격상은 LG화학에서 미국 주재원으로 5년 3개월 근무하면서 만들어졌다고 생각한다. 미국 MBA를 다녀왔다고 그리고 미국 주재원을 다녀왔다고 모든 사람이 격상된다고 생각하지는 않는다. 이는 나에게 맞는 이야기이며 내가 가지고 있지 않은 것을 채우므로 격상이 되는 것이다. 우리가 오늘 여기에 있는 것은 어제 한 일 때문이며, 내일 어디에 있을지는 오늘 어떤 것을 하느냐에 따라 달라진다.

나는 어제는 한국에서 살았지만, 오늘은 미국에서 살면서 내일이 달라지게 만든 것이다. 물론 미국 주재원도 절대 쉬운 것은 아니었다. 왜냐하면, LG 화학 전지 주재원 1호로 처음에는 기존 다른 사업장이 있는 LA로 갔다가, N사 사업으로 인하여 San Jose로 이동하고 Motorola 사업을 재개하기 위하여 Chicago로 이동하였다. 이렇게 주재원으로 있으면서 두 번 크게 이동하는 것은 보기 드문 사례이다. 그 당시는 물론 고통스럽기는 하였지만, 그것을 긍정적으로 잘 감내하면서 결국은 더 나은 변화를 만들어 낸 것이다. 사업적으로도 당사의 미국 대표 사업가로서 현장에서 leading을 하였고, 그리고 사업뿐만 아니라 recall까지 포함하여 모두 현장에서 지휘하였으므로 많은 경험과 역량을 구축하도록 도움이 된 것이다.

그리고 이어서 LG화학 임원에 선임이 된 것이 사회적 신분에서도 격상이 된 것으로 생각이 된다. 단지 연봉이나 대접이 좋아졌다는 것을 떠나서 회사 내에서 그리고 사회적으로도 access가 되는 정보의 수준이 달라지고, 이로 인하여 내가 가지는 network가 달라지게 되는 것이다. 또 이런 network가 내가 퇴임을 하면서 제2의 또는 제3의 인생을 준비하는 초석이 되는 것이다. 따라서 대기업에서 근무하는 지방대 출신들에게 임원의 직위는 꼭 달아보기를 권한다.

학력이나 사회적 지위에서만 격상을 요청하는 것이 아니다. 개인의 역량에서도 격상하기를 권하고 싶다. 업무 면에서도 동일한 직군의 업무라고 하더라도 어제와 다른 새로운 역량이 함양되는지 주기적으로 되돌아볼 필요가 있다. 어제와 같은 역량으로 어제와 같은 업무를 오늘 하고 있다면, 내일은 그 자리가 다른 사람에 의해 대체될 수 있기 때문이다. 나는 평생 공부 또는 독서와 운동을 해오고 있으며, 몸의 근육만 하더라도 아직 퇴화하는 것이 아니라 다행히도 특정 부위를 열심히 하면 근육이 더 생긴다. 그리고 영어 공부도 지속적으로 하면서 때로 단어를 잊어버리기도 하지만 global 사업을 하면서 새로운 지식이나 insight를 가끔 추가로 얻기도 하니, 이러한 노력으로 역량이나 사업적 능력에서 나를 격상시키는 시도를 계속하고 있다. 그렇다고 자만심이 있는 것은 아니고 자신의 부족한 점을 인지하고 나를 낮추고자 한다.

인생에서 가장 받아들이기 힘든 것 중 하나가, '나는 보잘것없는 인간이다'라는 것이 아닐까 싶다. 내가 그렇게 수없이 되뇌던, '오늘이 LG에서 마지막 날일 수 있다, 내일이 이 세상에서 마지막 날일 수 있다'라면서 어떤 날들이 와도 마음 속으로 준비가 되게 만들려고 하였는데, 막상 퇴임하게 되니 처음에는 역시 힘든 시기를 보내게 되었다. 다행인 것이 짧은 시간에 감정을 추스르면서 시간을 허비하는 일이 없이 책 쓰는 것에 집중하고 있었다.

이것은 내가 재직시절에 지난 2년간 첫 번째 책을 저술하고 출간한 경험에 의한 것으로 보인다. 자비 출판이라 시간과 돈이 허비된 것이라고 생각이 들었지만 막상 퇴직하니 나의 전유물이나 특허품처럼 느껴지는 것이고, 그리고 이렇게 두 번째 책을 쓸 수 있는 발판을 만들어 주었으니 내가 다른 굴레로 들어가게 된 것이다.

격상이라고 하면 어떤 의미에서는 굴레를 바꾼다고 말할 수 있겠다. 내가 속한 무리에서 벗어나 다른 무리에 들어간 것이라고 봐야 할 것이기 때문이다. 내가 작가가 되겠다고 말하는 것이 아니라, 나는 물론 사업을 지속하고 싶은 마음이고 그럴 예정이지만, 책을 쓰는 것은 나에게 지금까지 보지 못한 사람들의 network를 만들어 주었으며, 그리고 나에게 다른 시각을 만들어 주기 때문이다.

지금까지는 내가 대기업이란 굴레 속에 있으면서 인생의 한 단면을 보아온 것인데, 책을 쓰고 출간하면서 출판이든 문인이든 다른 사람들의 삶을 접하게 되었으니, 전혀 다른 굴레에 들어가게 된 것이다. 꼭 육체적이나 조직적으로 가입을 해야 그 굴레에 들어가는 것은 아니며, 이렇게 간접적으로도 본인이 직접 어떤 활동을 하게 되면 다른 굴레가 open이 된다고 생각을 한다. 그리고 이것은 순전히 나 스스로 힘으로 새로운 굴레로 들어가게 만든 것이다.

인생에서 제일 먼저 맞이하는 굴레는 첫 직장의 선택이라고 생각한다. 물론 나처럼 KATUSA라고 하는 다른 굴레가 먼저 있을 수도 있고, 또한 당연히 대학교도 또 다른 굴레인 것이다. 그런데 집안 환경의 굴레가 대학교에 연결이 되고 그 대학교가 첫 직장의 굴레로 연결이 되는데, 그러한 연결에 큰 상관없이 굴레가 가장 크게 바뀔 수 있는 것이 바로 결혼이 아닐까 싶다. 나 역시 결혼으로 인하여 굴레가 많이 바뀌었다. 나는 대우전자라고 하는 회사의 굴레 속에서 집사람을 만나게 되었지만, 내가 LG를 선택하게 된 것은 순전히 집사람 눈치를 보게 되었기 때문이다.

만일 내가 혼자 살았다면 그 당시 이직을 할 때 개인적으로 선호한 외국인 반도체 회사의 국내 영업을 택하였을 것이며, 만일 그랬다면 아마도 지금의 위치에 오지 못했을 것으로 생각한다. 또한, 둘째 아들이 태어나면서 우리 가족의 인생도 완전히 달라졌으니, 결혼이 가장 큰 변곡점이 될 수 있다고 생각한다. 그리고 나도 그랬지만 대부분 젊은이가 이것을 깨닫지 못하고 선택이나 결정을 하는 것이다.

이직할 때도 격상할 수 있다고 본다. 현재 직장에서 새로운 직장으로 수평 이동을 하지 않고, 더 높은 직급이나 직책으로 이동 시 격을 한 단계 높일 수 있다고 본다. 그리고 미국에서 관리자들이 이렇게 이직을 많이 한다. 물론 직급이나 직책에서 수평 이동을 할 경우도 있겠지만, 이 경우에도 기존 회사보다 신규 회사가 사회적인 인지도나 value chain 상에서 upstream에 있다면 이 역시 본인의 격을 한 단계 상승시키는 효과가 있다고 본다.

또한, 대기업 은퇴 후에 중견기업으로 이동하는 예도 많은데, 이때 회사는 value chain 상에서 downstream으로 가거나 사회적 인지도가 떨어지는 수도 있겠지만, 본인의 역할이 기존 대비 더 확대된다면 또 다른 기회를 발굴할 수 있다고 본다. 나는 지금까지 단 한 번 이직하였고 내가 원하여서 이동한 것이 아니라 회사가 재정적 위기로 일할 수가 없어서 이직하게 되었지만, 동일한 해외 영업 기능을 수행하였어도 산업을 가전에서 이차전지로 이동하면서 나의 굴레를 바꾸었다고 생각한다.

옛날 말에 장모 보고 결혼을 한다고 하였다. 모든 것이 서로 연결이 되며 그 연결이 또한 후대에까지 물려가는 것이니, 그래서 과거와의 단절이 매우 힘들기에 대물림하지 말라고 하였다. 따라서 대물림을 생각하기 이전에 결정할 때에 현명하게 잘 생각하고, 그리고 항상 open mind로 주위의 의견을 받아들이고 생각해 보라고 권하고 싶다. 세상에는 절대 맞는 것도 절대 틀린 것도 아닌 경우가 대부분이니, 본인의 시야에 갇혀서 살지를 말고 눈을 뜨고 살면서, 그리고 자기를 격상하기 위한 노력을 배우자를 선택하는 순간에도 하기를 권한다.

4) 눈을 뜨고 살아라

'눈뜨고 코 베인다.'라는 말이 있다. 원래 어원은 다산 정약용 속담집에 눈 깜빡임을 빨리하지 않으면 코를 잃는다는 뜻으로 쓰였다고 한다. 지금은 모르면 눈을 뻔히 뜨고도 당한다는 말로 정신 차리고 살면서 세상 돌아가는 것을 잘 알아야 한다는 말일 게다. 그리고 우리는 실제로 눈을 뜨고 행동하고 있는 것이고, 그리고 세상이 워낙 복잡하고 또한 모르는 것도 많기에 의심도 많이 하면서 살아간다. 하지만 무의식 속에서 우리는 많은 것들을 눈 뜨고서도 놓치면서 살아가고 있다.

이촌동에서 거주한 지 5년이 넘었을 것 같다. 지난주에는 아파트단지 앞 길가 상점이 renovation을 하는지 천막을 치고 공사를 하고 있었다. 그런데 나는 지난 5년간 수도 없이 그 길을 지나다녔건만 거기에 무슨 매장이 있었는지 기억이 전혀 나지 않았다. 동부 이촌동은 도로 연결이 조금 특이하다. 끝에서 지하도로가 있기는 한데 막히는 구조라서 교통량이 많지가 않다. 또한, 외부 차량이 구조적으로 많이 들어오지 못하게 되어 있다. 따라서 외부 인원도 다른 동네보다는 상대적으로 적고 오래 사는 사람들이 많아서 가게 주인들도 손님들의 안면을 인지하는 경우가 많이 있는 것이다.

그리고 나도 그 앞의 파리바게뜨랑 일부 상점은 수도 없이 이용하였기에, 그 바로 옆의 가게도 지난 5년간 수도 없이 지나쳤을 것이다. 그런데 어떤 가게였는지 전혀 기억에도 없는 것이다. 이는 아마도 내가 들어간 적이 없는 가게인지라 상점에 대해서 전혀 신경을 쓰지 않고 지나쳤기 때문일 것으로 보인다. 우리가 아무리 눈을 뜨고 다니지만, 전부 다 보고 다니는 것은 아니며, 우리가 신경을 쓰는 것만 인지하게 되는 것이다. 예를 들어 우리가 직접 운전을 하고 찾아간 장소는 다시 찾아갈 수 있지만, 조수석에 앉아서 따라간 장소는 본인이 직접 찾으려고 할 때는 헤매게 되는 것이다. 지난번에 신경을 쓰지 않았기에 인지가 되지 않은 것이며 이에 기억이 나지 않는 것이다.

아는 것만큼 보이고 보이는 것만큼 간다라고 생각한다. 아는 것만큼 보이는 것은 흔히 여행할 때 많이 인식되는 것인데, 여행지에 대해 알고 있는 것이 있으면 더 자세히 그리고 세부적으로 보게 되며 아는 것이 없으면 대충 보게 되는 것이다. 예를 들면 미국의 시카고는 건축의 도시로 매우 유명하고 나는 시카고에서 몇 년을 살고 가족들이 계속 살면서 그 건물들을 보게 될 기회가 많았지만, 나는 그 건물 중에 특별히 기억하고 있는 것은 하나도 없다. Windy City라고 불리는 시카고의 또 다른 이름이 건축의 도시인데, 고층건물인 마천루의 발상지라고 한다.

1871년 시카고 대화재로 17만여 개의 건물이 전소되고, 그 이후에 현대 규모의 건설들이 재개되면서 1885년에 세계 최초의 마천루라고 불리는 홈 보험빌딩이 완공되고, 이어서 수많은 마천루가 건설되면서 세계적인 건축 도시가 된 것이다. 나는 별 관심이 없어서 지나가면서 몇 번을 쳐다보아도 어떤 건물인지 알지도 못하고 또한 기억도 하지 못한다. 그런데 수많은 사람은 그 건축물들을 구경하러 시카고에 오는 것이다. 내가 알지 못하거나 인지하지 못하면 있는 것과 없는 것과의 차이가 없다고 봐도 되지 않을까 싶다.

회사에서도 마찬가지인 것 같다. 회사는 SKY 대학에 경영자 과정을 지원하여 주고 있으며 나는 개인적으로 공부도 하면서 이러한 network가 필요하였다. 그리고 누군가는 그 혜택을 받고 있었으니 내 앞을 지나가는 또는 내가 만나서 업무를 협의했던 누군가는 그 혜택을 보고 있었다. 그런데 나는 그러한 것이 있다는 것만 희미하게 알고 있었던 것이었고, 그것을 활용해야겠다는 생각을 애초부터 하지 않았으니 인지하지 못했다.

그리고 몇 달 전에 인재육성 담당과 만나서 이야기를 하다가 이것을 듣고 나도 해보면 좋겠다고 싶어서 다음 해에 받으려고 했는데 해임이 되었으니 기회를 영원히 놓친 것이다. 아마도 내가 대우전자에서 했던 MBA도 동일하지 않았을까 싶다. 나는 이 프로그램이 나오자마자 관심을 가지고 준비를 했으며, 그리고 신청서 접수를 시작하자 바로 승인을 받기 위해서 노력했건만 1차에서는 승인을 받지 못했었다. 그런데 놓치지 않고 지속 준비하다가 2차에서 끈질기게 노력을 하여서 승인을 받아서 다녀오게 된 것이다. 그런데 아마도 이러한 프로그램에 대해서 인지는 희미하게 하였으나, 본인이 갈 수 있다는 생각을 하지 않아서 지나쳐간 사람들도 많이 있지 않았을까 하는 생각이 든다.

필요는 발명의 어머니라고 하는데, 필요성을 인지하여야 행동을 하게 된다는 말이다. 우리에게는 수많은 기회가 있어도 본인이 필요성을 느끼지 않으면 그 기회들은 지나치게 되어 있으며, 필요성이라 하는 것은 그냥 취미로 하면서 해도 되고 안 해도 되는 것이라기보다는 꼭 해야만 하는 간절함이 있어야 한다고 본다. 따라서 눈은 뜨고 살아가는지라 누구에게나 보이는 것이지만, 필요를 느끼지 않으면 인지하지 못하게 되므로 실제로 눈을 뜨고 살고 있다고 말하기 어렵다. 눈을 뜨고 산다면 모든 것을 볼 수는 있겠지만 모든 것을 인지할 수는 없다.

인간이 모든 것을 인지하고 기억을 한다면 아마도 머리의 역량이 되지 않아서 정신 이상이 되거나, 아니면 머리가 매우 큰 이상한 동물이 되었을지 모른다. 눈을 뜨고 살라고 하는 것은 하는 일을 정신 똑바르게 차리고 하라는 말이겠고, 이는 어떤 것에 대해서 그렇게 해야 하는지 선택이 필요하다. 모든 일에 대해서 그렇게 할 수는 없으니 본인이 정신 차리고 살아야 할 부분에 대한 세심한 선택과 계획이 필요한 것이다. 이는 본인이 어디에서 승부를 걸어야 하고 어떤 것에 집중하여야 하는지, 목표에 align 된 구체적 계획이 필요한 것이다.

그리고 그 선택한 부분에 대해서 지속적으로 경각심을 가지고 기회를 엿보아야 한다. 내가 역량 함양이나 networking에 관심은 있었는데, 회사에서 보내주는 대학원 경영자 과정을 놓친 것은 경각심을 가지고 세밀하게 보지 못했기 때문인 것이다. 첫 번째 MBA는 잘 보았으나 그다음은 보지 못한 것이니, 어떤 면에서는 방심했거나 기대조차도 하지 않았거나 간절함이 없었기 때문일 것이다.

이런 것은 재테크에 대해서도 마찬가지이다. 미리 준비해도 좋으련만 꼭 닥쳐야 챙기는 버릇도 있기 때문이다. 미리 준비한다면 훨씬 쉬울 텐데 눈앞에서 보여야 한다는 것은 미리 보는 눈이 부족한 것이다. 나 역시 그러한 과정을 겪었는데, 입사 초년 시절부터 돈을 벌어야겠다는 생각은 많았으나 왜 돈을 벌어야 하는지 그리고 얼마나 벌어야 하는지에 대한 개념이 전혀 없었다.

그리고 자식으로 인한 동기 요인이 발생하자 3천만 원이라는 구체적인 금액과 그리고 시기가 나오게 되고 또한 간절함이 생기게 되었으며, 그 이후로 실질적인 경제적 확대가 이루어진 것이다. 이는 사원들 육성 면담을 할 때도 비슷하게 느끼는데, 회사에서 목표를 물어보면 업무에 정통한 사람이라든지 아니면 동료로부터 신망을 받는 사람이라든지, 정말 애매한 측정 불가능한 목표이며 이러한 목표로 간절함을 느끼기가 쉽지가 않다. 그래서 직원들에게 구체적인 목표를 정하라고 권하는데, 이에 더하여 timeline까지 세우는 것이 좋다고 생각한다. 시기가 없는 목표는 없는 것과 별다른 바가 없기 때문이다.

돈을 벌어야겠다는 일념에서도 초기에는 단순한 생각이었으나, 직장 생활 10여 년이 지나고 이직을 하면서 장기 계획을 세우게 되었다. 그리하여 처음에는 10년 계획을 세우다가 나중에는 2~30년 계획을 매년마다 update 해갔는데, 모든 것이 그렇게 되지는 않았지만, 상당히 비슷하게 맞아간 부분도 많이 있다. 내가 취할 수 있는 가능한 option들을 전부 펼쳐놓고 기회를 현실로 만들 수 있도록 지속 노력하였다. 따라서 눈을 뜨고 살라고 하는 것은 장기 계획도 세우고 또한, 그 계획의 구체적인 부분까지 들여다보아서 놓치고 있는 부분은 없는지, 다른 기회는 없는지 확인하면서 기회를 최대한 활용하고 현실로 만들어 가라고 하는 것이다.

5) 죽어야 산다

나는 동일한 책을 두 번 읽거나 영화를 두 번 보는 사람이 아닌데, 이순신 장군은 좋아해서 이에 대한 책을 두 번 읽고, '명량'이라는 영화는 네 번쯤 본 것 같다. 원균이 칠천량 해전에서 대패한 뒤에 이순신 장군이 삼도 수군통제사로 복직하였다. 우리 수군의 사기가 바닥으로 저하가 되었을 때 배수진을 위해 진지를 태우면서, '살고자 하면 죽을 것이고 죽고자 하면 살 것이다.'라고 부하들 앞에서 연설하였다.

 그리고 적군도 이순신 장군 이름에 겁을 먹고 있으니 우리 군사의 두려움을 용기로만 바꿀 수 있다면 이길 수 있다고 말했다. 이때 아들이 어떻게 하면 되느냐고 묻자, '내가 죽어야겠지"라고 답을 하였다. 꼭 죽어야 해결이 된다는 말은 아닐 것이고, 내가 살 생각을 버리고 이 해전을 죽음을 각오하고 임한다면 우리 군사들도 따라오지 않을까 하는 비장한 마음가짐이 아니었을까 싶다.

 본질에 대한 질문인데, 대학생들에게 '왜 공부를 열심히 하는가'라고 묻는다. 물론 사람에 따라서 다르겠지만 많은 사람이 열심히 공부하고 좋은 학점을 받아서 좋은 회사에 취직하기 위해서 그렇다고 답하는 학생들도 많이 있을 것으로 생각한다. 그렇다면 좋은 직장에 다니기 위해서 대학을 다니는 것인가? 맞고 틀리고를 따지려고 하는 것이 아니라, 때로는 본질에 대한 질문을 하였을 때 바른길이 보이지 않을까 하는 생각에서다. 마찬가지로 직장인들에게 '왜 열심히 일하는지' 물어보면, 돈을 잘 벌어서 경제적으로 안정되고, 안정적인 은퇴 생활을 하기 위해서라고 답하는 회사원들 역시 많을 것이다. 그렇다면 이 역시 편한 은퇴 생활을 위하여 열심히 일하는 것인가? 궁극적으로 죽기 위하여 사는 것인지?

'본말이 전도된다.'라든가 아니면 주객이 전도된다는 말이 있다. 본말이 전도되는 것은 뿌리와 잎사귀가 서로 바뀐다는 중국 속담에서 나온 말이라고 하고, 주객이 전도된다는 것이 주체와 객체가 바뀌어 우선순위가 뒤집혔다는, 조금은 다른 말이기는 하지만, 생각하기에 따라서 우리는 이러한 것을 보게 된다. 그런데 살면서 어떤 것이 본이고 어떤 것이 말이라고 구별하기 어려울 때가 많다고 본다.

예를 들어서 대학 생활이 본인지 말인지, 아니면 직장 생활이 본인지 말인지? 나는 어떤 것이 말이라고 또는 잎사귀이든 객체라고 말하기는 어렵고, 살아가는 순간 모든 것이 본이지 않을까 싶다. 지금의 대학생들은 지금 하는 공부가 주체이며 그리고 본업이기 때문이며, 지금 일하는 직장인에게는 지금 하는 일이 주체이고 본업이라고 생각한다. 빅토르 위고가 한 말대로, 가장 중요한 순간은 지금이고, 가장 중요한 일은 지금 하는 일이며, 가장 중요한 사람은 지금 대하고 있는 사람으로, 현재의 순간에 최선을 다해서 살아야 한다고 믿는다.

역사상 인류는 수많은 전쟁을 치러 왔으며, 물론 침략도 많이 있었겠지만, 우리나라의 경우 수많은 침입에 대비하여 방어를 해왔었다. 우리나라가 예전 왕조시대에 전쟁했던 횟수가 매 3년이라고 들은 것이 기억이 나는데, 실제 사실인지는 모르겠으나 크고 작은 수많은 전쟁을 유달리 많이 겪어 오기는 했을 것이다.

그런데 방어하기 위한 그 전쟁은 살기 위해서 한 것인지 아니면 죽기 위해서 한 것인지? 물론 살기 위해서 본인과 가족을 지키기 위해서 한 것이 맞지만, 결과적으로 많은 사람은 죽을 것을 알면서도 전쟁터로 나간 것이다. 그렇다면 우리의 산업 현장이라고 하면 어떨까? 우리는 가끔 보이지 않은 전쟁이라고 표현을 하는데, 그 엄청난 경쟁 속에서 편한 삶을 기대한다고 하면 오히려 어불성설이지 않을까?

지금은 일등만 생존한다고 하고 또 승자 독식의 시대이기도 하다. 그렇다고 일등이 영원히 일등을 유지하는 것은 아니다. 내가 이차전지 경력으로 바로 입사를 하였을 때 LG가 세계시장에서 10위권이었고, 당연히 일본의 Sanyo, Panasonic 등이 1등 2등을 하였던 시절이고, 그 아래로 일본 업체인 NEC, Hitachi 등 줄줄이 있었다. 그런데 그 많던 일본 업체들은 모두 사라지고 Panasonic만 Sanyo를 합병하여 T사와 원통형 사업을 하면서 명맥을 유지하고 있는 반면에, LG는 국내 경쟁업체와 소형전지에서 1~2등을 다투고 있으며, 전기자동차 전지에서는 중국 업체와 1~2등을 경쟁하고 있다.

전지사업 초기에 수요의 많은 부분이 휴대폰에서 왔으며 그 당시 1등과 2등은 Nokia와 Motorola였고, 당사는 두 회사에 진입하기 위하여 정말 각고의 노력을 하였으며, 물론 두 회사에 궁극적으로 진입을 하여 일등 vendor가 되었으나, 우리 모두 인지하고 있듯이 두 회사 모두 시장에서 사라지고 없다. 1등 2등도 오랫동안 생존하기 힘든 세상에서 어떻게 살아남을 수 있을까? 아마도 '명량'의 정신처럼 죽을 만큼 노력을 하여야 가능하지 않을까 싶다.

그리고 스마트폰에서 세계에서 가장 많은 수익을 내면서 강자로 군림하고 있는 N사를 보면 어떻게 일하는지 알 수가 있다. 이는 내가 실제로 보고 겪은 일들이며, 7여년 전에 2D 전지에 대해서 며칠간 계약 협상을 진행한 적이 있다. 통상적으로 우리는 회사에서 일하는 것이 정말 잘 먹고 잘살기 위해서이므로, 첫날 협상하다가 점심 먹을 시간이 되었길래 '먹고살자고 하는 일인데 점심 먹고 하자'라고 말을 하였다가, '일하기 위해서 먹는다'라고 하면서 지금 협상 중인 조건을 바로 수용하지 않으면 합의될 때까지 계속하자고 하였다.

이로 인하여 그날 점심을 오후 5시가 되어서 먹었었다. 그리고 Display를 담당하는 구매 부사장 P는 인도 출신으로 인도에서도 가장 영향력이 있는 여성 지도자로 선정이 된 사람인데, 공급에 문제가 있어서 LG에 왔을 때 관련된 사람들을 회의실에 모아놓고 문을 잠갔다고 한다. 해결될 때까지는 아무도 화장실도 가지 말라고 했던 것인데, 미국의 대기업에서 어찌 워라밸이 없을 리가 있을까? 그런데도 이렇게 지독하게 일하는 것을 보면 마치 죽을 각오로 전쟁에 임하는 것과 유사한 정신을 보게 된다.

그렇다면 지방대 학생이나 출신인 여러분은 어떻게 하고 있는지 돌아보기를 바란다. 워라밸을 무시하라는 이야기가 아니라,

여러분에게 필요한 공부든 아니면 일이든 정말 죽을 만큼 최선을 다해서 하고 있는지. 그래서 나는 극한 상황이나 한계 돌파를 해보라고 권한다.

예를 들어 운동이라고 한다면 정말 쓰러질 만큼 하여서 본인의 한계를 느낀 적이 있는지? 공부한다면 머리에 열이 나서 앞이 안 보일 정도로 해본 적이 있는지? 일에 대해서 철두철미하게 끝까지 챙겨서 뿌리를 뽑은 적이 있는지? 무리해서 몸을 상하라고 하는 것은 아니며, 본인이 한계를 느낄 만큼 했다면 거기가 본인의 성장 border line이고, 이러한 노력이 지속되면서 그 한계 line이 커지게 되면 본인의 굴레를 벗어나고 이로 인하여 대물림을 끊을 수 있는 것이다.

현상 유지의 노력으로는 현상 유지가 되는 것이 아니고 점차 뒤처지게 되는데, 이는 다른 사람들은 조금씩 앞으로 나아가고 있으며 그리고 후배 세대들이 다른 무기로 계속 현장으로 들어오기 때문이다.

생각이 바뀌면 행동이 바뀌고, 행동이 바뀌면 습관이 바뀌고, 그리고 습관이 바뀌면 운명이 바뀐다고 한다. 생각이 바뀌지 않았는데 행동이 바뀔 리가 없는 것이며, 다른 사람들과 유사한 생각과 습관으로 산다면 다른 대부분 사람과 비슷하게 살아간다. 예전에는 다른 대부분 사람이 중산층에 속해 있었지만 지금은 양극화가 되면서 the rich에 들어가거나 the poor에 속하게 된다. 물론 아직 대기업 회사원들은 중산층의 생활을 하고 있다고 생각하지만, 대기업 회사원들이 늘어나지도 않아서 취업의 기회가 갈수록 줄어들고 또한, 취업하여도 현재 평균 직장 근무 연수는 짧아지고 있다. 평균의 함정은 모든 사람이 그렇다는 것은 아니며, 일부 앞선 사람들은 여전히 오랫동안 일을 할 것이며 그렇지 못한 사람들이 평균을 깎아 먹으면서 그 수명이 더 단축되고 있다. 따라서 대기업 생활을 오래 하기 위해서는 조금은 다른 생각을 가지고 죽을 만큼 노력을 해야 한다고 생각한다.

6

50대 후반에 깨닫게 되는 것들

50대 후반에 깨닫게 되는 것들

―――――

논어 위정편에 공자가 15세에 지학으로 학문에 뜻을 두었고, 30세 이립으로 자립을 하였으며, 40세에 불혹으로 세상 주변의 이야기로 현혹이 되지 않았으며, 50세에 지천명으로 하늘의 뜻을 알았다고 하며, 60세 이순으로 생각하는 것이 원만하여 어떤 것을 들으면 이해를 하였고, 70세에 종심으로 마음먹은 대로 행하여도 도를 벗어나지 않는다고, 나이에 따른 성숙도를 표현한 바가 있다. 나 역시 50대에 이르니 하늘의 뜻까지는 잘 모르겠지만, 그 이전에는 몰랐던 것이나 보이지 않았던 것을 알게 되거나 보게 되는 것 같다.

나도 그렇지만 대부분 직장인은 50대에 큰 변화를 겪게 된다. 관리직이라고 하면 50대에 회사 내에서는 본인이 오를 수 있는 최고의 직급에 도달했을 것이며, 이어서 바로 나락에 떨어지는 것처럼 현재의 직장에서 은퇴하여야 한다. 은퇴는 본인이 전혀 원하는 바는 아닐 것이며, 그리고 갑작스럽게 현업에서 물러나야 한다는 것을 받아들이기가 쉽지 않다. 더불어 본인이 오를 수 있는 최고의 직위라고 하지만, 본인의 희망이든 기대든 더 높은 지위에서 또는 더 오랫동안 일하고 싶은 마음이 간절하겠지만, 제대로 날기도 전에 추락하는 느낌은 참으로 받아들이기 어렵게 만든다.

퇴직하게 되거나 아직도 일하고 있을지라도, 50대가 되면 40대에 느끼지 못하는 신체적 노후화를 새롭게 겪게 된다. 여성의 경우 대부분 폐경과 갱년기를 겪게 되면서 신체적으로 힘들고 정신적으로도 우울증을 겪거나 어려움에 부딪히게 된다. 갱년기라고 하면 성호르몬의 감소로 여러 가지 증상을 겪게 되는 것인데, 여성뿐만 아니라 남성들도 역시 사람마다 차이는 있을지라도 겪고 지나는 것 같다. 물론 갱년기나 신체적 노화를 50대가 아닌 40대에 겪기 시작하는 사람들도 있다고 한다.

50대에는 아직 일하고 있다고 하더라도 이런 신체적 변화와 더불어 앞으로 다가올 본인 직장생활의 변화를 눈앞에 보게 될 것이며, 결혼하였다면 자녀들이 대학교에 입학하거나, 졸업하면서 취업을 고민하는 경우도 또한 많을 것이다. 이런 자녀들의 대학 입학이나 취업이 잘 풀렸느냐 아니냐와 더불어 부부의 건강 문제가 크게 대두되기 시작한 나이가 되기도 한 것이다. 따라서 40대까지는 결혼 이후 자녀의 양육에 대부분 관심과 노력을 기울였다고 하면, 50대에는 여러 가지 새로운 변화들이 다가오게 되는 것 같다.

많은 갈림길을 지나서 50대에 이른 것이며, 그 이전까지는 대부분 앞만 보고 열심히 달려왔지만 50대에 이러한 여러 가지 변화들로 인하여 그 결과물들을 보게 되었다. 다행히 본인이 계획한 바대로 되었다면 다가오는 변화들도 편안하게 받아들이게 되겠지만, 본인의 기대와 차이가 있을 때는 그동안 간과하거나 생각하지 않았던, 또는 지나지 않았던 길이나 그동안 하지 않았던 생각들이 자연스럽게 떠오르게 되는 것 같다. 그렇게 되면서 그동안 보이지 않았거나 인지하지 못했던 인생의 진리나 진실들에, 또는 ~했더라면 하는 새로운 가정들에 직면하게 되는 것 같다.

그전에는 자기 확신도 강하고 고집도 있었던 것 같은데, 지금 와서 보면 잘못했을 수도 있다, 또는 잘못했다는 생각이 들게 된다. 그리고 그런 자기 확신이 자만이나 오만이었다고 이제는 깨닫게 되는 것이다. 예를 들면 나는 일만 소신껏 열심히 하면 된다고 생각하고, 그렇게 하면 회사에도 도움이 되는 것이라는 마음가짐으로 일을 해왔던지라 윗사람의 비위를 맞추면서까지 할 필요는 없다고 생각했었다.

그런데 결과적으로 보면 열심히 일해서 만든 성과에 대해서는 조직에서 결과물을 가져가고 개인의 contribution을 인정하지는 않으나, 상사의 비위를 맞추고 정치적으로 code를 맞추는 언행은 지속적으로 의식 속에서 남아 있어서 이런 사람들이 상사의 비호 속에서 오랫동안 살아남는 것이다. 그렇다면 내가 열심히 일해서 성과를 만드는 것과 상사의 의중에 맞게 code 업무를 하는 것 중에서 어떤 것을 택하는 것이 더 현명한 선택일까? 직장인으로 나는 더 오랫동안 일하고 싶은 것인데, 성과로 보여주는 것보다는 윗사람에게 잘 보여서 오래 살아남는 것이 나에게는 더 유리한 것처럼 보인다.

젊었을 때는 제 잘난 맛에 살고 또한 잘 알지도 못하면서 아는 체도 많이 하였고, 그리고 세상이 자기 뜻대로 되는 듯이 보인 적도 있었던 것 같다. 그러기에 예전의 속담들이나 격언들도 나와 상관이 없다고 무시한 것도 있었는데, 나이가 들게 되면 오랜 시간을 살아남은 그러한 말들 하나하나가 나름대로 이유가 있어서 살아남은 것이고, 옛날 말들이 다 맞다는 걸 깨닫는다. 그리고 내가 별로 보잘것없는 인간이라는 것을 인지하게 되는 것 같다. 그러면서 겸손해져야 하고 더불어 현재 가지고 있는 것에 감사하는 마음을 가져야 하는데, 아직 남아 있는 욕심 때문에 그렇게 하지 못하고 있다. 이때 마음을 비우면서 초심으로 돌아간다면 인생을 다시 살아갈 힘을 얻게 되지 않을까 생각한다.

1) 운명은 있는가?

생로병사는 불교에 의하면 중생이 겪어야 하는 4가지 고통이라고 한다. 태어나면서 산모의 고통도 있고 또한 신생아도 울면서 태어나니 고통이라고 해야겠다. 그리고 늙어 가면서 힘이 없어지고 인간의 존엄성이라고 하는 것도 생각하기 어려우니 인간이 겪게 될 고통이나 고뇌가 될 것이다. 어디가 아프든 심리적으로 힘든 것을 떠나서 육체적인 고통이 따르는 것이며, 죽는다는 것은 누구나 한번 겪게 되며 또한 그 후 세계에 대해서도 알지 못하지만, 남아 있는 사람들도 슬픔을 극복해야 한다.

영화에서 보면 당사자들이 마지막 호흡을 하는 것이 정말 힘들게 느껴진다. 이렇게 누구나 겪게 될 고통이지만 사람마다 겪는 시기나 고통의 정도는 다 다르게 보인다. 그리고 그것은 다분히 운명처럼 느껴지게 될 때도 많이 있다. 재사다병 미인박명이라고 하였다. 재능도 아름다움도 선천적으로 물려받았다면 운명적인 부분도 있을 것이며, 후천적으로 얻은 것이라면 운명을 극복해서 그 속담과는 무관한 사례도 많지 않을까 생각한다.

그러나 우리가 제일 처음에 처한 상황은 항상 운명처럼 다가오는 것이 아닐까 생각한다. 생로병사의 첫 시작점인 우리가 태어날 때 우리가 처한 환경에 대해서 그 신생아가 한 것이나 할 수 있는 것은 아무것도 없다. 인간은 고등동물이지만 태어날 때는 가장 무기력한 동물이며, 가장 오랜 기간 보호자의 보호 아래서 독립적인 인간으로서 완성이 된다. 세상의 어느 누가 가난한 부모 아래에서 또는 아픈 홀어머니에게서 태어나기를 원하겠는가? 태어날 때는 우리는 업보처럼 모든 환경이 주어진 것이고, 대체로 성년이 될 때까지 독립적 개체로서 할 수 있는 것은 전혀 없다. 물론 어린 시절부터 혹독한 상황으로 살아남기 위해 어떤 일을 해야 하는 아이들도 있지만.

아무것도 개인이 할 수 없는 상황에서 출발하여 조금씩 아주 미세하게 개인의 자유 의지가 반영되어서 인생의 변화가 발생하기 시작한다. 똑같은 가난한 가정환경에서 태어났으나 공부를 하거나 운동을 하는 노력의 수준이 차츰 차이가 나기 시작하는 것이다. 물론 부모의 성격에 따라서 자녀를 더 동기 유발하여 스스로 노력을 하도록 하는 경우도 많이 있을 것이며, 이의 경우에는 이것까지 포함하여 주어진 환경이라고 보아도 될 것이다. 하지만 동일한 가난한 가정에서 태어나 유사한 성격의 부모 아래에서 자라는 아이들이라고 하더라도, 개인이 노력하는 정도는 조금씩 차이가 날 수 있을 것이며 이러한 차이가 나중에는 크게 드러나고 더불어 인생의 변곡점을 다르게 만들 것이다. 자유 의지가 들어가고 개인이 의식적으로 노력을 하는 순간에 운명이 바뀔 수 있는 것이다.

시작이 반이라는 속담이 있다. 시작이 어려워 보이거나 일이 힘들게 보여도 일단 시작하면 그 끝을 맺기가 꼭 어려운 것만은 아니고 의외로 마무리를 할 수 있다는 말이다. 어떤 일이든 일단 행동으로서 시작하는 것이 중요한 것 같다. 처한 환경이 비슷하다고 하더라도 본인이 이를 극복할 마음을 가진다면 거기서부터가 시작이라고 보면 되는 것이다. 미국 철학자 윌리엄 제임스에 의하면, 생각이 바뀌면 행동이 바뀌고, 행동이 바뀌면 습관이 바뀌고, 습관이 바뀌면 인격이 바뀌고, 인격이 바뀌면 운명도 바뀐다고 하였으니, 마음을 먹고 행동을 하면 결국에는 운명을 바꿀 수 있다는 말이다.

이에 반하여 작심삼일이라는 말이 있다. 원래 작심이라고 하는 것은 맹자에서 나왔다고 하며 마음을 먹는다는 것인데, 결국은 마음먹은 일이 흐지부지되어서 3일도 못 간다는 말이다. 따라서 이만큼의 의지라고 하면 결국은 원래대로 돌아갈 것이니, 이것은 본래의 운명으로 회귀 된다고 보아야 할 것이다. 피할 수 없는 운명이라는 의미에서 숙명이라는 말을 사용하기도 한다. 우리는 지나가면서 수많은 선택을 하게 되는데 그 선택마저도 숙명이었는지는 어쩌면 아무도 모르지 않을까 생각한다.

예를 들어 아침에 출근할 때 버스를 타고 가거나 지하철을 타는 두 가지 방법이 있다고 할 때, 그때 선택한 것에 따라서 다음에 전개되는 상황은 다르다. 예를 들어서 버스를 선택했는데 차가 막혀서 회사에 늦을 수도 있고, 지하철을 택하였을 때 사고로 지하철이 움직이지 않았을 때도 있는 것이다. 우리는 때로 운이라고도 표현을 하듯이 갈림길 하나하나에서 어느 것이 맞는다고 일일이 판단을 할 수는 없다고 본다. 하지만 버스가 막혀서 중간에 다시 지하철로 갈아타는 결정을 한다면, 그러한 선택들이 운명을 바꾸는 촉매제가 되지 않을까 한다. 운명처럼 이어지는 것 중에서 우리는 그때마다 최선의 노력을 할 수 있는 것이 있는지 둘러보고 행동을 하는 용기와 습관이 필요한 것이다.

운명을 바꾸려면 좋은 습관이 있어야 한다고 믿는다. 습관이 필요한 것은 한 번의 행동으로 원하는 결과를 얻을 수도 없으며, 그리고 때로는 실수도 하고 실패도 하므로 하고자 하는 시도나 노력을 지속적으로 하여야 하기 때문이다. 내가 가난한 집에서 태어난 것은 운명이지만, 내가 지금의 경제적 안정을 구축한 것은 운명에서 벗어났기 때문에 가능한 것이다. 그리고 그것은 어느 한순간에 만들어진 것이 아니다.

내가 뚱뚱하고 운동을 싫어했던 것은 다분히 유전적인 요소와 성격적인 부분으로 어렸을 때 만들어진 것이지만, 하루 이틀 일 년 이년이 아닌 지난 30여 년 이상을 운동해 오면서 내 몸매와 성격을 바꾸었다. 물론 어느 정도까지 바뀌었는지는 논란의 여지가 있을 수 있겠지만, 아직도 인생의 종착역이 아니고 계속 노력을 해나간다면 앞으로도 현재의 굴레에서 더 벗어나게 만들 수 있지 않나 생각을 한다. 그리고 그 출발점은 어떻게 하겠다는 마음을 먹고 그것을 행동하여 습관을 만드는 것이다.

사람마다 다 다른 환경이고 성격이나 유전들이 있으니 어떤 것이 절대적이라고 할 수는 없겠지만, 내 생각에는 운명은 있기도 하고 없기도 하다고 느낀다. 그리고 운명이라고 하여서 모든 것이 나쁜 것만도 아닐 것이니 좋은 운명은 잘 받아들이고, 그리고 좋지 않은 것을 물려받았다면 지금부터 바꾸어야 한다는 생각을 가지고 행동하는 습관을 만들어 가면 되지 않을까.

2) 열심히 한다고 다 잘되지는 않는다

직장을 다니면서 직원들과 이야기를 해보면 모두 열심히 한다고 말한다. 실제로 그들 중 대부분 직원은 열심히 일하고 있다. 아침 일찍 출근하거나 저녁 늦게까지 일을 하며, 그리고 주말에도 출근하며, 가족의 기념일도 일 때문에 챙기지 못하여서 나중에 가족에게 원망이나 불만 섞인 소리를 듣기도 한다. 그런데 평생을 그렇게 살아오고서 나이가 들어서 회사를 떠나야 할 때가 오거나, 타의로 퇴직을 당하게 되면 그때에는 무엇을 위해 살았는지 후회도 하고 허탈해하기도 한다.

먼저 잘 된다고 하는 기준은 무엇일까? 일단은 결과론적으로 어떤 성과가 있어야 하지 않을까? 크게 보아서 고등학생이 잘 되었다고 하면 좋은 대학에 입학하였을 경우이며, 대학생이 잘 되었다고 하면 좋은 직장에 취직하였을 때가 아닐까 싶다. 중간중간에 잘된 경우들이 많이 있기는 할 텐데, 그것은 좋은 대학이나 좋은 직장에 들어가기 위한 과정들이 아닐까 싶다.

우리나라에서 고등학생들이 잘 되었다고 하는 것은, 좋은 대학에 입학한 것 이외에 어떤 것들이 있을까? 고등학교 졸업하여 사업을 하는 경우는 매우 드물 것이며, 스포츠계로 가거나 연예계로 가는 경우는 간혹 있을 것이다. 이의 경우에는 본인들의 노력도 한몫하겠지만, 더불어 재능이 따라주지 않으면 스포츠나 예능의 사회에서 성공하기는 매우 어려울 것이다. 그리고 남은 대부분 학생은 대학교에 가려고 치열한 경쟁을 한다.

그리고 우리는 경쟁의 결과를 어느 정도 예측이 가능하다. 성적이라고 하는 것이 객관적인 지표처럼 판정할 수 있으므로, 학교 성적 그리고 학력고사 성적과 추가로 대회 성적이나 결과가 본인이 희망하는 대학을 갈 수 있는지 어느 정도 판단하게 하며,

그리고 고등학교 3년에 걸쳐서 이러한 진전이 monitoring 되면서 갈 수 있는 대학의 scope이 차츰 정해지게 된다. 그리고 대개는 열심히 공부한 학생이 성적이 좋으므로 더 좋은 대학에 가는 가능성도 더 크며 이를 자연스럽게 받아들인다. 일반적으로 공부한 만큼 결과가 나온다고 인지를 하는 것이다.

대학생의 경우 선택의 폭이 더 넓어지는 것으로 보인다. 물론 스포츠나 예능계로 가는 학생들도 있겠으며, 많은 수의 학생들이 대학원이나 해외 유학 등 학업을 지속하는 길을 택한다. 물론 이 중에는 원하는 곳에 취업하지 못하여 시간을 벌기 위한 선택도 있고, 또는 다른 대안은 없으나 집이 경제적으로 여유가 있어서 마지못해서 하는 선택도 있을 것이다. 그리고 대부분 학생은 취업을 위한 각고의 노력을 하는데, 시간이 갈수록 취업의 문은 좁아지고 있다. 경제의 성장 폭이 예전처럼 크지 않아서 신규 일자리가 많이 생기지 않은 것도 있겠지만, 생산성 향상으로 원가 경쟁력을 높이려는 기업의 부단한 노력과 신기술을 접목하여 자동화를 하려는 시도들이 갈수록 많아지고 있기 때문이리라.

고등학교 시절의 경우 물론 부모의 재력에 의해서 더 좋은 과외를 받으므로 개인적 차별이 발생하지만, 대학교도 역시 부모의 경제력에 의해서 소위 말하는 spec 쌓기가 더 용이하게 되느냐에 따라서 출발점이 달라진다. 대학 시절 어학연수를 가거나 아니면 어학 학원에 다닐 수 있는 것도 선택받은 축복일 것이며, 부모의 networking으로 인턴을 하여서 가산점으로 취업이 더 용이 하기도 한다. 그렇지만 기업의 경우 대학교처럼 명문과 순위가 분명하지 않은 경우가 많으며 또한 워낙 많은 수의 다양한 기업과 회사 또는 공무원 등의 다른 길들이 있기에 선택의 폭이 더 넓다고 여겨진다.

따라서 더 많은 고민과 적절한 선택이 필요한데, 고등학교는 3년이요 대학교는 4년인데 반하여, 사회생활을 얼마나 하게 되느냐는 여러 가지 변수로 인하여 달라질 것이다. 대학교까지는 정해진 트랙 위의 순탄한 길이였다면, 사회생활은 수없이 많은 길이 때로는 수많은 교차로나 사잇길을 지나게 되는 것이다. 이에 대학교의 4년이 끝나면 성적표를 받고 잘하였는지 판단이 되지만, 사회생활에서는 딱히 성적표를 받게 되는 시점이 정해진 것도 아니고 사람마다 전부 다른 길을 걷게 되는 것이다.

대부분 고등학교 때는 좋은 대학에 가기 위하여 열심히 공부하고, 대학교에서는 좋은 직장에 취업하기 위하여 열심히 활동하는데, 그렇다면 직장에서는 무엇을 위하여 열심히 일하는 것일까? LG에서 육성면담 제도가 있어서 최소한 1/3 직원들에 대해서 면담을 진행하는데 나는 직원들의 성장에 관심이 높아서 더 많은 직원과 면담을 하려고 했다. 그래서 직원들에게 질문하면 많은 경우 열심히 일해서 경제적으로 안정을 이루고, 은퇴하여 편안히 살기를 희망한다고 이야기한다. 물론 맞는 이야기지만, 연결해서 보면 우리는 편안히 죽기 위해서 열심히 공부하고 일하는 것처럼 보인다. 하지만 이것은 인생의 목적이 아니라 수단이지 않을까 생각한다.

  고등학교 시절을 잘 보냈는지에 대해 3년 후에 성적표를 받으며, 대학교 시절을 잘 보냈는지에 대해서 4년 후에 대부분 성적표를 받지만, 사회생활을 잘하였는지 성적표를 받는 시점이 정해지지 않은지라 대부분 사람은 50대에 이르러서야 본인의 전체적인 인생을 돌아보게 되는 것 같다. 물론 그전까지는 너무나 바쁘게 살았던 것이라 앞이 잘 보이지 않았을지도 모른다. 그리고 50대에 오면 이제는 돌아갈 수 없는 길이어서 대부분은 너무 늦다는 것을 깨닫게 된다.

  우리나라 성인들을 대상으로 한 survey에 따르면 1/3 정도는 은퇴 준비를 안 하고 있다고 하는데, 어쩌면 하지 않는 것이 아니라 못하고 있는지도 모르겠다. 그리고 준비를 하는 사람 중에 60%는 국민연금에 의존한다는 것이다. 내가 34년간 대기업에서 근무하면서 국민연금이 매달 급여에서 공제가 되고 있는데, 퇴직 후에 예상되는 수령액을 보면 편안한 노후 생활을 할 수 있는 정도는 안 되는 수준의 금액으로 보인다. 따라서 적어도 국민연금 이외의 수익으로 준비하는 사람들이 어느 정도 편안한 생활을 할 수 있을 것으로 보이므로, 이 인구의 비중은 전체 성인 중에서 1/3이 안되지 않을까 싶다.

  그러면 그 1/3 이내의 그룹에 최소한 속하려면 어떻게 해야 할까? 적어도 회사 생활을 하면서 지속적으로 성장을 하고 있어야 하지 않을까 생각을 한다. 모든 직장은 삼각형의 인적 구조를 이루고 있으며, 조직의 첫 스타팅은 대부분 팀 조직으로서 그 최소 조직의 장은 해야 하지 않을까. 물론 팀장 직책 수당이 그렇게 큰 비중을 차지하지 않으므로 경제적인 혜택은 크지 않다고 하겠지만, 정보의 access와 networking 면에서 조직의 장이 아니면 매우 제한적이라 불리할 수밖에 없어 보인다. 그리고 직책 선임은 상사의 권한이며, 사람의 평판이 한순간에 만들어지거나 한 번 잘했다고 인정을 받는다는 착각을 해서는 안 될 것 같다.

  나 역시 열심히 일하면 될 것으로, 그리고 내가 실력이 있으면 정년까지도 회사 생활을 할 수 있지 않을까 하는 생각으로 살았고, 그리고 그때 필요한 network를 만들면 되겠지 생각을 하였는데, 변화의 세월에는 적용이 안 되는 것 같다. 2021년 말에 CEO가 갑자기 정기임원인사 한 달 전에 교체되면서 K 부회장이 부임하였다. 이때 내가 가지고 있는 생각은 K 부회장이 별로 나를 좋아하지 않는다는 것이었다. 신임 CEO 부임으로 각 사업부 담당급 임원들과 돌아가면서 식사를 하였다. 그분이 인사권 행사로 워낙 유명하신 분이고 모든 회사에서 그분과 잘못된 만남으로 보직을 잃은 이야기들이 워낙 많이 알려져서 모든 사람이 두려움에 그 오찬 시간을 맞이했다. ESS 사업부도 순서가 되어 정말 좋은 분위기에서 오찬을 마쳤으므로 나도 연말인사에서 살아남지 않을까 기대를 하였지만 그 기대가 무너진 것이다.

  예전에 그분이 LG Display CEO로 계시다가 LG화학 전지본부장으로 부임하여서 3년 정도 있었다. 그때 프로토콜이 복잡하여

파일로 전달을 받고 또한 우리도 모시고 다니면서 update 해갔던 것이라 예전의 힘들었던 기억이 그대로 남아 있는 것이다. 물론 이번에는 부회장이라는 직책이고, 또한 본인도 이번에는 모든 것을 직접 하지 않고 도와주러 왔다고 표방을 하셨지만, 어쩌다 한번, 또한 이번 부임 이후에 처음 상견례 하는 우리로서는 매우 부담이 가고 조심스러운 자리가 될 수밖에 없었다.

예전 경험을 살려서 식당을 사전 답사를 하게 되었다. 이분이 지하와 막힌 자리를 특히 싫어하신지라 사업부장 비서가 2층인 여의도 'ㅇㅇ'에 창이 있는 방으로 예약을 하였다. 이후 같이 참석하는 담당이 사전 답사로 식사를 하였지만 맛이 부회장 스타일이 아니라고 하였다. 그래서 전경련 34층의 'ㅇㅇㅇ'의 룸으로 예약을 하고 시식을 하러 갔는데, 일단 동선이 매우 복잡하여서 문제를 초래할 가능성이 컸다.

차에 탑승하여 이동하므로 대로변에서 내려 빌딩 안으로 들어와 엘리베이터 타는 길을 사전에 체크를 해보니 중간에 사람들이 많고 엘리베이터가 하나여서 타고 내리는 것은 우리가 control 할 수 있는 상황이 아닌 것 같았다. 마지막으로 더 결정적인 문제는 음식 맛은 좋은데 음식을 시키고 나서 30분이 지나서 음식이 나오는 바람에, 여기에 왔다가는 어떤 일을 당할지 알 수가 없어서 예약을 취소해야 했다.

마지막으로 그분이 '차이797'을 자주 가신다고 ㈜LG에서 모시던 분들의 이야기를 듣고 또한 친구분이 하시는 식당이라고 하여서, 여의도 '차이797' 룸으로 예약을 하고 사전 답사하러 갔다. 지하층이기는 한데 밖으로 트인 지하이며 또한 유리창으로 되어 밖이 밝게 보였다. 우리는 두 개의 룸 가운데 창가의 룸으로 배정을 받을 수 있었다. 또한, 음식도 시식을 해보니 괜찮아서 '차이797'로 확정하였다. 예약도 K 부회장 이름으로 변경을 하였고, 일반적으로 룸은 코스를 주문하여야 한다고 했지만 이번에는 코스를 하지 않아도 좋다고 확인까지 하였다.

드디어 오찬하는 날이었다. 부회장실로 와서 모시고 가라는 연락을 비서실을 통해 받았다. 시간에 맞추어 53층에서 VIP 엘리베이터에 동승하여 지하 3층으로 바로 내려가 대기하는 전용차에 탑승하였다. 잠깐 이야기를 나누면서 가는데, 차 안의 보조배터리가 눈에 띄었다. LG에서 선물용으로 제작하였던 것인데 예전 모델인지라, 내가 보조배터리가 구형 모델이라고 말씀을 드렸더니 차에 있는지도 잘 인지하지 못하고 계셨다. 그래서 신제품으로 교환해 드리겠다고 말씀을 드렸고, 당일 오후에 비서실을 통하여 전달하였다.

식사 장소에 도착하여 룸으로 안내를 받아 들어갔을 때, 4명이 앉는 테이블이고 입구 방향에 작은 보조 테이블이 하나 더 있었다. 당연히 안쪽 창가 자리에 앉으실 것으로 생각하고 자리를 하였지만 입구 맞은편의 자리를 택해서 구석 자리는 싫어하시나 보다고 인지하게 되었다. 식사는 정말 분위기가 좋게 진행되었다. 젊은 여성 점장이 직접 맡아서 서빙을 진행하였고, 음식이 나오면서 고수(샹차이)를 먼저 가져왔는데 이를 보고 아주 좋아하셨다.

일반 음식점에서 잘 주지 않는 것이어서 본인이 좋아하는 것을 미리 준비한 것이 기분을 좋게 하였다. 그리고 음식은 본인이 사무실에서 미리 메뉴를 보고 주문하였다는 것이다. 모든 메뉴가 주문한 순서대로, 소화하기 쉬운 음식에서 시작하여 차츰 heavy 한 메뉴로 나온 것도 기분을 좋게 하였을 뿐만 아니라, 음식을 먹고 나면 기다렸다는 듯이 바로 다음 메뉴가 기가 막히게 시간을 맞추어 나왔다. 부회장님은, 룸 안에 카메라가 있는지 어떻게 이렇게 정확하게 음식 나올 시간을 맞추냐고 하면서, 먹고 나면 다음 메뉴는 5분 정도 후로 내달라고 하니, 이 또한 잘 맞추었다.

부회장님은 몹시 감동하여 식당을 소유한 친구분에게 그 자리에서 전화를 걸었다. '차이797' 여의도점의 소유자가 아닌, 그 체인을 소유한 회장님에게 거는 전화였는데, 그 점장에 대해서 극찬을 하였다. 이러한 과정에서 나는 또 한 번 느껴야 했다, network의 차이를.

일반적으로 restaurant 소유자가 친구라고 하면 그 식당을 운영하는 분이겠지 생각을 하는데, 그 체인뿐만 아니라 여러 사업을 하는 ○○○ 그룹의 회장이었다. K 부회장은 서울대 출신으로 ○○상사의 맏사위라고 들었는데, 역시나 지방대 출신인 우리가 인지하거나 상상할 수 있는 수준 이상의 network를 가지고 있으며, 이것은 그야말로 돈 없고 배경 없는 지방대 출신들이 평생을 바쳐도 가질 수 없는 것으로 여겨진다. 이에 우리는 다니는 회사나 열심히 다니자는 생각으로 회사에 목을 메면서 다니게 된다.

기분 좋게 끝나가는 오찬 자리에서 나는 한번 승부수를 던지는 모험을 해보기로 했다. 실은 부회장 비서에게 부회장님의 최근 관심 사항이 무엇인지 문의를 하였더니, 조직문화에 관심이 무척 많아서 O톡을 open 할만큼 관심이 높은데, 의외로 사원들의 참여가 저조하다는 말씀을 하였다고 한다. 그리고는 신기술과 LFP에 관심이 있고, 오찬일 오전에 LFP에 대해서 보고를 받는다고 하였다.

이에 동 사항을 같이 점심에 참석하는 ESS 담당 임원들에게 공유하였고, 나도 O톡에 들어가서 어떤 내용인지도 보면서 개선할 사항은 없는지도 같이 생각해 보았다. 그리고 이러한 주제를 위한 talking point로 코로나 가운데에서도 고객과 긴밀하게 소통한 Wine Together와 팀원들과 같이 한 WebEx 회식을 떠올렸다. 또한 건강에는 관심이 어떠하신지 문의하니, 건강에 대해서는 항상 관심이 있으시다고 들었다. 그래서 문구점에서 손 악력기를 하나 구매하여 준비해 갔다.

마지막에 내가 말씀을 드렸다, "부회장님과 같이 이러한 자리를 갖는 것이 저희에게 유익하지만, 부회장님에게 하나라도 도움이 되는 방안은 없을까 고민을 하나가 기념품을 준비하여 왔다."라고 말씀을 드렸더니, "당신들과 이렇게 식사하는 것이 나에게는 유익하다"라고 말씀은 그리하면서도 호기심을 보이셨다. 이에 내가 추가하여, "건강과 수명을 측정하는 간단한 두 가지 방법이 있다고 최근에 들었는데, 손 악력 힘과 허벅지 근육이라고 합니다. 그래서 손 악력을 어떻게 키울 수 있는지 문의하였더니 손 악력기를 권유하기에 하나 가져왔습니다."라고 말씀을 드리자, 본인이 그렇지 않아도 손 악력기는 사무실에도 두고 자주 사용한다면서, 그냥 생각하는 것보다는 손 악력기로 운동하면서 생각하는 것이 훨씬 더 효율적인 것 같다고 하셨다.

그런데 우리가 가져간 것이 현재 본인이 사용하는 것보다도 더 좋은 것 같다고 하면서, 기대 이상으로 좋아하셨다. 오찬은 정말 기분 좋고 행복하게 마무리가 되었고, 우리는 살았구나 하는 안도의 숨을 쉬면서 나 또한 일 년은 더 일하지 않을까 하는 기대도 하게 되었다.

그런데 일주일 후에 퇴임을 당하게 되니, 이러한 승부수나 고민이 전혀 도움이 되지 않았던 것이다. 그리고 돌아보면 이렇게 한번 잘한다고 달라지지는 않는구나 하는 생각이 들었다. 기업에서 인사권자의 힘은 절대적이며, 대개의 경우 본인이 좋아하는 사람들이 있는 것이고, 또한 좋아하지 않는 사람들도 있는 것이다. 물론 표면적인 이유는 임원 연차가 오래된 사람 중에서 나이가 많고 다음 보직의 승진이 기대되지 않은 사람들을 퇴임시켰다고 하는데, 나보나 연차나 나이가 많은 상무가 남아 있기도 하니, 이는 절대적인 판단 기준은 아닌 것으로 보인다. 어떤 면에서는 나의 역할이나 지위가 그동안 정체였던지라 내가 위기를 느끼고 다른 대안을 찾아서 실행해야 했었을 것이다.

미국의 철학자인 윌리엄 제임스에 의하면, 생각이 바뀌면 행동이 바뀌고, 행동이 바뀌면 습관이 바뀌고, 습관이 바뀌면 인격이 바뀌며, 인격이 바뀌면 인생이 바뀐다고 한다. 나는 그 말에 완전히 동의하며, 뜻이 있는 곳에 길이 있다고 하듯이 그 출발점은 생각이며, 그 변곡점은 습관이라고 믿는다. 내가 인사권자의 영향이 절대적이라는 것을 깨달았다면, 그것을 나에게 맞도록 방안을 찾아서 실행해야 했으며, 그리고 한번이 아닌 지속적으로 실행을 하여 습관화로 만들었어야 했다.

San Jose 주재원으로 일하는 부장 시절에 나는 상사와의 정기적인 소통이 중요하다는 것을 인지하고, 이에 달력에 표시해 놓고 매주 한국에 있는 직속 상사에게 전화를 걸기로 마음먹었다. 그런데 몇 주 정도 하다가 흐지부지되었고, 그리고 그 이후에는 열심히 일하고 성과를 만들면 되지 않겠느냐는 생각으로 열심히 일만 해 왔었다.

열심히 일하는 것은 어느 정도는 통한다. 그런데 어느 이상이 되면 더 이상 통하지 않으며, 그때에는 방법을 달리해야 한다. 우리는 예전에 LGD에서 부임하신 본부장님을 K 대리라고 불렀는데, 이는 사장이 되어서도 대리와 같이 일을 너무 세세히 간섭한다는 의미였고, 우리가 보기에는 사장은 사장의 안목으로 보고 leading 할 전략이나 큰 그림이 필요하다고 생각했었다. 다른 사람에 대해서는 그렇게 생각하면서도 나는 정작 자신에 대해서는 예전과 똑같은 방법으로, 특히 임원이 되어서도 동일한 생각으로 회사 생활을 해오고 있었던 것이다.

열심히 사는 것이 잘못된 것은 절대 아니다. 다만 시기에 따라서 또는 상황에 따라서 달리 행동을 해야 한다. 여유 있게 천천히 하라는 말이 아니고, 그 상황에 맞게 철저하게 처절하게 실행을 해야 한다. 예를 들어서 축구에서 수비수가 골을 잡았다고 하면 그는 열심히 앞으로 공을 몰고 달려갈 것인데, 상대방 골대 앞에서도 계속 달려가면 될 것인가? 그때는 상황을 잘 보고 본인이 골을 넣을 것인지, 아니면 나보다 더 잘하는 사람을 찾아내어 골을 넣도록 도와주든지 해야지, 앞으로 공만 보고 몰고 가다가 상대방 골문을 지나는 격이 되어서는 안 된다.

그리고 모든 것은 습관이다. 한 번 잘했다고 또는 한번 성공했다고 되는 것은 아니다. 부부로 살면서도 사랑하는지 계속 확인을 하듯이, 조직 생활에서는 지속적으로 시험을 당하고 시련 당하는 것이다. 누구나 열심히 살고 있으므로 본인이 열심히 사는 것에 특별히 점수를 더 줄 것은 아니며, 열심히 사는 것은 당연한데 열심히 살아도 안 될 때도 있다는 것을 깨닫고, 이때에는 본인이 다른 게임을 하는 것인지 ground rule을 다시 돌아보고 생각을 새롭게 하여 이에 맞는 행동을 하고 이를 습관으로 만들어야 한다.

3) 일찍 깨달았으면 좋았을 것들

　젊었을 때는 모든 것을 다 할 수 있는 것으로 생각을 하였는데, 중년에 이르러서 보면 한 것이라고는 그저 밥 먹고 살았고 자식들 키웠고, 집과 조그만 재산이 있는 것과 그리고 나이가 들어버렸다는 것이다. 우리는 공정한 sports game에 익숙해 있다. 거기서는 모든 사람이 rule을 적용받고 모두 동일한 출발점에서 시작한다. 돌아보니 인생은 출발점부터 모든 사람이 각자 다른 데서 출발했다는 것이다. 그리고 우리 자식들도 그것을 이어받아서 또다시 다른 출발점에서 인생을 시작하는 것이다.

　나는 고등학생인 둘째 아들에게 세상은 불공평하다는 것을 인지시키려고 노력을 한다. 아들은 항상 자기가 일방적으로 부모의 말을 따라야 한다는 것에 대하여 불평을 하고, 똑같이 잘못하였으면 부모도 같이 잘못했다고 사과를 해야 하는 것이 아니냐고 따져 묻는다. 그러면 나는 경찰관의 예를 들면서 경찰관이 잘못 판단을 하여서 벌금을 부과한다고 하여도, 대개 법원은 경찰관의 편을 드는 것이라고. 세상은 보편적으로 공평한 것이 많지만, 그래도 불공평한 것도 상당히 많이 있다고 설파를 하고 있다.

　계란으로 바위 치기 라는 말이 있다. 이 세상은 바위이고 나는 계란으로 느껴지며, 내가 아무리 이 세상과 싸우려고 하여도 이 세상은 나로 인해서 별로 바뀔 것이 없다는 것이다. 내가 가지고 있는 힘도 능력도 매우 제한적이며, 또한 내가 할 수 있는 일도 제한적이다. 그런데 모든 일을 다할 수 있는 것처럼, 이리 뛰고 저리 뛰고 하였지만, 결국은 시간만 낭비하고 말았던 것들이 많이 있다. 더 일찍 내가 할 수 있는 일이 무엇이고 그리고 더 일찍 타협하였더라면 인생을 더 쉽게 살았을지도 모르겠다.

성문영어 문법책 초반부에서 보았던 내용처럼, 젊었을 때 나를 인도해 줄 사람이 있었다면 내가 인생을 더 현명하게 살았을 텐데, 결과적으로 나의 독선적인 생각 그리고 내가 옳다는 생각에 휩싸여서 내가 하고 싶은 스타일대로 추진하여 온 것 같다. 조금만 더 다른 사람들 말에도 귀를 기울이고, 그리고 내가 틀릴 수도 있다는 것을 미리 알았더라면, 내가 가고 싶은 길에서 많이 벗어나지는 않지 않았을까.

살아보니 뜻이 있는 곳에 길이 있는 것 같고, 어떤 생각을 가지고 사는지가 중요한 것 같다. 그리고 결국은 습관이 운명을 결정하는 변곡점을 만드는 것 같다. 복권에 당첨된다면 어느 날 갑자기 자고 일어나서 눈을 뜨니 내가 달라진 것인데, 내가 복권에 당첨된 것이 없으니 살면서 그러한 일들은 일어나지 않는다는 것이다. 정말 일어나기를 간절히 바라는 것들은 일어나지 않고, 일어나지 않았으면 하는 일들이 일어나는 경우가 종종 발생한다. 설마가 사람 잡는다고 아니겠지 하는데 실제로는 일어나는 것이다.

젊은이의 인생은 무한한 가능성이 있다고 말을 한다. 말은 그럴싸한데 실제로 가능성이라고 하는 것이 겉치레이다. 가능성인 것이지 실제로 그렇게 된다는 것은 아니고, 할 수 있다는 말이지만 실제로 그렇게 하기도 쉽지 않기 때문이다. 현실의 벽은 매우 높아서 예를 들어 직장을 선택한다고 하여도 본인이 원하는 직장에 들어가기가 쉽지가 않다. 그리고 설령 입사한다고 하여도 그 안에서 평생 경쟁해 가면서 생존을 위해서 몸부림을 쳐야 했다.

세상에 정답은 없는 것이며 나와 다른 사람들 그리고 나와 다른 삶을 살아도 전혀 이상이 없는 것이다. 그런데 나는 내 눈으로 보고 판단을 해왔었다. 사람은 결혼하여 가정을 꾸리면 자녀를 낳고 양육하면서 살아가는 것이다. 그리고 결혼은 해도 후회하고 안 해도 후회하니 하고서 후회를 하라고 들었고 나도 그렇게 생각했다. 그런데 자녀를 키우기 쉽지 않고 생각대로 되지 않았을 때 겪는 좌절감이나 고통이 매우 큰 법인데, 꼭 자녀를 낳지 않아도 되겠다는 생각이 들더니, 더 나이가 들어보니 꼭 결혼하지 않아도 되겠다는 생각이다.

자연의 법칙에 따라서 조물주가 인간을 그렇게 만들었으니 당연히 결혼하고 가정을 꾸리고 그렇게 사는 것으로 생각을 했는데, 세상에는 당연한 것도 당연하지 않은 것도 꼭 없는 것 같다. 어찌 보면 이렇게 해도 후회하고 저렇게 해도 후회하는 것이 인생이라면, 이렇게 하지 않고 후회하지 않고 저렇게 하지 않고 후회하지 않는다면 더 낫지 않을까.

잘못 알거나 착각하고 살았던 것을 참으로 많이도 알게 되는 것 같다. 제일 먼저 드는 생각은 억울한 감정이 아닐까 싶다. 열심히 살았던 만큼 후회는 없으리라고 생각했는데, 아무리 열심히 살아도 후회는 남은 것 같다. 후회는 없을 것이라고 믿고 열심히 사는 것과, 인생은 완벽하지 않으니 잘못된 선택을 할 수도 있다고 알면서 열심히 사는 것이, 심리적 안정감에서 차이가 크게 나는 것 같다.

어떻게 살든 후회하게 된다면 굳이 열심히 살 필요가 있겠느냐고 생각한다면 전혀 다른 문제이겠지만, 어떻게 살던 처음 살면서 단 한 번 사는 인생이므로 모르는 게 당연하다. 또한, 그렇기에 잘못된 판단이나 선택을 할 수도 있지만, 그 순간순간에 최고의 선택을 하면서 내게 주어진 기회를 최대한 활용하여 열심히 살겠다고 생각하는 것이 맞지 않을까 한다. 그랬을 때 설령 나중에 잘못된 선택을 하였어도 모르고 그런 것이니 자신을 관대하게 받아들이거나, 실패에 대해서도 수용을 쉽게 할 수 있지 않을까 생각한다. 열심히 최선을 다해서 살면 좋은 결과가 있을 거야 하면서 살아간다면, 나중에 빗나간 화살에 대해서 심리적인 공황을 벗어나기 힘들기 때문이다.

흔히들 운7 기3이라고 운이 중요하다고 한다. 물론 본인이 어찌할 수 없는 것들이 정말 많기는 하지만 운을 탓하기에는 정말 무기력한 것이며, 어쩌면 모든 것이 필연일지도 모르겠다. 내가 어제 한 결과로서 오늘을 맞이하고 있는 것이며, 오늘 하는 일들이 내일을 만들어 간다. 길을 가다가 빗물이 튕기어 옷이 젖게 되면 운이 없다고, 또는 주차장에서 접촉 사고가 나서 재수가 없어서 일어났다고 누군가를 탓하게 되지만, 그 탓하는 누구도 자신의 행동을 바꾸어서 다른 결과를 만들어 주지는 못한다.

길바닥에 빗물이 있으면 조심하여서 차가 없는 길을 택하거나 아니면 빗물에 젖게 되어도 세탁하면 되었지 하는 생각을 하든지, 약속 장소에 서두르지 않고 미리 도착하여서 차량이 번잡하지 않은 곳에 주차하여서 risk를 사전에 피하면 문제가 생길 가능성이 훨씬 줄어들 것이다. 나 역시 시간이 아깝다고 시간에 딱 맞추어 출발하고 도착하려고 하는 습관이 좀처럼 고쳐지지 않아서 운전하고 가면서 과속을 하거나 신호를 위반하는 일이 간혹 발생하는 것이다. 물론 아무리 조심하여도 발생하는 문제는 피할 수가 없을 것이다.

그렇다면 내가 선택하여 부모에게서 태어난 것도 아니니, 그런 것처럼 내가 숙고하여 선택하였다면 그 결과에 대해서는 그냥 맡겨야 하는 것이 아닐까. 진인사대천명(盡人事待天命)이라고 하였으니 내가 할 수 있는 것은 최선을 다하는 것인데, 그 선택에서 가급적 사전에 충분히 필요한 정보나 network를 활용하여 의사 결정하고 또한 온 힘을 다하여 실행하였다면, 그 결과야 어떤 것이 되었든 그대로 받아들여야 하는 것이 아닐까 생각한다.

그런 면에서 어떤 생각을 가지고 사느냐가 인생의 출발점이라고 생각한다.

미국 철학자 윌리엄 제임스가 한 말이 인생의 진리라고 나는 믿고 있다. 그에 의하면,

Sow a thought, reap an action;
Sow an action, reap a habit;
Sow a habit, reap a character;
Sow a character, reap a destiny.

생각이 바뀌면 행동이 바뀌고,
행동이 바뀌면 습관이 바뀌고,
습관이 바뀌면 인격이 바뀌고,
인격이 바뀌면 운명이 바뀐다.

그리고 그 변곡점은 습관에서 생기는 것 같다. 사람의 머릿속에는 하루에도 수많은 생각이 스쳐 간다. 캐나다 퀸스대 심리학자들의 연구에 의하면, 성인 평균 1분당 6.5번의 생각의 전환이 일어나고 하루에 6,000번 이상의 생각을 하는 것으로 추정하였다. 그 숫자가 맞고 틀리냐의 문제는 아닐 것 같으며 어쨌든 머릿속에서 수많은 생각이 왔다가 가는 것은 사실인 것 같다. 그 생각 중에서 본인이 인지하고 hard thinking을 하는 것이 어떤 것이냐가 시작일 것이며, 그리고 그 생각을 기준으로 실제 행동하는 것은 어떤 것이냐가 관건일 것이며, 그것이 습관으로 자리

를 잡아서 매일 또는 주기적으로 한다면 시간의 강을 건너서 어떤 다른 결과를 가져온다.

　우리가 매일 생각을 하면서 결정을 하고 그에 따라서 행동을 하기는 어렵다. 매일 아침 출근하는 길은 동일한 것이며, 비 오는 날에 외출하느냐 마느냐 고민을 하겠지만 대개 날씨에 구애를 받지 않았다면 신경쓰지 않고 그냥 집을 나서게 되며, 그리고 평소에 가는 그 길을 가는 것이지 오늘은 비가 오므로 다른 길을 가야겠다고 생각하는 경우는 드물다. 그렇지만 비 오는 날에 어떤 길을 갈까 고민하고서 선택을 하였다면, 그것은 몸에 이미 다른 습관이 붙어 있는 것이며 빗물이 튀는 것까지 고려하여 결정하였을 것이다. 대부분의 행동은 습관적으로 하므로 지금의 습관이 결국은 운이나 운명을 좌지우지한다는 것을 알게 된 것이고, 결국은 좋은 습관을 길러야 나의 운명이나 운이 좋아지게 되는데 그러한 노력을 조금은 소홀히 한 것이다.

　조심해야 할 것은 삶에 있어서 flexible 하고 open mind를 가지고 있어야 하는데, 그렇게 형성된 습관들이 편견이나 판단 착오를 일으키는 경우가 많기 때문이다. 그렇기에 어제의 성공이 오늘의 실패를 만든다는 말이 있는데, 이는 과거의 방정식에 즉 과거의 습관에 젖어있기 때문이다. 대부분 그러한 방정식이 맞기는 하지만, 가끔 거기에서 벗어나는 함수가 생기므로 고정관념에 휩싸여 있는 것은 정말로 조심해야 한다. 예를 들어, 첫인상의 중요성. 즉 좋은 이미지가 경쟁력이란 사실은 이미 모두가 공감하는 현실이다. 표현은 말이나 태도를 통해 상대방에게 드러나지만, 겉으로 보이는 생김새, 외모, 그로 인한 이미지로 드러나는 경우가 더 많다고 하겠다.

사랑의 대명사로 일컬어지는 로미오와 줄리엣은 단 3초 만에 사랑에 빠진 것으로 알려져 있다. 첫눈에 반하여 결혼하게 되었다는 이야기는 자주 듣게 되므로 첫인상이 평생을 좌우하게 되는 경우가 많다. 우리가 살아가면서 수많은 사람을 만나게 되는데, 외모에서 풍기는 인상이나 언행 또는 이미지로 쉽게 그 사람을 판단하고 있다. 역시 회사 생활에서도 이는 마찬가지이다.

대부분 사람이 사람을 첫인상으로 가장 많이 판단하게 되며, 실제로 겪어보지 않으면 이때의 편견을 평생 유지하게 된다. 그렇지만 그 사람 다시 보게 되었다는 말을 가끔 듣게 되는데, 그 첫인상이 달라지는 경우가 그렇게 발생하기 때문이다. 첫인상은 처음에 대면할 때 관계 형성에서 영향을 많이 끼치게 되지만, 실제 사업의 partnership이라고 하는 것은 첫인상으로 되는 것이 아니라 시간을 두고 실제 겪어보면서 판정이 되는 것이다. 물론 나쁜 첫인상보다는 당연히 좋은 첫인상을 남기는 것이 좋지만, 판단은 나중에 사람을 실제 겪어보면 바뀌기 때문에 너무 걱정할 바는 아닌 것 같다. 실제로 중요한 것은 오랫동안 동반하는 관계이므로, 본인과 같이 평생 동고동락할 수 있는 사람들이 몇 명 안된다고 하더라도 수많은 사람과 안부 인사를 하는 정도보다는 훨씬 중요하다.

사귐에 있어서 폭보다는 깊이가 더 중요하다. 이것에 대한 이해가 없이 왔다 갔다 했던 것 같다. 로마가 하루아침에 생겨나지는 않았으며, 사람과의 신뢰도 첫인상이 좋다거나 친절하다고 하루아침에 생겨나지는 않는다. 그리고 조직에서의 나와 개인의 나는 분명히 다른데, 많은 부분에서 조직에서의 내가 받는 대접을 개인의 나로서 받는 대접으로 착각을 하고 있다. 회사이든 사회든 조직과 사람으로 구성되어 있으며, 그 조직에서 이탈하게 되면 낯선 개인으로 존재를 하게 되는데 그것은 때로는 받아들이기 어려운 부분이다. 그런데 조직의 내가 상대방에게 전화를 걸었을 때 반가워하는 것을 개인의 나에 대한 신뢰라고 착각을 한 것이고, 그리고 개인의 나에 대한 신뢰를 형성하는 것에 대해서 노력을 게을리한 부분도 있다.

결국, 남은 것은 혼자이기 때문에 개인의 나만 남게 되는 것을 늦게 깨닫게 되는 것이다. 그런데 조직 안에서 내가 조금 더 관심을 가지고 신경을 썼다면 충분히 개인의 나로서 신뢰 있는 관계를 구축한 사람들이 더 있지 않았을까. 사람과의 신뢰는 어려움을 같이 겪어 가면서 시간을 두고서 형성되는 것이기에, 깊이 있는 신뢰로 평생을 같이할 수 있는 동반자를 한 명이라도 더 만들 수 있다면 좋을 것 같다.

그런데 인생은 짧으면서도 길다. 실제로 활동하는 삶은 몇십 년도 금방 지나가고 살아서 영위하는 삶은 생각보다도 오래 남아 있다. 처음 직장 생활 1~2년은 시간이 흘러가는 것이 느껴지는 것 같았는데, 다음에 2~30년은 금방 지나가 버렸다. 매달 월급을 한번 받으니 30년 회사 생활이라고 해보아야 360여 번 월급을 받은 것이며, 급여 날은 빨리 오는 것 같지 않지만 일하는 시간은 화살처럼 지나갔다. 그리고 일할 때는 정말로 큰일을 하고 있다는 나름대로 자부심을 지녔지만, 현직을 떠나고 나면 나에게 남아 있는 것이나 이룬 것은 없이, 세월만 어느새 흘러가고만 것처럼 느껴진다. 이에 주자가 이야기한 말이 맞는 것 같다.

송(南宋:1127~1279)의 대유학자(大儒學者)로서 송나라의 이학(理學)을 대성한 주자(朱子:朱熹)의 '주문공문집(朱文公文集) 권학문(勸學文)'에 나오는 시의 첫 구절이다.

少年易老 學難成(소년이로 학난성)
一寸光陰 不可輕(일촌광음 불가경)
未覺池塘 春草夢(미각지당 춘초몽)
階前梧葉 已秋聲(계전오엽 이추성)

소년은 늙기 쉬우나 학문은 이루기 어렵다
세월은 화살과 같으니 한순간도 헛되이 보내지 마라
연못가의 봄풀이 채 꿈에서 깨기도 전에
계단 앞 오동나무 잎이 벌써 가을을 알린다

이루고자 하는 것이 학문이 되었든 일이 되었든, 그 시작은 있을지라도 그 끝은 없는 것 같다. 내가 공부를 시작하여 알파벳을 배우기 시작하였으나 아무리 배워도 부족한 것이 계속 보이는 것이며, 내가 많은 일을 하는 것으로 그리고 큰 기여하고 있는 것으로 생각을 하였다. 그때는 그것이 맞았겠지만, 이렇게 보면 내가 없어도 회사는 업무에 어떤 영향도 없이 굴러가는 것이다. 그리고 회사에서, 조직에서 계속 성장을 해가고 있고 앞으로도 할 일이 많이 있고 또한 한창 더 성장하겠다고 마음을 먹고 있는데, 중간에 밀려서 떠나게 되니 정말 봄 꿈에서 깨어나 보니 벌써 가을인 기분이 드는 것이다.

세상은 불공평하기에 받아들이기 어려운 부분들이 있는데 어쨌든 수용을 해야 하며, 이에 내가 태어나고 내가 배운 환경이나 가정을 감사히 받아들이지만, 내 인생이 별 볼일이 없다는 것이, 그리고 내가 별로 대단한 인간이 아닌 그저 평범한 지구상의 한 명의 인간이라는 것이 정말로 받아들이기 어려운 부분인 것 같다. 그리고 산 정상에 가보지도 못하고 터벅터벅 산에서 내려가야 하는 그런 기분이다. 내가 태어나서 만들어 오고, 가진 것에 대해서 감사한 마음을 가지고 세상의 티끌 같은 존재인 보잘것없는 인간이라는 겸손한 마음을 일찍이 깨달아야 하는 것이 아닌가 싶다.

내일은 더 좋은 날이 올 거라는 희망에 차 있다가 고난을 겪기보다는, 오늘이 인생에서 그래도 좋은 봄날이며 내일은 추운 겨울날이 올지도 몰라, 그래서 오늘 최선으로 하루를 보내자는 마음으로 사는 것이 답이지 않을까 하는 생각을 한다. 그런 면에서

롱펠로우의 인생예찬이라는 시를 좋아한다.

A Psalm of Life, By Henry Wadsworth Longfellow

Tell me not, in mournful numbers,
Life is but an empty dream!
For the soul is dead that slumbers,
And things are not what they seem.

Life is real! Life is earnest!
And the grave is not its goal;
Dust thou art, to dust returnest,
Was not spoken of the soul.

Not enjoyment, and not sorrow,
Is our destined end or way;
But to act, that each to-morrow
Find us farther than to-day.

Art is long, and Time is fleeting,
And our hearts, though stout and brave,
Still, like muffled drums, are beating

Funeral marches to the grave.

In the world's broad field of battle,
In the bivouac of Life,
Be not like dumb, driven cattle!
Be a hero in the strife!

Trust no Future, howe'er pleasant!
Let the dead Past bury its dead!
Act, act in the living Present!
Heart within, and God o'erhead!

Lives of great men all remind us
We can make our lives sublime,
And, departing, leave behind us
Footprints on the sands of time;

Footprints, that perhaps another,
Sailing o'er life's solemn main,
A forlorn and shipwrecked brother,
Seeing, shall take heart again.

Let us, then, be up and doing,
With a heart for any fate;
Still achieving, still pursuing,
Learn to labor and to wait.

인생예찬, 롱펠로우

슬픈 사연으로 내게 말하지 말라.
인생은 한낱 허황된 꿈에 지나지 않는다고!
잠자는 영혼은 죽은 것이며
만물의 모양은 외양대로만은 아니란다.

인생은 실재! 인생은 진지한 것!
무덤이 그 목표는 아니다.
"너는 흙이니 흙으로 돌아가리라."
이 말은 영혼에 대해 한 말은 아니었다.

우리가 가야 할 곳, 혹은 가는 길은
향락도 아니요 슬픔도 아니다.
저마다 내일이 오늘보다 낫도록
행동하는 그것이 목적이요 길이다.

예술은 길고 세월은 빨리 간다.
우리의 심장은 튼튼하고 용감하나
싸맨 북소리처럼 뛰고 있으며
무덤을 향한 장송곡으로 치고 있으니.

이 세상 넓은 싸움터 안에서
인생의 노영 안에서
쫓기는 짐승이 되지 말고
싸움터에 나선 영웅이 되어라.

아무리 즐거워도 '미래'를 믿지 말라!
죽은 '과거'는 뒤에 매장하라!
행동하라, 살아있는 '현재'에 행동하라!
안에는 마음이, 위에는 하느님이 있다!

위인들의 생애는 우리를 깨우치나니,
우리도 장엄한 삶을 이룰 수 있고,
우리가 떠나간 시간의 모래 위에
발자취를 남길 수가 있느니라.

그 발자취는 뒷날에 다른 사람이,
장엄한 인생의 바다를 건너가다가

파선되어 버려진 형제가 보고
다시금 용기를 얻게 될지니.

우리 모두 일어나 일을 하면서.
어떤 운명인들 이겨낼 용기를 지니고,
끊임없이 성취하고 계속 추구하면서
일하며 기다림을 배우거라.

 흔히들 인생은 항해에 비유한다. 일반적으로 항해에는 시작점과 종착점이 있게 마련이다. 물론 인생도 태어남과 세상에서 떠나는 시작과 끝이 있지만, 모두 우리가 의도한 것 또는 우리가 희망하거나 계획한 것들이 아니다. 따라서 인생은 어떤 목적을 향해서 나아가는 것이 아니라 지속적인 항해에서 수많은 일이 일어나는 것이며, 그 일 중에서 스스로 해결하거나 가치를 만들어 내는 것도 있고 또한 나에게 주어진 것을 그대로 받아 들여야 할 때도 있는 것 같다.
 순리대로 산다는 말이 있다. 무리하지 않고 물 흐르는 대로 사는 것이 좋은 것 아닌가 한다. 그런데 물흐름에 거스르려고 헛수고하는 경우가 많이 있는데, 물론 필요할 때는 해야 한다고 생각을 하며 단지 그것이 흐름에 맞는 것인지 흐름에 역행하는 것인지는 인식하는 것이 좋을 것 같다. 그리고 살아가는 순간에는 그 순간에 최선의 노력을 다하는 게 맞는 것 같다.

톨스토이의 '세 가지 의문'이라는 작품에서는 '가장 중요한 시간은 지금이라고 하는 시간, 가장 중요한 일은 지금 하는 일, 가장 중요한 사람은 지금 대하고 있는 사람'이라고 한다. 우리는 항상 현재만 살 수가 있다. 그래서 영어도 현재라는 present가 선물이라는 의미도 같이 있다고 한다. 우리가 받은 현재의 선물을 최선의 노력으로 용감하게 하루하루를 살아가는 것, 그리고 이에 따라 주어지는 결과는 담대히 받아들이고, 사전에 그 결과를 예측하고 고민하여 효율적인 길이나 방법을 미리 모색하고, 그 길을 향하여 매일매일 나아가는 것이 인생의 의미가 아닌가 싶다.

4) 모든 것이 다 잘못되었다고 느껴질 때

어느 날 문득 정신을 차리고 보니, 모든 것이 잘못되었고 내가 인지하지 못하는 사이에 잘못된 선택을 하였던 것을 알게 될 때가 있다. 돌아가기에는 이미 많은 시간이 흘러서 되돌릴 수 없으며, 어쩌면 후회 속에서 남은 생을 살아야 할지도 모른다. 내가 열심히 살았던 만큼 후회는 없을 것으로 믿었건만, 내가 판단하고 선택했던 부분도 내가 알지 못하고 결정했던 것인 만큼 탓할 사람은 나밖에 없는 것이다. 흔히들 잘되면 내가 잘한 것이고 못되면 남 탓을 하게 되는데, 수원수구(誰怨誰咎)라는 말이 있는 것처럼 남을 탓할 것이 아니라 탓할 사람은 나밖에 없는 것이다.

그리고 젊었을 때는 세상을, 나이 들면 가정을 바꾸려고 하지만, 바꿀 수 있는 것은 나밖에 없다. 어쩌면 그마저도 바꾸기가 힘들어 생긴 대로 논다거나 생긴 대로 산다는 말이 있는데, 주어진 대로 결국은 그 운명을 못 벗어난다는 이야기일 것이다. 하지만 간혹 운명을 벗어나는 사람들도 있으니, 운명을 탓할 것이 아니라 오직 자신을 탓하면서 지나간 길을 후회하는 것이 아니라 남은 앞길에 대해 고민을 더 하는 것이 맞지 않을까 싶다.

미국의 시인 Robert Frost가 쓴 '가지 않은 길'이라는 시의 원문을 소개한다.

The Road Not Taken, By Robert Frost

TWO roads diverged in a yellow wood,
And sorry I could not travel both
And be one traveler, long I stood
And looked down one as far as I could
To where it bent in the undergrowth;

Then took the other, as just as fair,
And having perhaps the better claim,
Because it was grassy and wanted wear;
Though as for that the passing there

Had worn them really about the same,

And both that morning equally lay
In leaves no step had trodden black.
Oh, I kept the first for another day!
Yet knowing how way leads on to way,
I doubted if I should ever come back.

I shall be telling this with a sigh
Somewhere ages and ages hence:
Two roads diverged in a wood, and I—
I took the one less traveled by,
And that has made all the difference

그리고 이것을 피천득 시인이 번역한 바에 따르면 다음과 같다.

가지 않은 길

노란 숲 속에 길이 두 갈래로 났었습니다.
나는 두 길을 다 가지 못하는 것을 안타깝게 생각하면서,
오랫동안 서서 한 길이 굽어 꺾여 내려간 데까지,
바라다볼 수 있는 데까지 멀리 바라다보았습니다.

그리고, 똑같이 아름다운 다른 길을 택했습니다.
그 길에는 풀이 더 있고 사람이 걸은 자취가 적어,
아마 더 걸어야 될 길이라고 나는 생각했었던 게지요.
그 길을 걸으므로, 그 길도 거의 같아질 것이지만.

그날 아침 두 길에는
낙엽을 밟은 자취는 없었습니다.
아, 나는 다음 날을 위하여 한 길은 남겨 두었습니다.
길은 길에 연하여 끝없으므로
내가 다시 돌아올 것을 의심하면서…

훗날에 훗날에 나는 어디선가
한숨을 쉬며 이야기할 것입니다.
숲 속에 두 갈래 길이 있었다고,
나는 사람이 적게 간 길을 택하였다고,
그리고 그것 때문에 모든 것이 달라졌다고.

  잘못된 길을 선택하여서 또는 잘못된 사람을 선택하여서 후회의 종착역에 도달하였다고 느낄 때 어떻게 하는 것이 좋을까? 지나간 세월이나 한번 한 선택을 되돌릴 수가 있다면 좋을 텐데, 그런 방법은 없다. 그렇다면 어떻게 해야 할까? 나 역시 그러한 심정으로 현재를 보내고 있는 것이며, 내가 이러한 상황에 놓이게 될지는 전혀 생각지도 못하고 살았다. 고생스럽기는 했는데 최선을 다해서 살았기에 후회는 없을 것으로 믿었으며, 어렵기는 했어도 하나둘씩 풀리고 좋아지는 것 같기에 잘 되는 것으로 착각하였다.

그런데 나무에 뿌리가 있듯이 사람도 근간이 있는 것 같다. 사람의 인성에도 그리고 습성에도 그리고 가족의 문화에도 그러한 것들이 수많은 세월 속에서 이어지고 전해져 나에게 머물러 있는 것이다. 나 혼자 잘하면 모든 것이 잘 될 것으로 생각했던 것이 착각이었다. 우리가 옷을 입을 때 처음 단추를 잘못 끼우면 전부 풀어서 다시 처음부터 단추를 끼우면 되지만, 인생에서는 그렇게 되지가 않은 것 같다.

그럴 때 특별히 답이 있다고 생각하지는 않지만, 그래도 인생에서 가장 진중한 해탈이 죽는 것이므로 내가 죽으면 되겠지 하는 생각으로 품어서 안고 가는 것이 맞지 않을까. 실제로 자살을 하라는 것이 아니며, 죽는다는 각오로 문제에 직면하면 그래도 속박에서 벗어나서 본인의 희생으로 그나마 잘못된 부분에 대해서 마지막 보정을 할 수 있지 않을까 싶다.

이순신 장군을 좋아하여서 명량이라는 영화를 4번 정도 보았고, 헬스장에서 운동하면서 스크린에서 조각조각 여러 번 보게 되는 영화를 빼고 이렇게 처음부터 끝까지 다시 본 영화는 이것이 처음이다. 그것도 두 번이 아니라 4번까지 보게 된 것은 나에게 주는 의미가 남달랐기 때문이 아닐까 싶다. 그것은 위기의 순간에 시종일관 생사를 오가는 처절함이 오늘날 소리 없는 전쟁 속에서 생존을 위해서 몸부림치는 우리에게 어떻게 사는 것이 맞는지 시사하는 바가 있기 때문이다. 나는 가끔 질문한다, 어떻게 사는 것이 맞는 질문인지 아니면 어떻게 죽어야 하는 것이 맞는 질문인지를. 우리는 산다고 말하겠지만 어떻게 보면 죽어간다고 말할 수도 있기 때문이다.

13척의 배로 수백 척의 일본 해군을 맞이하게 되는 상황에서 삶을 생각한다면 오히려 사치가 아닐까? 다행인 것은 일본 해군들 가슴속에는 기존에 이순신 장군에게 당했던 경험과 패배로 인하여 두려움과 공포가 있었던 것이며, 우리 조선의 해군에게는 누가 보아도 이기는 것이 불가능하게 보이는 전쟁을 앞두고 죽게 될까 봐 당하게 될까 봐 두려움에 젖어있었다. 우리 해군의 두려움을 용기로만 바꿀 수 있다면 이길 수 있다고 본 것이며, 어떻게 하면 바꿀 수 있는지에 대한 답으로 이순신 장군이 '내가 죽어야겠지.'라고 답을 하였다. 죽고 싶어 했던 것은 당연히 아닐 것이며, 살려고 생각하면 답이 없는 전쟁이지만, 죽을 생각을 하면 오히려 무엇을 해야 할지 분명히 보이지 않았나 싶다.

최선의 선택으로 생각하여 열심히 살아왔다고 자부하지만, 결과적으로 보면 그 선택들이 지금에 와서는 잘못된 판단이나 선택들도 많이 있었고, 50대 후반에 들어선 지금에는 지난 세월을 돌릴 수가 없다. 우리는 본능적으로 내가 잘못했다는 것을 인정하기 싫어하는 것 같다. 그리고 잘못에 대해서 다른 사람을 또는 나 아닌 누군가나 신에게로 돌리면서, 나는 잘했고 나는 열심히 했다고 생각을 한다. 그런데 잘하고 못하고가 그 얼마나 중요할까? 그리고 열심히 했는지 안 했는지도 마지막 순간에 그리 중요할까? 이미 다 지나가 버린 일들이고 지나간 세월이다. 그리고 이제 와서 보면 남은 선택이나 세월도 별로 없다. 그때 어떤 생각으로 살아야 할까?

그냥 잘못한 것이나 잘못 선택했던 것들을 그대로 인정해야 하지 않을까? 누구에게 잘못 했다고 용서를 빌어야 할 것이 있다면 당연히 말을 하면 될 것이며, 용서를 받아들이고 받아들이지 않고는 나의 선택이 아니라 상대방의 자비에 달린 것인지라 그것에 구애를 받을 필요도 없을 것 같다. 용서를 받는다면 마음이 더 편안할 것이며, 용서를 받지 못한다면 죽어가는 순간에도 마음에 짐이 남아 있을 텐데, 그렇다고 용서받으면 천당에 가고 용서받지 못한다고 지옥에 가는 것인지 누가 안단 말인가?

이에 상대방의 처분을 그대로 받아들이면 되는 것이며, 용서받게 된다면 고맙게 생각하고, 용서받지 못한다면 미안하게 생각하면서 그런가 보다 하면 되는 것이다. 남은 세월이 많아서 용서를 받기 위해 지속적으로 할 수 있는 것이 있다면 하면 될 것이며, 할 수 있는 것이 없어 보인다면 그만 접으면 될 것 아닌가? 죽어가는 순간에 무엇이 그리 중요할 것인지는 그 순간에 접하지 않으면 누가 알겠는가?

타인에 대해서는 그렇게 하면 되겠지만, 나에 대해서는 어떻게 해야 할까? 동일하게 잘못 선택하여 잘못된 결과에 고통을 받는 것이 자신이므로, 내가 나를 긍휼하게 여겨서 내가 잘못했구나, 이래서 내가 고통을 받는구나, 내가 참 불쌍하구나, 그래 모르고 한 것이니 어떻게 방법이 없지 않으냐, 그동안 마음고생 몸고생 참 많았다, 하면서 내가 나를 용서하는 것이 좋지 않을까 생각한다. 이미 잘못된 일에 대해서 물론 당연히 후회도 따라올 것으로 생각은 하지만, 후회하여도 바꿀 수 없다면 굳이 자책할 필요는 없지 않을까 하고 생각한다. 그리고 우리는 성공에서든 실패에서든 배우는 것이 많은 것이 인생이므로, 내가 물론 실패를 했지만 이로 인하여 내가 써나갈 이러한 이야기들이 더 많지 않겠는지, 하면서 조그만 위안이라도 삼는 것이 낫지 않을까.

대학교 입학할 때만 하더라도 내가 선택한 대학으로 나의 인생이 어떻게 달라질 것인지 전혀 모르고 살았던 것이며, 그리고 사회생활을 한창 할 때도 나중에 catch-up이 가능하다고 별로 단점으로 생각하지를 않았다. 그런데 지금 와서 생각해 보면 내가 명문 대학을 나왔다면 내 인생은 당연히 상당 부분이 좋아졌을 것이며 나에게 더 많은 선택의 폭이 있었을 것이다.

물론 나중에 catch-up을 위하여 미국 MBA를 택하기도 하였고 또한 운이 좋아서 학위도 획득하였지만, 원래 명문대에 미국 MBA를 나왔다면 더 좋은 자리에 있지 않았을까? 아쉬운 것은 당연히 있지만 그래도 최선을 다해서 살았기에 나름대로 성과도 있었던 것이며, 그리고 이런 부족한 것을 극복하면서 살았기에 이렇게 책도 쓸 수 있지 않을까, 어떻게 보면 성공만 했던 인생보다는 이야깃거리가 더 풍부하지 않을까 하는 위안도 삼아 본다.

결혼과 자녀에 대해서도 역시 비슷한 생각이다. 처음 결혼을 한 것이고 물론 재혼을 한 것도 아니니 한번 결혼을 한 것이며, 부모 노릇도 처음인지라 한번 하면서 인제 와서 보면 역시 부족했던 것들을 많이 발견한다. 어떤 것에 대해서는 심각하게 부족했거나 잘못했던 것도 발견되지만, 가족 간의 관계도 다른 인간관계와 동일하게 한순간에 만들어지거나 바뀌지 않는 것이다. 매일매일 쌓인 소통과 습관이 쌓여서 긴 벽처럼 또는 성처럼 만들어지는 것이며, 로마가 하루아침에 만들어지지 않았듯이 이러한 관계 또한 하루아침에 만들어지는 것이 아니다.

하지만 로마가 하루아침에 망할 수 있듯이, 인간관계의 장벽 또한 하루아침에 허물고 회복도 할 수 있지 않을까 생각한다. 이때에도 역시 답은 내가 죽으면 되지 않을까 생각한다. 죽는 순간에는 예전의 묵은 감정이나 원한들이 무슨 의미가 있으리오? 내가 다 내려놓는다면 그리고 죽음을 각오한다면 설령 해결이 안 된다고 하더라도, 죽어가는 그 순간에 무거운 짐들은 벗어 버릴 수가 있지 않을까.

5) 생각보다 오래 산다

현대인은 은퇴 후에 생각보다 오래 살고, 그리고 그 수명이 매년 늘어나고 있다. 학자들의 다년간 연구에 의하면 고대 인간의 자연수명이 38년이라고 하고, 아인슈타인 의대연구팀이 2016년에 네이처에 발표한 바에 의하면 인간 수명의 한계가 115세라고 하며, 2021년 통계자료에 의하면 한국인의 기대수명은 83세가 넘어서 OECD 평균 81세보다도 2살 더 오래 산다는 것이다.

그런데 대부분 회사원이 55세 전후로 현직에서 물러나고, 능력 있는 CEO나 사장들이 60여 세까지 일하는데, 그러고 나서도 평균적으로 적어도 20년 이상은 더 살게 된다. 그리고 나는 한국의 선도적인 의료 기술 덕분에 이 수명이 매년 늘어날 것으로 보며, 우리 주위에서도 90세가 넘어서도 건강하게 활동을 하면서 사는 분을 흔하게 보게 된다.

이제는 변화라는 것을 생활 일부로 또는 습관으로 받아들이고 사는 것이 좋지 않을까 생각을 한다. 무엇인가 지속적으로 바뀌고 변화가 되고 있으니, 어떤 특정한 것이 변화하는 것이 아니라 모든 것이 변할 수가 있으니, 항상 그런 관점에서 이미 알고 있는 것이라고 하여도 한 번은 더 짚어보고 가는 것이 맞을 것 같다. 그리고 이러한 변화는 인간의 수명에서도 그리고 삶의 스타일도, 그리고 살아가는 모습에서도 그리고 회사에서도 상시적으로 계속되는 것이므로, 내가 아는 지식이나 관습이나 상식이 전부 바뀔 수도 있다는 생각으로, 항상 새로운 마음으로 시도를 하는 것이 좋을 것 같다.

그러나 이에 조심하여야 할 것은 이렇게 바뀐다고 하여도 부평초처럼 떠다니는 인생을 살아서는 안 된다는 것이다. 이러한 가운데에 본인이 오래갈 수 있는 방향을 찾아서 강점과 align을 시켜서 일을 지속하여야 한다고 생각을 한다. 예전에는 25~30년 일을 하고 나서 은퇴하여서 편안하게 20여 년 살면서 인생을 접어갔는데, 이제는 회사에서 은퇴하고 나서도 20여 년 일하는 것이 좋으며 이에 이렇게 오랫동안 일을 할 수 있는 본인의 전문 분야를 꾸준히 찾아서 만들어야 한다.

젊었을 때는 빨리 돈을 벌어서 일찍 은퇴하기를 희망하며, 나 역시 복권이 당첨되면 빨리 은퇴할 생각을 하고 있었다. 그러나 나이가 들면서 일을 한다는 것이 단순히 경제적인 활동을 떠나서 삶의 한 부분이 되기도 하고 살아있는 의미가 되기도 하였지만, 이제는 그것을 떠나서 할 일 없이 무위도식하기도 어려울 뿐만 아니라 취미 활동으로 매일매일을 일주일을 한 달을 그리고 일 년을 그렇게 할 수 있는 취미도 없다. 골프를 아무리 좋아한들 매일 필드에 나가서 친다면 며칠이나 몇 달을 즐길 수 있을까? 등산이 좋다고 매일 산을 타면서 살 수는 없지 않을까? 물론 산에서 도사처럼 사는 분들이 있기는 하지만, 그렇다고 매일 등산을 하는 것이 아니라 생활을 하는 것이 아닐까?

균형 잡힌 삶이 가장 이상적이라고 생각을 한다. 균형이라고 하는 것은 어느 한쪽에 지나치게 치우치지를 않은 것이다. 인간은 사회생활을 하면서 유사한 형태의 삶이 있고 또한, 시간이 지나면서 차츰 변화하면서 새롭게 균형이 잡히는 부분이 있다. 우리가 살면서 건강, 취미, 일, 사랑 등 여러 가지 삶에 있어서 필수적인 요소들이 있으며, 그 비중이 시간이 지나면서 조금씩 바뀌는 것 같다.

당연히 학생 때는 공부하는 비중이 더 클 것이나 건강이나 체력 또한 소홀히 해서는 안 될 것이며, 사회생활을 하면서 당연히 일하는 비중이 더 커질 것이나 가정생활과 가족에 대해서도 역시 소홀해서는 안 될 것이다. 그리고 직장 생활을 떠나서 새로운 삶을 시작할 때는 기존의 생활과 전문가 영역의 연장선에서 경험을 활용하는 것이 좋을 것이며, 그러면서 일하는 시간을 조금은 줄이고 다른 새로운 일로 균형을 잡아야 하는 것이 아닐까 생각한다.

내가 가전산업의 해외 영업에서 11년간 종사한 경험은 내 인생 변화의 시작은 만들어 주었지만, 내가 전문가로 자리 잡을 영역은 별로 없었으니 지금에 와서는 남아 있는 활용할 무기가 없는 것이다. 물론 해외 영업의 터울을 만들어서 무역 실무도 배우고 또한 고객들과 소통하는 경험을 만들어 주었지만, 어찌 보면 쉽게 대체가 되는 누구나 조금만 배우면 할 수 있는 일인 것이다. 이에 비하면 전지 산업에서 23년 근무를 한 것은 한국의 산업 태동에서부터 같이 시작을 하여서 사업의 원조가 되기도 하였지만, 초기에 자리 잡히지 않은 영역에서 하다 보니 업무 영역이 넓어서 다양한 업무와 역량을 구축하게 되었다.

또한, 신사업 초기의 어려움으로 인하여 많은 사람이 들어왔다가 견디지 못하고 떠남에 따라 나만큼의 경험을 가진 사람이 없는 셈이 되어서 이로 인하여 강점이 되고 차별화되는 것이다.

이에 LG에너지솔루션에서 은퇴를 함에 따라서 차기 career는 전지 산업의 value chain 상에서 찾는 것이 맞는다고 생각하였다. 나보다 10여 년 전에 은퇴하신 선배분이 나에게 전화를 하여서, 본인은 급하게 서두르다 보니 오라고 하는 데를 가고, 여기저기 가다가 보니 일을 하기는 했는데 산발적이고 결국은 월급만 받는 회사원으로 전락이 되었다고 말하면서, 서두르지 말고 오랫동안 일을 할 수 있는 분야를 찾으라고 권고했다.

나 역시 완전히 동의하는 것이며, 이에 내가 그동안 종사했던 분야는 전지 제조회사의 일원으로 시장 개척과 사업 성장을 일구어온 것인데, 물론 다른 전지 업체로 가서 일하는 것도 가능할 것으로 생각을 한다. 이의 경우 물론 LG와 경쟁 관계로 인하여 conflict가 생길 뿐만 아니라 회사 종업원이라면 역시 오랫동안 일하기는 힘들지 않을까 생각한다. 나는 오랫동안 일을 하고 싶은 것이며 또한 이를 위해서는 지속적으로 배워야 한다고 생각한다.

배움이 없는 생활이라는 것은 끝이 너무 쉽게 보이므로, 지속적인 성장을 만들어 갈 수 있는 일과 경험을 해야 한다고 생각한다. 이에 value chain의 upstream이나 downstream으로 가서 활동하면서 전지 maker와 상생을 한다면, 기존에 내가 전지 maker에서의 경험을 그대로 살릴 수 있으며, upstream의 원재료 maker에서 일하게 된다면 성장하는 전지 산업에 여전히 종사할 뿐만 아니라, 궁극적으로 다른 원재료 maker와의 협업으로 향후 전지 cell 산업으로 다시 돌아왔을 때 더 큰 기반이 만들어지지 않을까 생각을 하였다. 더불어 downstream에서 전지 application의 확대나 cell maker와의 협업 기회를 만들 수 있다면, 지속적인 성장 기회의 창출에 더불어 내가 주인인 사업의 터전을 꿈꿀 수 있지 않을까 생각을 하였으며, 이에 LG화학 전지소재에서 자문으로 일하는 것을 택하였다.

짧은 현역 시절보다는 오랫동안 현역 시절이 유지가 된다면 더 좋다고 생각한다. 물론 많은 사람이 더 오랫동안 일을 하기를 희망할 것으로 생각한다. 하지만 초기부터 쉽지 않다거나 어렵다고 생각하는 사람도 있을 것이며, 다른 대부분 선배나 동료의 경우를 보고 미리 포기하거나 전혀 다른 방면으로 은퇴자금을 활용한 사업을 추진할 수도 있을 것이다. 하지만 나는 본인이 평생을 일하여 만든 퇴직금을 기반으로 사업을 한다는 것에 찬성하지 않는다.

첫 번째는 경제적으로 가정에 위험이 있는 것도 있지만, 그것보다는 몇십 년 일했다고 하더라도 대기업 CEO급으로 퇴직을 하지 않는다면 퇴직금이 10억을 넘어가기가 쉽지가 않으며, 그리고 지금은 퇴직금 10억으로 할 수 있는 프랜차이즈나 사업도 그리 많지는 않을 것이다. 평생 일을 하면서 살아온 직장인이 갑자기 사업하는 것도 쉽지 않지만, 기본적으로 사업은 본인이 평생을 벌어서 모은 돈을 사용하여서 하는 것이 아니라, 사회적 기반으로 인적인 network든 경제적인 network든 본인의 경험과 강점을 기반으로 이에 align을 하여서 하는 것이 맞는다고 생각을 한다.

7

어떻게 살 것인가

어떻게 살 것인가

11월 말이 되니 올해도 여지없이 대기업의 임원 발표가 있었다. 내가 근무하였던 LGES 승진 임원들을 보면서 순간의 기쁨에 젖어있는 사람들의 기분을 이해한다. 나보다 전문가적인 역량에서 별로 나아 보이는 것이 없어 보이는 직원들이 전무니 부사장이니 진급하는 것을 보면서, 직급과 능력은 별로 상관이 없어 보인다는 생각이 깊게 스며든다. 그렇게 보니 예전에 Dell이나 HP 등 고객 대응을 하면서 같은 계열사 임원들과 같이 일을 하거나 대화를 하면서 참 평범한 사람인데 임원이 되었네 하는 생각이 들거나, 어떻게 이런 사람이 임원이 되었나 하면서 실망을 하던 기억이 떠올랐다.

그래서 그때 정리를 한 것이 어떤 회사나 어떤 직급을 보더라도 1/3은 꼭 필요한 사람, 1/3은 있으나 마나 하는 사람 그리고 나머지 1/3은 있어서 오히려 해가 되는 직원으로 구성되어 있다고 인재 1/3 이론을 만들었고, 그리고 leader가 어떤 사람이냐에 따라서 위의 1/3이 늘어나거나 아니면 아래 1/3이 늘어난다고 나름대로 나만의 이론을 정립하였다.

대기업에 들어와서 34년 일을 하면서 뛰어난 사람들도 가끔 보기도 하였지만, 대부분은 비슷비슷한 경우가 많았으며 운이 좋다거나 아니면 윗사람의 마음에 들었다거나 아니면 그때의 사업 환경이 좋아서 승진되는 경우도 많이 보아왔다. 어찌 보면 참 다행인 것은 대기업에 근무하는 사람들의 역량이 대부분 비슷하여서 한번 입사를 하면 역량과는 무관하게 비슷한 기회가 주어지는 것 같으므로, 일단은 명망이 있는 대기업에 입사하는 것이 우선 중요하다고 생각한다. 일단 들어가고 나면 거기서는 입사시 준비했던 것과는 전혀 다른 생활을 하고 또한 전혀 다른 준비가 필요한 것이다.

성공을 꿈꾸며 살지만 내가 반드시 성공해야만 한다는 강박관념에서 벗어나고, 잘 살기 위해서 노력하지만 내가 원하는 수준의 삶을 살지 못하더라도 실망하지는 말아야 한다. 인생은 목적을 향해 나아가는 항해가 아니라, 자기가 가치 있고 또는 의미 있다고 생각하는 바를 죽을 때까지 추구하여 가면서, 마지막에는 다 내려놓고서 세상에서 사라지는 것이 아닌가 싶다.

"왜 사느냐고 묻거든, 웃지요."라는 시구가 있는데, 60이 되어가면서 그리고 현직에서 물러나 제2의 삶을 살면서 느끼게 되는 것은, 인생은 journey인 것 같다. 때로는 이런 생각 그리고 저런 꿈이나 목적을 가지고 살아가지만, 결과적으로 보니 그냥 사는 것 같다. 그래서 법륜 스님이 말씀하신 '그냥 사는 것이다'라는 것이 맞는 말인지 모른다.

사는 것은 단순하게 이야기하면 먹고 자고 행동하는 것이다. 그런데 먹는 것과 자는 것은 사람마다 그다지 차이가 크게 나지 않는다. 물론 경제적으로 풍요로우면 더 맛있는 것을 또는 더 건강한 식품을 먹을 것이며, 또한 더 편안하고 아늑한 잠자리에서 잠을 자는 것이다. 그리고 우리는 이러한 것을 만들기 위해서 평생을 노력하고 있다. 더 좋은 식당에서 먹고 더 좋은 집에서 살려고. 물론 이러한 것이 행복과 직결되지는 않지만, 어느 정도는 되어야 정신적으로 육체적으로 안정감을 주므로, 기본적인 환경을 만들어 주는 것은 매우 중요하다.

자고 먹고 하는 것은 결과로서 누구에게나 만들어지는 것이고, 더 중요하고 그러한 결과와 직결되는 것이 어떤 활동을 하는 것 같다. 자고 먹는 환경은 뚜렷이 구별되는데, 어떤 활동을 하는 것인가는 직업의 구별을 빼고 나면 그다지 차이가 있어 보이지 않는다. 그런데 자세히 보면 그 조그마한 차이가 인생을 바꾸도록 하는 것이다.

인간은 태어날 때부터 불평등 속에서 시작한다. 부자 가정에 태어난 사람과 가난하고 서로 싸우는 집에서 태어난 사람의 길은 시작부터 너무나도 많이 차이가 나기 때문이며, 안타깝게도 우리는 그러한 환경의 유전을 받아서 이어가는 경우가 대부분이다. 성격도 그리고 IQ도 물려받는다고 한다. 물론 재산도 물려받으며, 지금의 교육은 재산이 있는 수준에 따라서 많은 차이가 발생한다. 세상은 다변화가 되어서 우리가 어렸을 때는 교과서만 공부하고 좋은 점수를 맞고 좋은 대학에 가기도 하였는데, 이제는 과외 없이 혼자 공부하여서 좋은 대학에 갔다는 이야기는 신문에서도 보기 힘들게 되었다.

다행히 아직도 전환의 기회는 있다. 즉 전화위복을 만들 기회가 지금도 있으며, 세월이 변하여도 앞으로도 다른 형태로 있을 것으로 믿는다. 나의 경우를 보더라도 전화위복을 만들 수 있어서 다행이라고 생각을 한다.

코로나의 지난 2년간을 무사히도 잘 비켜 가면서 지나왔는데, 지난해 중반에 유럽 출장을 다녀오면서 걸리게 되었다. 스웨덴에 가니 비행기에서도 사람들이 마스크를 쓰지 않고 있었기에, 조심한다고 했는데도 걸리게 되어서 방에서 일주일간 격리를 하게 되었다. 물론 몸이 아픈 아내에게 전파도 문제가 되지만 학교에 다니는 아들에게도 지장을 주게 되어서 문제를 만들게 된 것이다.

방 안에서 일주일을 갇혀 지낸다는 것은 누구에게나 고통의 시간이다. 그런데 아내가 보내준 오은영 박사의 동영상을 보면서 유튜브에서 여러 가지 강의를 듣게 되었고, 이로 인하여 인생에 대한 많은 이야기와 지혜를 듣게 되었다. 그전에는 유튜브를 보기를 하였는데 주로 7080 노래를 fitness center에서 운동하거나 운전할 때 듣는 정도였으며, 인생 강의의 청강으로 삶에 대한 이해의 폭을 많이 넓히게 되어서 나에게 많은 도움이 되었다.

더 큰 전화위복은 직장에서 퇴임을 당하고 이를 극복하면서 만들게 되었다. 처음에 퇴임 소식을 듣게 되었을 때는 아내가 병마와 싸우는 과정에 있어서 설상가상이 되었으며, 이에 퇴임당했다는 말을 아내에게 꺼내지도 못하고 나의 첫 책을 출간하였던 출판사로 평상시 같은 시간에 출퇴근하였다. 그런데 우리나라 이웃 사람들의 관심과 간섭으로 아내가 알게 되어서 가정의 불화가 가중되었는데, 다행히도 내가 나아가야 할 방향에 대해서 그동안의 생각이 정리가 어느 정도 되어 있었기에 생각보다는 빨리 정착을 하게 되었다.

퇴임하면서 방향은 지속 일을 한다는 것이었고, 그리고 오랫동안 해온 battery industry에서 종사하며, 그리고 해외 관련된 사업을 하면 좋겠다는 생각을 하고 있었다. 다행히 LG 화학에서 전지 소재의 시장 개척을 위한 자문 제안이 와서 나의 경험과 강점을 잘 활용할 수 있겠다는 생각에 흔쾌히 수용하였으며, 그리고 내가 가지고 있는 LG의 network에 필요한 venture나 partner들이 있어서 개인 consulting도 손쉽게 시작할 수 있었다. 이는 내가 전지사업에서 같이 일해온 후배들의 도움이 있어서 가능하였으며, 오히려 경제적으로 그리고 시간적으로 더 여유롭게 되었다. 물론 회사에서 계속 일을 하였더라면 이러한 생각이나 노력을 하지도 않았을 텐데, 처음에 당하였을 때는 많이 힘이 들고 원망도 들었지만 지금에 와서는 전화위복이 되면서 나에게 또 다른 기회를 만들어 주고 있다.

그런데 이러한 전화위복이나 turning point는 그냥 행운으로 거저 얻어지는 것이 아니다. 유튜브의 강의를 청강하고 깨달음을 얻는 것은 평소에 내가 배우고자 하는 열망과 다른 사람의 제안에 대해서 거부감을 가지지 않고 받아들이는 긍정적인 마인드가 있었기에 얻을 수 있는 것이었다. 그리고 LG화학 전지소재 자문을 하게 되는 것도 그동안 내가 전지사업을 하면서 쌓아 올린 경험과 실력이 있었고, 또한 이것을 양극재 사업부장께서 인지하고 있었으므로 이러한 신뢰를 기반으로 만들어진 것이다.

개인 consulting은 그동안의 사업에서 고객이나 후배들과 쌓은 여러 가지 경험과 사건들 그리고 이러한 문제들을 풀어가면서 내가 보여준 책임감이나 리더십, 그리고 기존에 쌓았던 고객과의 networking이 신뢰를 주었기에 가능했었다.

인간의 삶이 가지고 있는 수많은 불평등 가운데에서 그래도 가장 평등한 부분이 누구나 하루 24시간을 가지고 있다는 것이다. 물론 경제적인 상황이나 신체적인 상황에 따라서 여기에도 불평등이 있기도 하지만, 나를 포함한 대부분 사람은 다행히도 하루 24시간을 가지고 있으며 자고 먹는 시간 이외에 활동하는 시간을 가지게 된다.

그리고 우리가 만들어 가는 인생은 이 시간을 어떻게 사용하느냐에 많은 부분이 달린 것이며, 하루하루는 모든 사람에게 24시간이지만, 하루하루 어떤 활동을 하면서 쌓아가는 시간은 누구에게는 전문가가 되는 몇만 시간이 되기도 하고 다른 누구에게는 수천이나 수백 시간이 되어서 이리저리 흩어지고 마는 것이다. 대부분 사람은 열심히 산다, 그런데 무엇을 하면서 얼마나 오랫동안 하면서 열심히 사느냐가 중요한 것이다. 똑같이 책상 앞에 앉아 있더라도 매일 공부를 하는 사람과 게임을 하는 사람의 인생이 같을 수는 없을 것이다.

나는 워라밸을 믿지 않으며 중요하게 생각하지도 않는다. 워라밸이라고 하면 일과 삶을 균형 있게 가져가야 한다는 것이며, 기저에는 일에 너무 빠지지 말라는 것이다. 그리고 이 생각은, 일은 경제적인 활동을 위해서 필요 불가결하겠지만, 가능하다면 굳이 많이 할 필요는 없지 않겠느냐 하는 것이 저변에 깔린 것으로 보인다. 그런데 내가 보기에는 일도 인생의 큰 한 부분이며, 가족도 친구도 일도 건강도 어느 하나 중요하지 않은 부분은 없는 것이다. 물론 어느 하나를 위해 다른 하나를 희생하는 것은 바람직하지 않지만, 지금에 와서 이렇게 보면 우리 인생에서 가장 오래 동반으로 남아 있는 것이 일이 아닌가 싶다. 이는 단순한 회사 생활을 의미하는 것이 아니다. 내가 꿈꾸면서 하고 싶은 것도 어떻게 보면 일인 것이다.

시간이 지나면 모든 것이 내 곁을 떠나고 인간은 혼자 남게 된다. 같이 사는 배우자도 이런저런 사유로 떠나게 되는 것이고, 자식이라고 해도 본인의 가정을 꾸리게 되면 더 이상 나에게 남아 있는 나의 분신이 아닌 것이다. 그리고 건강하게 살고 싶지 않은 사람이 어디 있으랴 만은, 누구나 나이가 들면서 체력이 약해지고 몸에 병이 크든 작든 찾아들게 된다. 다른 모든 것은 나의 의

지나 희망과는 상관없이 나에게 멀어지지만, 일은 내가 원한다면 언제든지 나와 함께 내 인생을 가꾸어 갈 수 있는 것이다.

이는 직장 생활의 일만을 의미하는 것이 아니라 내가 추구하는 활동을 포함하는 것이며, 그리고 시간이 지나면서 이 일의 형태는 바뀌겠지만 내가 평생 해온 활동의 연장선에서 지속 이어지는 것이라면 바람직할 것으로 생각한다. 그리고 이 일을 통하여 큰돈을 벌든 적은 돈을 벌든, 아니면 사회적 봉사를 하든 시간이 지나면서 수입과 형태가 조금씩 바뀔 것이므로, 나이와 상황에 맞게 변화를 만들어 간다면 괜찮을 것으로 생각한다.

1970년대부터 지난 50년간 인간의 수명은 22세가 늘었다고 하니, 앞으로 50년간 그래도 얼마간은 더 늘어날 것이므로 우리 세대가 100세 넘게 사는 것이 흔한 일이 될 것으로 보인다. 그런데 사람들이 심각하게 인지하지 못하고 있는 것이 있는데, 인간의 수명이 늘어난 것이 아니라 대부분 사람들에게는 노년만 늘어난 것이다. 젊게 활동하면서 경제적인 수입을 창출하는 기간은 오히려 더 짧아지는 위험에 노출이 되었으며, 이 늘어난 노년이 어떤 것을 의미하는지 누구도 잘 알지 못하고 있다.

지난 2천 년간의 변화보다도 최근 100년간의 변화가 더 크다고 이야기를 하는데, 앞으로 2~30년의 변화는 지난 100년간의 변화보다도 더 커질 가능성이 많다. 그리고 그 늘어난 노년으로 인하여 많은 사람이 경제적인 고통을 당하게 될 것이며, 이는 사회적인 불안으로 이어지고 국가나 사회의 붕괴까지 이어질 가능성이 있는데, 어느 한 사람의 노력으로 바뀔 수 있는 부분은 아닌 것 같다.

지금의 실손보험은 100세까지 cover가 되는 것으로 이해하고 있으며, 100세가 지나면 어떻게 되는지 잘 모르겠다. 그리고 지난해에 나는 실손보험을 갱신하면서 90세까지 cover가 되는 것으로 변경을 고민하였는데, 그때만 하여도 90세까지 살면 그 이후에는 아프면 죽지 않겠느냐는 단순한 생각을 하였다. 그런데 인제 와서 가만히 생각을 해보니 의료 기술의 발달로 인간의 생명이 늘어나기는 하였는데, 그러면서 의료 비용 또한 엄청나게 증가할 것이다. 그리고 앞으로 30년 이후에 의료비가 얼마로 늘어날지 알 수가 없다, 아직 살아 본 것이 아니기에. 그런데 50대보다는 60대의 의료비가 더 많고, 60대보다는 80대에 더 많다고 한다면, 100세나 110세가 되면 어떤 일이 일어날까? 그리고 실손보험이 cover가 안 될 때 우리가 그 비용을 cover 하면서 경제적으로 편안하게 살아가고 있을 것인가?

미래 준비를 위하여 그리고 오랫동안 일을 하기 위하여 대기업에서 34년 일을 하였으며, 이의 경험과 networking으로 지금도 LG화학에서 상근자문으로 일을 하며, 개인적으로는 컨설팅으로 회사를 창업하여 왕성한 사회활동과 경제활동을 하고 있다. 지방대학을 나와서 대기업 본사에서 일하였고, 또한 임원 선임을 현재 LG 그룹의 회장과 같이 되면서 연수원에서 10여 일 같이 교육을 받고 생활을 하는 행운을 누리기도 하였다.

물론 이러한 인맥이 내가 대기업 임원 생활을 더 오래 하는 행운까지 만들어 주지는 않았으며, 대기업의 인사는 개인적인 친분이 많은 영향을 미치기도 한다. 내가 그룹 회장과 눈인사를 하는 임원 동기가 되었다는 것이 실제로 인맥으로 연결은 안 되는 냉엄한 사회생활과 인맥의 의미를 깨닫게 해주기도 하였다.

이와 더불어 대기업 그룹 회장이나 대기업 CEO들의 역량과 경영 스타일이나 강·약점을 가까이서 보게 되는 기회를 누리게 된 것이 나에게는 좋은 기회가 되었다고 생각한다. 이와 더불어 지방대 출신이 대기업에 근무하면서 쌓은 경험과 역량을 체험으로 지방대 학생들에게 대기업을 선택하도록 책을 쓰고 있지만, 시대가 또한 많이 변하고 있다는 사실도 인지하고 있다. 내가 대기업 찬사를 하는 것은 상대적으로 열악한 환경에서 자라난 청소년들이 사회생활을 하면서 미래를 더 잘 준비하고 오랫동안 일할 수 있는 기반을 쉽게 만들라고 제안을 하는 것이다. 이렇게만 할 수 있다면 굳이 대기업이 아니더라도 그것이 중견기업이든지 공기업이든지 굳이 상관은 없을 것으로 생각하지만, 대기업에서의 가능성이 더 크다고 생각한다.

퇴임하고 나서 회사를 창업하여 운영하시는 중견기업 회장님을 만난 적이 있다. 소위 말하는 바닥에서부터 시작하여 자수성가하여 회사를 설립하였으며, 이제는 상당한 규모로 성장을 시켜서 몇 개의 자회사를 운영하는 그룹으로 만들었다. 그룹의 매출 규모가 3조를 넘어서는 중견기업으로 만들었고, 그리고 본인도 한국 경영자협회에서 자수성가한 기업가로 대기업의 회장들과 같이 모임을 하면서 협회의 중책을 맡고 계신 것으로 알고 있다.

그리고 이제는 이러한 중견기업들도 빠르게 변화하는 사업과 경쟁에서 발 빠르게 의사 결정을 하고 또한 미래를 준비해 가고 있다. 이 회사의 임원들 또한 이러한 역량을 갖추고 있다고 생각한다. 나 역시 일인 회사를 설립하여 운영하고 있으며, 회사를 성장시키면서 꾸준히 미래를 준비하고 나 역시 개인적으로 이러한 역량을 강화하지만, 직원들을 채용한다면 이 직원들 역시 미래를 준비하고 같이 성장해 가는 기업으로 만들고 싶다.

꼭 대기업이어야만 하는 것이 아니라, 이제는 내가 대기업의 근무 여건이나 성장의 기회를 이처럼 작은 기업에서도 충분히, 또는 대기업보다 오히려 더 역동적으로 개인의 역량을 향상시키고, 회사와 같이 미래를 만들어 가는 작은 회사로 시작하여 성장하는 기업으로 만들어 갈 수 있다면 어떤 기업이든 상관 없을 것 같다.

나는 아직 포기하고 싶은 생각이 없다. 그리고 포기하지 않고 끝까지 노력하면서 매일매일 조금씩 전진하는 이러한 작은 차이가 오늘의 나를 만들었다고 생각한다. 내가 시골에서 태어나 오랜 기간 힘든 시절을 보냈지만, 굴하지 않고 내가 해야 하겠다고 생각하는 방향으로 꾸준히 추진하였기에 현재의 나의 위치에 이르렀을 것이다. 물론 대단한 위치에 있는 것도 아니고 그저 가족이 경제적으로 조금 편안하게 미래에 대한 불안한 마음이 없이 살 수 있는 정도에 이르렀다. 또한 사업을 하면서 작게나마 사회에 공헌하는 수준에 이르게 된 것이다. 그리고 이러한 방향으로 지속하여 나아갈 것이다.

본인이 가진 생각으로 평소에 작은 차이가 나긴 하지만 시간이 지나면서 다른 길을 만들어 가는 것으로 보인다. 하루하루는 얼마 안 되지만 10년 20년이 지나고 나면 생각보다 긴 인생에서 수십 년의 관록이 쌓이면서 큰 차이를 만들어 간다. 이에 시작은 미약하였고 좋은 환경이나 잘사는 가정에서 태어난 내 시대의 사람들에 비해서 시작은 많이 늦었지만, 나의 강점을 꾸준히 연마하는 습관으로 지금은 뒤처지지 않는 수준에 이르렀으며, 그리고 이러한 생각과 습관이 지속된다면 앞으로도 나는 발전을 해나갈 것이다.

시골 고등학교였지만 나름대로 문화생활도 있었고, 친구들이 여고생들과 단체 미팅하러 나간다고 할 때도 나는 공부가 중요하다고 생각을 하고 참여하지 않았었다. 그리고 대학 때에도 마찬가지였는데, 물론 경제적으로도 다른데 한눈을 팔 형편도 못 되었지만, 이러한 환경이 불공평하다고 불평은 하지 않았다.

부모님이 나를 위해 고생을 하신다는 마음을 가지고 있었고, 지금에 와서 생각해 보면 어떤 상황에서도 긍정적으로 받아들이지 않았나 하는 생각이 든다. 물론 이러한 긍정적인 마인드도 부모님에게서 물려받은 것인지는 알 수 없으나, 주변에 휩쓸리지 않는 주체성을 가지고 나름대로 의지가 있었기에, 그때에는 달성하지 못한 꿈이라도 나중에라도 결국에는 가까이 다가가게 된 것이 아닌가 싶다.

이러한 면에서 지금도 공부는 지속하고 있다. 내가 가지고 있는 남다른 습성 중의 하나는 지금을 믿는다는 것이다. 현업에서 한창 바쁠 때도 내 생각은 다음에 한가해지면 또는 은퇴하면 그때 운동을 많이 하겠다거나 공부를 하겠다는 생각을 하지를 않았고, 항상 지금 하지 않으면 다음에는 하지 못한다는 생각을 지니고 있었다.

그래서 나는 습관의 힘이 참 대단한 것이라고 생각을 한다. 공부하는 것도 운동하는 것도 그리고 일하는 것도 다 습관이지만, 어쩌면 인성이나 사람과의 신뢰도 습관적인 행동에서 나오는 것이 아닐까 싶다. 어떤 사람들에게 잘 보이기 위해 우리가 짧은 시간 동안 노력을 하여 만들 수는 있겠지만, 그것이 결국 신뢰에까지 이어질지는 잘 모르겠다. 그래서 내가 가지고 있는 인간관계는 수많은 시간을 보내면서 만들어지고 이어지는 것이다.

어쩌면 나의 인생에서 반을 넘어가고 있는지도 모르겠다. 그렇다면 지나간 세월에서 앞으로 나아가면서 어떻게 살아야 할 것인가? 현재의 습관이나 생각에서 별로 바뀔 것은 없을 것 같다. 다만 예전보다는 내가 모르는 것이 많이 있다는 것을 알게 되었고, 그래서 조금은 더 겸손하게 받아들이고 내가 잘못하고 있을 수 있다고도 생각하고, 그리고 잘못하였다고 깨닫게 될 때

굳이 체면을 세우지 않고 솔직하게 사과할 수 있는 용기를 더 가져야 할 것 같다.

그리고 인생에서 소중한 것들이 많이 있는 만큼 그리고 다른 사람들도 소중한 것이 많이 있을 것이니, 이를 전부 소중하게 생각하고 나를 너무 앞세우지 않고 겸손하고 겸허하게 받아들이며, 또한 인생은 나 홀로 외로운 경우가 많이 있으니 굳이 피할 것 없이 그대로 받아들이면서, 살아가는 날까지 한발 한발 매일매일 무리하지 않으면서, 그렇다고 게으르지도 않게 하루하루를 진심으로 전력으로 실행해 나아갈 것이다.